大学生「人生」丛书

通与人生

罗倩莹　施周婷　编著

江苏大学出版社

镇
江

图书在版编目(CIP)数据

沟通与人生 / 罗倩莹,施周婷编著. — 镇江 : 江苏大学出版社,2024.1
ISBN 978-7-5684-2057-0

Ⅰ. ①沟… Ⅱ. ①罗… ②施… Ⅲ. ①大学生－人际关系－研究 Ⅳ. ①G645.5

中国国家版本馆 CIP 数据核字(2023)第 225095 号

沟通与人生
Goutong Yu Rensheng

编　　著/	罗倩莹　施周婷
责任编辑/	常　钰
出版发行/	江苏大学出版社
地　　址/	江苏省镇江市京口区学府路 301 号(邮编:212013)
电　　话/	0511-84446464(传真)
网　　址/	http://press.ujs.edu.cn
排　　版/	镇江市江东印刷有限责任公司
印　　刷/	江苏凤凰数码印务有限公司
开　　本/	718 mm×1 000 mm　1/16
印　　张/	13.75
字　　数/	230 千字
版　　次/	2024 年 1 月第 1 版
印　　次/	2024 年 1 月第 1 次印刷
书　　号/	ISBN 978-7-5684-2057-0
定　　价/	58.00 元

如有印装质量问题请与本社营销部联系(电话:0511-84440882)

大学生"人生"丛书
编写委员会

序

FOREWORD

大学生思想政治教育（德育）和心理健康教育（心育）是高校素质教育的两个重要方面。随着社会的发展、竞争的加剧，大学生良好的心理素质和健康的思想品质显得尤为重要。如何将德育与心育有机结合，并探索出一个二者相互渗透、相互补充和相互促进的统一体是高校教育工作者的题中应有之义。

《教育部、卫生部、共青团中央关于进一步加强和改进大学生心理健康教育的意见》中指出："加强和改进大学生心理健康教育是新形势下全面贯彻党的教育方针、推进素质教育的重要举措，是促进大学生健康成长、培养高素质合格人才的重要途径，是加强和改进大学生思想政治教育的重要任务。"为了切实解决实际教育教学中遇到的"思想"和"心理"相互交织、相互影响的问题，进一步发挥教育教学效果的最大化和最优化，为此，我牵头组织学校心理健康教育与咨询实验中心、德育心育研究所的教师撰写大学生"人生"丛书，旨在凝练我校思想政治教育与心理健康教育相结合的特色，丰富教育内容，促进教学研究，帮助学生进一步提高心理素质，健全人格，增强承受挫折、适应环境的能力。

丛书秉承思想政治教育和心理健康教育相结合的宗旨，围绕"德育心育"主题进行编写，并坚持"德心结合"的特色。根据学校、学生的实际情况，在结合思想政治教育和心理健康教育课程的基础上，丛书分为三个方向：（1）"思想品德"方向，以德育内容为主导思想撰写书稿，旨在指导大学生正确价值观的树立，并结合心育内容帮助其提升心理能力，从而更好地赢取人生；（2）"心理特性"方向，以心育内容为主导思想进行写作，意为加强大学生优良心理品质的养成，并结合德育内容帮助其树立正确的价值观念，进而更好地成就人生；（3）"外界因素"方向，以德育结合心育为主导思想贯穿始终，对人生的重要主题进行思想观念和心理理论的分析论述，说明处理好这一问题的重要性，并指导大学生对此做好准备。整套丛书"贴近学生、贴近生活、贴近实际"，不仅可以作为高校学生通识课程教材，也可作为各级各类学校教师教育教学参考用书，同时还能作为大众的普通学习读物。

在整套丛书的撰写过程中，我们始终坚持以下三个原则，这是这套丛书最大的特色，也是这套丛书特殊的价值。

（1）融合性。每一本书除了在选题上体现"德心结合"的特色外，在内容上也坚持德育融合心育的原则。在写作方法上做到相互论证，例如，以实际数据、实验结果来论证和解释生活现象、教育成果；在价值引领上做到相互结合，例如，以自我发展的心理要求结合社会发展的道德要求进行教育指导；在教育理念上做到相互补充，例如，补充心育的伦理要求、伦理需求层面和德育的个体需求层面。三个方面相互融合的目的是力争让读者获得"德心结合"的优势指导，提高丛书内容的实效性。

（2）科学性。每一本书都会涉及一些心理学专业科学知识，而我们的阐述和解释可能跟读者的亲身经历和感悟理解不尽相同，但是我们所有的材料都是以专业心理学研究为基础的，是尊重心理学者们的研究成果的，并以此为依据对各类问题进行探讨，用通俗易懂的语言进行表述，目的是让读者能够近距离接触和理解心理学研究。在不同书中，甚至是在同一本书中会出现对一个知识点的类似阐述，但是实际内涵却不一样。例如，同样一个心理学定律，在人际沟通和生活态度中的解释是有所不同的，读者需要加以留意。

（3）实用性。每一本书都讲求解决读者，尤其是大学生读者日常生活中面对的实际问题。虽然我们的每本书中都会涉及一些思想政治教育学和心理学的基本理论知识，但是我们的重点始终是围绕如何利用德心结合的方法改变自己的心理、行为，从而改变自己的生活状态乃至人生展开的；在写作安排上也结合了生活案例来剖析理论，并且给出了实训活动来突出理论的实际可操作性，所以整套丛书都侧重实际应用，尽最大努力保证内容的实用性。

　　我们按计划持续推进丛书撰写及出版工作，读者朋友们将会陆续地阅读到我们的作品，希望我们的努力能够让您满意，也希望您能对书中的不足提出宝贵意见。

王宇航

2019 年 5 月

前言

PREFACE

　　沟通是人们工作、学习、生活中不可或缺的一部分，人生的经历"过去是沟通，现在是沟通，未来还是沟通"。沟通是生活中永远不过时的话题，也是永远需要学习的内容。沟通能拉近人与人、人与组织、组织与组织之间的距离，增进彼此的感情；沟通能消除误解，增进对彼此的了解；沟通让人学会换位思考，更加体谅彼此；沟通能让人敞开心扉，变得更加开朗；沟通能让人生更加和谐而多姿多彩。

　　当前，在科技发展的现实环境下，人与人之间的沟通已经变得非常快捷和便利，但是，人们面临的沟通问题并没有因此而消失，反而在不断变化中更加迫切需要解决。在工作、学习和生活中，人们都需要花费巨大的心力解决彼此的沟通问题。尤其是大学生，他们正处于心理半成熟状态，性格有所不足、情绪波动起伏、社会经验缺乏，往往很容易因为沟通不畅引起矛盾和冲突，甚至导致无法挽回的后果。近年来时有发生的恶性伤害事件都不同程度反映出当代大学生在沟通方面存在的问题。大学生是国家宝贵的人才资源，是民族的希望、祖国的未来，培养他们成长为中国特色社会主义事业的合格建设者和可靠接班人是国家和社会的责任。因此，必须高度重视大学生群体的心理问题，特别是由此导致的大学生人际沟通能力缺失问题。当今社会，良好的人际交往和沟通能力已经成为现代社会衡量人才质量的重要参数之一。大学生人际沟通的教育问题已引起有关部门的高度重视，教育部在 2011 年发布的《普通高等学校学生心理健康教育课程教学基本要求》中就将"沟通技能"和"人际交往技能"明确地列为重要教学目标。如何在教育教学进程中，提升大学生沟通能力并促使其健康成才、全面发展，是我们需要思考的重要问题。

为此，作者将"沟通"作为"人生"丛书主题之一，撰写《沟通与人生》一书，旨在说明大学生提升沟通能力的重要性，分析造成大学生人际沟通问题的原因，引导大学生从各个方面增强人际沟通能力，指导大学生掌握人际沟通的有效方法和技巧，从而使大学生获得全面发展，提高自我竞争力，赢取美好人生。

本书始终围绕"沟通"这一主题，从沟通的心理分析和沟通的实战解决两个角度入手，讨论人际沟通的本质属性及不同对象的有效沟通方法。作者一直从事高校心理健康教育工作，坚持用"思想政治教育"与"心理健康教育"相结合的方法去解决大学生心理问题。在工作中，作者接触了不计其数的大学生沟通问题案例，如：有因寝室沟通不畅发展为抑郁导致退学的，有因师生沟通缺乏影响学习的，有因亲子沟通不良引起争吵变得回避的，等等。小小的沟通问题竟然会引发如此多的心理及行为问题，严重影响大学生的身心发展及成长成才。所以，作者一直积极探索"德心结合"的沟通教育范式来调适和解决大学生的人际沟通问题，以期帮助当代大学生面对现实，学会沟通，建立正确的思维方式，使用有效的方法，使人际关系更加和谐。在本书中，作者借鉴这一领域的优秀研究成果，结合自身的工作实际，并在研究思考的基础上，就大学生沟通教育问题提出了自己的见解。全书从认识沟通的重要性出发，以提升大学生人际沟通能力为目标，精选大学生沟通中最常见、最主要的问题，借助心理学、教育学、社会学等相关学科理论进行理论引导和实验演练相结合的分章论述。每章在写作形式上做了统一安排，设置了名言警句、心路历程、心理视点、实验实训、体验感悟和推荐书籍等板块，书中内容德心结合，希望能提高读者的体验感和获得感。

全书共分为八章，主要包括三个部分：

第一部分（第一、二、三章）是基础理论部分，也是全书的基础，从沟通与人生的关系角度论述了沟通的重要性，并从心理学的视角对沟通进行了解读，指出了解决沟通障碍的方法。其中，第一章"沟通成就人生　人际沟通概述"从沟通的内涵、类型、模式、原则、价值和意义几方面向读者阐释了人际沟通的本质，旨在使读者认识沟通的机制和重要性，引起其对提升沟通能力的高度重视；第二章"读懂沟通心理　提升沟通能力"主要论述了与沟通相关的心理理论，帮助读者认识沟通心理误区，了解沟通心理效应，掌握沟通心理模式，促使其沟通能力得到提升；第三章"扫除沟通障碍　疏通沟通渠道"通过沟通障碍分析帮助读者认识沟通障碍的形成及发展，同时指出沟通障碍解决的要素、原则和技巧，使读者在了解沟通障碍本质的基础上掌握解决办法，克服心理障碍，探寻沟通秘诀。

第二部分（第四、五、六、七章）是实战展开部分，也是全书的主体，分为亲子、师生、朋辈和同事四种不同的沟通关系，有针对性地分章进行详细分析和解读，旨在促进读者全方位地提升沟通能力。其中，第四章"跨越沟通代沟　亲子有效沟通"针对亲子沟通问题进行剖析，帮助读者认识亲子沟通的重要意义，了解亲子沟通问题的表现和影响因素，掌握亲子沟通的基本准则和策略技巧，提升其亲子冲突的解决能力和有效亲子沟通的能力；第五章"创新沟通模式　师生对话沟通"聚焦师生沟通问题，分析了师生沟通环境和障碍，并从心理学角度给出了师生沟通问题的解决策略，帮助读者正确认识和面对师生沟通问题，避免师生沟通问题的进一步加深，同时学会解决师生沟通问题的方法；第六章"架设沟通桥梁　朋辈多面沟通"论述了大学校园中最常见的朋辈沟通问题及其化解方法，以此帮助读者认识朋辈沟通的重要性，识别自身的朋辈沟通问题，提高自我认识和自我控制能力，做好朋辈之间的良好沟通；第七章"锻炼沟通技能　职场灵活沟通"则对进入职场后的沟通问题进行了全面阐述，从最开始的面试沟通谈起，帮助读者更好地应对职场沟通问题。

第三部分（第八章）是实践操作部分，也是全书的升华，围绕"沟通指向未来　赢取精彩人生"的主题展开实践指导，旨在为读者提供沟通能力提升的具体实践素材，做到在实践中更深一层体会理论，帮助其有效提升沟通能力。

本书遵从"人生"系列丛书的统一要求，在整体写作上具有以下特点：

第一，专业性。本书从思想政治教育与心理健康教育相融合的视角切入，对大学生沟通问题进行分析、论述和指导，在写作过程中所涉及的心理学专业知识均有科学研究为依据，并以此为基础对各类相关问题进行解释和论证。

第二，系统性。本书从当前大学生沟通的现实状况出发，结合心理学、教育学、社会学等多学科理论对其进行深入分析。从沟通的本质讲起，到心理分析和障碍解决，然后分对象论述如何解决亲子沟通、师生沟通、朋辈沟通和职场沟通问题，最后结合现实情况论述如何做好人生沟通问题。

第三，实用性。本书在各章的写作上采用理论讲解和实验实训相结合的方法，一方面以实证结果、实际案例等材料描述、解释大学生沟通现象，另一方面以多学科融合理论观点指导大学生沟通问题的解决，并在每章最后给出贴合主题的实训活动，供读者对本章知识点进行体验感悟和实际操作。

本套丛书由浙江财经大学原党委副书记王宇航教授负责设计、总纂、统稿和定稿，她对本书的撰写给予了悉心的指导，提出了宝贵的意见和建议，谨此表示由衷的感谢！本书在撰写过程中，参阅了大量书刊资料，恕不一一注释，在此谨向原作者致以衷心感谢！同时，也感谢浙江财经大学心理健康教育与咨询实验中心及德育心育研究所在本书撰写过程中提供的大力支持。

本书可作为高校沟通教育课程的通用教材，也可作为各级各类学校教师沟通教学的参考用书，同时也可作为普通大众学习沟通技巧的读物。书中难免存在不足之处，恳请广大读者提出宝贵意见，以便我们再版时修改和完善。

2022 年 3 月

目 录

CONTENTS

第一章 ♥

沟通成就人生　人际沟通概述 / 1

心路历程 / 1

　一、人生故事 / 1

　二、沟通的力量 / 1

心理视点 / 2

　一、沟通的内涵和类型 / 2

　二、沟通的模式和原则 / 16

　三、沟通的价值和意义 / 24

实验实训 / 28

体验感悟 / 30

第二章 ♥

读懂沟通心理　提升沟通能力 / 32

心路历程 / 32

　一、生活故事 / 32

　二、审视沟通心理 / 33

心理视点 / 33

一、沟通中常见的心理问题 / 33

二、沟通中常见的心理效应 / 38

三、交往中沟通的心理分析 / 44

实验实训 / 56

体验感悟 / 57

第三章💛

扫除沟通障碍　疏通沟通渠道 / 59

心路历程 / 59

一、校园故事 / 59

二、打开沟通之门 / 59

心理视点 / 60

一、沟通障碍的类型 / 60

二、沟通障碍的成因 / 63

三、沟通障碍的解决 / 66

实验实训 / 79

体验感悟 / 81

第四章💛

跨越沟通代沟　亲子有效沟通 / 83

心路历程 / 83

一、家庭故事 / 83

二、亲子沟通零困惑 / 83

心理视点 / 85

一、大学生与父母亲子沟通的有效性 / 85

二、大学生与父母亲子沟通的常见误区 / 90

三、大学生与父母亲子沟通的科学知识 / 98

实验实训 / 103

体验感悟 / 104

第五章 ♥

创新沟通模式　师生对话沟通 / 106

心路历程 / 106

　　一、校园故事 / 106

　　二、师生沟通零距离 / 107

心理视点 / 107

　　一、大学师生沟通的环境 / 107

　　二、大学师生沟通的障碍 / 113

　　三、大学师生沟通的艺术 / 118

实验实训 / 123

体验感悟 / 125

第六章 ♥

架设沟通桥梁　朋辈多面沟通 / 127

心路历程 / 127

　　一、校园故事 / 127

　　二、朋辈沟通无极限 / 127

心理视点 / 128

　　一、大学的朋辈沟通问题 / 128

　　二、大学的朋辈沟通原则 / 133

　　三、大学的朋辈沟通方略 / 138

实验实训 / 147

体验感悟 / 150

第七章♥

锻炼沟通技能　职场灵活沟通 / 152

心路历程 / 152
　　一、职场故事 / 152
　　二、职场沟通无压力 / 153
心理视点 / 154
　　一、大学生求职面试的沟通技巧 / 154
　　二、大学生初入职场的沟通法则 / 157
　　三、大学生职场团队的沟通协作 / 167
实验实训 / 176
体验感悟 / 177

第八章♥

沟通指向未来　赢取精彩人生 / 179

心路历程 / 179
　　一、人生故事 / 179
　　二、沟通影响人生 / 179
心理视点 / 180
　　一、人生处处需要沟通 / 180
　　二、沟通能力团体训练 / 184
　　三、善于沟通赢取人生 / 193
实验实训 / 200
体验感悟 / 201

参考文献 / 203

第一章　沟通成就人生　人际沟通概述

如果我们想要改变自己的人生，就必须谨慎选用字眼，务期这些字眼能使你振奋、进取和乐观。

——安东尼·罗宾（世界著名成功学大师）

 **心路历程**

一、人生故事

小欣和小灵是一起追星的校友，两人因为喜欢的歌手来她们的城市开演唱会，觉得机会难得所以相约周末一起去。因为是周末，大学城出行的人特别多，前往地铁站的公交车上挤满了人。在快到车站的十字路口处，一辆电动车突然闯红灯冲了过来，公交司机立马紧急刹车。这时站在小灵身边的男孩（看年纪也是个大学生）一下子靠在了她身上。一向文静的小灵一脸痛苦样，男孩连忙道歉说："不好意思……"旁边的小欣见状翻了个白眼并怒气冲冲地吼道："想趁机揩油啊！瞧你那德性！"一时间全车人的注意力都集中到了他们这里，大家都以为两个人要吵起来了。没想到男孩并没有恶意回击，而是很幽默、礼貌地说了一句："不是德行，是惯性。"顿时，全车人都哈哈大笑，连小灵都笑了，扯了扯小欣的衣角说："我没事，他只是不小心靠到我了，有点疼而已。"小欣听了有点不好意思地笑着说："不好意思，错怪你了，我应该吼'惯性'，哈哈哈！"

二、沟通的力量

如果男孩恶意回击，那么一场争吵不可避免。而他用一句幽默而礼貌的话轻松化解了一切，可见沟通的力量是不容小觑的——当然，一定要是有效的沟通。我们生活在社会、集体里，只有通过有效沟通才能建立良好的人际关系。我们每个人都应该认识到沟通的重要性。因此，我们必须要学会如何有效地与他人沟通，赢取生活，赢取人生。

其实，沟通的重要性一直受人重视，沟通无处不在，人不仅要对外沟通，而且也要对内沟通。当一个人独处的时候，也在和自己沟通，所以，人在生活中无法不沟通。作为父母，作为儿女，作为老板，作为员工，作为政府官员，作为医生，作为教师，作为环保主义者，作为和平主义者……扮演着不同角色的人们，能否成功扮演好这些角色，完全取决于沟通的质量。因此，生命的质量在于沟通的质量。可惜的是，现在人们的沟通质量并不高，在与人交流时并不总能进行有效沟通。沟通的质量不高就意味着共同的默契没有达成，彼此的价值就得不到承认，压抑、愤怒、相互猜疑等各种负面情绪就会立即冒出来，这些情绪会通过大脑形成一个行动指令，指示身体做出种种不利于人际关系的行为来。所以，想要拥有良好的人际关系，就需要学会有效沟通，提高沟通的质量。

 心理视点

一、沟通的内涵和类型

所谓"沟通"，"沟"指沟渠，"通"指相通，故而"沟通"作为动词的原意为挖沟使两水相通，早在我国春秋末期的史书《左传·哀公九年》中已有记载："秋，吴城邗，沟通江淮。"后因沟渠交错连通，犹如人与人交往互通思想情感，便引申出"沟通"用来形容人们思想情感传递和反馈这一连通过程的含义，这也是我们现代社会常指的"沟通"的意思。"沟通"的英文为"communication"，最初源于拉丁文"communis"，有公开与他人建立共同看法的意思。由此可见，"沟通"从诞生之初就包含两个关键要点，一是人与人之间的相互性，二是人与人之间的共同性，即人们是通过思想情感的相互传播和交流达成某种双方认可的一致意见的。

（一）沟通的涵义

诚如"一千个人眼中有一千个哈姆雷特"，每个人心中都有自己对沟通的定义。据不完全统计，沟通的定义迄今有 150 多个。① 不同学者从不同学科视角对沟通进行定义，各有说法，各有侧重。以沟通的经典学说为起点，关注各个学科对沟通的发展性看法，对最终认识和理解有效沟通有很大的帮助。

1. 沟通的经典学说

关于"沟通"，学者们众说纷纭，归纳起来，自沟通产生至今，有四种主流经典学说：交流互动说、彼此影响说、过程共享说、载体符号说。

（1）交流互动说下的沟通

交流互动说强调沟通是人们对信息进行的社会双向互动，具有社会相互作用性。该思想在 20 世纪 70 年代被提出："沟通是一种追问意义的努力，是人的创造性行为，在这种行为中人希望识别和组织各种暗示，从而在所处环境中定位自我并且满足自己不断变化的需要，代表人物是美国现代管理理论之父切斯特·巴纳德（Chester I. Barnard），以及美国管理学家赫伯特·西蒙（Herbert A. Simon）。"西蒙后来还进一步提出："沟通是组织中的一分子将自己的意思传达给另一分子的过程。"所以，交流互动说侧重的是沟通的传递性。

（2）彼此影响说下的沟通

彼此影响说强调沟通的目的是人们彼此之间施加影响的过程。代表人物是美国心理学家卡尔·霍夫兰（Carl Hovland）、美国学者菲利普·哈里斯（Philip R. Harris）和中国学者许鹏。霍夫兰等最早在 20 世纪 50 年代初提出"沟通是指某个人传递刺激以影响另一些人的过程，传者向受传者传递信息是为了改变受传者的行为"；哈里斯则在 20 世纪 70 年代末指出"沟通是一个循环的相互影响的过程，这个过程包括信息发出者、接收者和信息本身"；许鹏在 20 世纪 90 年代初提出"交往中的双方（或几方）在共同的活动中，

---

① 郭霖．人际沟通与公众表达［M］．重庆：重庆大学出版社，2018：46．

彼此交流各种观念、思想、兴趣、情绪、感情、定向等"①。由此看出，彼此影响说侧重的是沟通的相互性，并且认为沟通是一种彼此作用的过程。

（3）过程共享说下的沟通

过程共享说强调信息双方的共享过程。代表人物是美国学者道格拉斯·麦格雷戈（Douglas M. McGregor）和中国学者汪金城。McGregor 在 20 世纪 60 年代末指出"沟通是为了建立信息传递的双方彼此之间的共同性而需要进行的一种程序，是人们分享信息、思想和情感的任何过程，不仅包含口头语言和书面语言，也包含形体语言、个人的习气和方式、物质环境等，即赋予信息含义的任何东西"；汪金城则在 21 世纪初提出"沟通是知识分享的基础，在沟通时双方均企图共享事实、观念、态度以及建立共同了解的基础"②。相比彼此影响说，过程共享说虽然侧重的也是一种相互性，但是其认为沟通是一种共通信息有无的过程。

（4）载体符号说下的沟通

载体符号说强调沟通中的符号载体。代表人物是美国社会学家伯纳德·贝雷尔森（Bernard Berelson）和传播学者盖瑞·塞纳（Gary Steiner）及中国学者张春兴。贝雷尔森等认为"沟通是运用符号——词语、画片、数字、图像所进行的传递"；张春兴则认为"沟通乃是经由语言或其他符号，将一方之讯息、意见、态度、知识、观念以至感情等传至对方的历程"③。因此，载体符号说侧重的是沟通的信息性，关注沟通过程中传递的内容。

2. 沟通的学科释义

"沟通"源自日常生活，因其对人类的重要性，逐渐成为科学的研究对象，不同学科的学者将其作为研究对象进行分析研究，从不同的学科视角，根据不同的研究目的，赋予了"沟通"不同的解释。

（1）沟通的传播学释义

传播学是最早对"沟通"进行研究的学科之一，与其说它将"沟通"作为研究对象，更准确地说它就是将"传播"本身作为研究对象。因为"沟

① 许鹏. 中介的探索：文艺社会心理研究 [M]. 北京：中国人民大学出版社，1992：52.

② 柯江林. 企业研发团队的社会资本：测量、理论与实证 [M]. 北京：知识产权出版社，2010：33.

③ 陈礼中. 人以和为贵：人际关系大挑战 [M]. 北京：中国友谊出版公司，2002：80.

通"和"传播"是英文词汇"communication"的对译词,传播学里将"communication"译为"传播",所以,在传播学领域,学者们普遍将"沟通(传播)"看作是一种信息传播过程,侧重研究沟通(传播)的发生过程和组成要素。如英国著名传播学者丹尼斯·麦奎尔(Denis McQuail)指出,"沟通是(个)人或团体主要通过符号向其他个人或团体传递信息、观念、态度或情感"[1]。高永强在其《员工如何提升自身素养与工作能力》一书中指出,现代传播学认为,沟通是传播活动的一种,它是沟通主体向沟通客体(沟通对象)传递信息及主客体之间的信息互动过程。完整的沟通过程应包括信息的发送、接受和反馈,单方面的信息发送不是沟通。[2]

(2)沟通的管理学释义

管理学主要的研究对象之一是管理活动中的人、事、物,所以管理学对"沟通"的定义关注的是组织管理过程中人与人之间的信息交流及沟通对组织管理的效果,看中的是沟通的功能。这一点可从国外管理学家和我国管理学学者对沟通的定义中看出。美国社会学者丹尼尔·卡茨(Daniel Katz)和罗伯特·卡恩(Robert L. Kahn)认为:"信息沟通,即交流信息情况和传达意图,是一个社会系统或组织的重要组成部分。"美国管理学家哈罗德·孔茨(Harold Koontz)将沟通解释为:"信息从发送者转移到接收者那里,并使后者理解该项信息的含义。"西蒙则认为:"信息沟通系指一个组织成员向另一个组织成员传递决策前提的过程。"美国管理学者斯蒂芬·罗宾斯(Stephen P. Robbins)则把沟通看作是"意义的传递和理解"。[3]李孝轩和文华伟在其《管理学原理》中提出,他们倾向于把沟通定义为"沟通是为了一个设定的目标,把信息、思想和情感在个人或群体间传递,并且达到共同协议的过程"[4]。贾名清和方琳在其《管理学》一书中提到,有效沟通可以降低管理的模糊性、提高管理的效能,沟通是组织的凝聚剂、催化剂和润滑剂,沟通是组织与外部环境之间建立联系的桥梁。[5]

① 谢玉华.管理沟通[M].4版.大连:东北财经大学出版社,2020:11.
② 高永强.员工如何提升自身素养与工作能力[M].北京:西苑出版社,2011:71.
③ 李品媛.管理学原理[M].4版.大连:东北财经大学出版社,2018:262.
④ 李孝轩,文华伟.管理学原理[M].武汉:武汉大学出版社,2014:147.
⑤ 贾名清,方琳.管理学[M].南京:东南大学出版社,2012:297.

（3）沟通的教育学释义

教育学是研究教育活动及其规律的学科，因而倾向于将沟通作为一种教育过程，是教育者和教育对象之间的一种人际交往，目的是通过双方的信息交流实现教育目的。可以说，教育即是一种沟通。如著名教育学家巴威尔（Barwell）曾经说过，"我深信，在这个世界上最好的教育是不知不觉间与长辈进行谈话时获得的"①。张景在谈及"做父母的最高境界"时指出，沟通是教育的前提，没有沟通就难有教育。所谓沟通，就是孩子视父母为最有趣、最可信、最贴心、最知心的朋友，什么都可向你说，什么都敢向你说。② 周可桢和吴回生在其《新编教育学基础》一书中指出，沟通是不拘一格地进行德育的常用方式，它是德育方法——明理教育法的一种，是指师生通过思想情感上的连通、交流与互动以了解、关怀学生，化解师生之间存在的偏见、分歧与矛盾，让学生提高认识，转变态度，积极参与社会群体活动来提高思想品德的方式。③

（4）沟通的心理学释义

心理学研究的是人心理过程发生发展及其变化规律，可以说，一切人类活动都是心理学的研究范畴，而沟通作为人际交往的主要形式，必然成为心理学的重要研究对象之一。心理学侧重沟通有效性的研究，它不仅对沟通对象、过程与结果的心理机制及其影响因素展开探究，而且研究沟通对人心理健康的影响。如赵永萍等人认为沟通是一种社会情境活动，故人们对信息的沟通和传递依赖于沟通的社会背景，关系亲密度是其中的一个重要因素。④ 徐杰等通过问卷调查分析指出，改善青少年亲子沟通可以增强其社会支持，从而提高其社会适应水平。⑤ 丁莹和郑全全对人际沟通中的"说出即相信"效应——沟通者向听众态度方向调整关于目标人物的信息，并且随后沟通者

① 刘丽娜. 倒过来看世界：如何启动孩子的逆向思维 [M]. 北京：中国社会出版社，2014：165.

② 张景. 溪间漫步 [M]. 郑州：河南人民出版社，2012：7.

③ 周可桢，吴回生. 新编教育学基础 [M]. 厦门：厦门大学出版社，2020：240.

④ 赵永萍，赵玉芳，张进辅. 关系亲密度影响刻板印象信息的口头传递（英文）[J]. 心理科学，2017，40（4）：983.

⑤ 徐杰，张越，詹文琦，等. 亲子沟通对青少年社会适应的影响：社会支持的中介作用 [J]. 中国健康心理学杂志，2016，24（1）：65.

对目标人物的记忆和评价也会出现相应的偏差——进行研究，提出其影响因素包括沟通目的、反馈、沟通者与听众的关系、求知需求、沟通者的人格特征等。[①]

"沟通"的学科释义远不止上述四个学科，组织学、信息学、行为学等各种人文社会学科都对其进行过深入研究，从这个意义上讲，"沟通"可以说是一个交叉词汇、边缘词汇。而不管各个学科如何各有侧重地定义和解释"沟通"，不难发现，它们对"沟通"的共同认识是——它是一种信息传递过程。本书从德育结合心育的视角对大学生的沟通展开论述，所以，对沟通的概念界定侧重于沟通的有效性和积极性，重点关注沟通过程中心理发展的机制及如何使沟通过程积极正向并且达到有效的目的，具体来说包含下面三层涵义：（1）沟通是一种心理过程，信息传递受心理因素影响；（2）沟通是一种积极手段，问题可以通过有效沟通解决；（3）沟通是一种正向目的，所有沟通的目的是正向发展。

3. 有效沟通的含义

本书所指的"沟通"亦即"有效沟通"，并非单纯的对话、闲聊等只有信息传递的过程，而没有达到有效结果的无效沟通。在此，本书对"有效沟通"做详细说明。

德国当代最重要的哲学家之一尤尔根·哈贝马斯（Jürgen Habermas）提出"沟通有效性理论"，认为要形成共识，必须有"理想沟通情境"和"沟通有效性"两个前提，其中沟通有效性包括可领会性（交往参与者需要使用公认的语法规则）、真实性、真诚性、行为规范正确性。[②] 美国休斯顿州立大学心理学教授罗兰·米勒（Rowland S. Miller）指出，从信息传递者的意图到信息对接收者产生的影响，这中间可能产生错误或误解，这样的误解会造成人际隔阂，这种隔阂不仅可能造成亲密关系中的不满，而且可能会妨碍建立有益的人际关系。[③] 孙云晓在其《体验成长——青少年民宿地球村报告》

---

① 丁莹，郑全全."说出即相信"效应的影响因素和理论解释 [J]. 心理科学进展，2011，19（12）：1851.

② 谢立中. 哈贝马斯的"沟通有效性理论"：前提或限制 [J]. 北京大学学报（哲学社会科学版），2014，51（5）：142-143.

③ 罗兰·米勒. 亲密关系 [M]. 6 版. 北京：人民邮电出版社，2015：192-193.

一书中提到，"中国城市独生子女人格发展状况与教育"这项调查结果显示：绝大多数父母愿意与孩子沟通，绝大多数孩子也愿意与父母交流。但由于父母与孩子所处的地位不同，与孩子所关心的内容不同，与孩子谈话的方式使孩子难以接受等原因，造成父母与孩子沟通的障碍。① 很多校园欺凌事件由沟通不畅引发，一是孩子不善于语言表达，碰到问题时，半天说不清楚，于是就用拳头来解决；二是孩子心口不一，比如越是喜欢某个人，越是喜欢欺负他；三是孩子不能准确表达内心感受和需要，不会清楚地表达"我想安静一会儿，别吵我"，而是直接过去给别人狠狠一击；四是孩子不明白侮辱性语言对别人是伤害，比如不喜欢谁，就给别人起外号或者骂人，而不会告诉他"你这样做，我不喜欢"。②

综上，不难发现，有效沟通强调的是信息传递的准确性、真实性及结果的积极性、正向性，并且随处都需要有效沟通，家庭中、学校中、社会中，其实哪怕是跟自己也需要有效沟通，这样才有利于自我认同、自我发展，同时也将促进自我与外界有效沟通，消除沟通障碍，建立起良好的人际关系。

（二）沟通的要素

尽管"沟通"的概念众说纷纭，但是"沟通"的过程是被一致认可的，"沟通"是信息传递的过程，并且只有双向互动的沟通才能达到沟通的目的，也才是一种有效的沟通。沟通的过程是复杂的，涉及的要素很多，任何一个要素出现问题，都会导致沟通的无效。根据有效沟通"信息发送—信息传递—信息接收—信息反馈"的过程，结合以往名家学者们对沟通要素的阐述，有效沟通过程应该包括七大要素：信息发送者、信息、通道、信息接收者、反馈、障碍和背景。

1. 信息发送者

信息发送者是指沟通的发起者，也是信息的来源，他们为着某一目的发起沟通，这一过程要素包含两个行为：信息的编码和信息的发出。他们发送信息的目的，亦即沟通的目的，可能单纯只是提供信息，或影响别人，又或

---

① 孙云晓. 体验成长：青少年民宿地球村报告 [M]. 天津：天津教育出版社，2002：238.

② 中国教育新闻网. 有效沟通可减少欺凌发生 [EB/OL]. (2019-05-02) [2019-05-30]. http://www.jyb.cn/rmtzgjyb/201905/t20190502_230650.html.

与人建立某种联系等。一次沟通的开始即是从信息发送者对信息的编码开始的，编码的不同影响所要发出的信息，最终也将影响沟通的质量。而编码不仅受信息发送者的教育背景、价值观念、生活环境等自身因素的影响，也受到沟通目的、沟通对象、沟通场景等外在因素的影响。比如，同样是解说一幅画，教师给本专业学生和非专业学生讲解，所用的沟通信息是不一样的，当然给不同的本专业学生讲解也会略有不同，这会受到学生反映的信息接受情况的影响。所以，在整个沟通过程中，信息发送者的概念是相对的，沟通双方往往互为信息发送者和接收者，信息接收者在进行反馈的同时，也成就信息发送者，只是彼此相互传递的信息并不相同，但同属一个沟通场景中。

2. 信息

信息是指信息发送者试图传达给信息接收者（包括语言和非语言）的信息，这种信息往往附加有信息发送者的观念、态度和情感。信息发送者附加的态度和情感主要通过声调、语气、语速、附加词、语句结构及表情、神态、动作等方式加以传递。信息可能是直接明确的，即内容通俗易懂，直截了当，无须思索和逻辑推理；信息也可能是间接隐晦的，需要深刻理解和推理才能弄懂其内容。同样的信息，发送者和接收者可能有着不同的理解，这可能是发送者和接收者的客观差异造成的，也可能是由于发送者传送了过多的不必要信息。简单来说，发送者的编码过程和接收者的译码过程并不是可逆向的对等过程。比如，小月本来想请在宿舍的室友小兰帮忙插下热水器，准备中午洗完澡再出去逛街，她打电话沟通时说："小兰，帮我插下热水器，我要洗澡，下午要去逛街，谢谢！"而小兰却认为她是逛完街回来要洗澡，为的是出去半天脏了累了清洗舒服一下，所以插上热水器以后小兰自己先赶紧洗完，留着时间让水重新热好给回来的小月洗，结果小月的计划被打乱了。

3. 通道

通道是指沟通过程中信息传递的方式。人的五官（眼、耳、口、鼻、舌），甚至皮肤都可以接收信息，而在日常生活中通过眼睛（视觉）和耳朵（听觉）进行沟通是人们最主要，也是运用最广泛的沟通通道。常用的沟通通道，亦即沟通方式既包括面对面的直接沟通，也包括网络沟通、电话（语音）沟通、书信（文字）沟通、托人捎话（间接语音）沟通等间接沟通方式。心理学研究发现，在所有的沟通方式中，影响最大的仍然是原始的面对面的沟通方式。这是因为在面对面的沟通方式中，沟通者除语言信息外，还可以通过眼神、表情、姿态、动作等向信息接收者传达更为全面的信息内容，这对接收者具有更强烈的感染作用。同时，信息发送者还可观察到信息接收者完整的反馈信号，全面了解接收者对信息的反应，并可根据对方的反馈及时调整自己的沟通方式，如果对方表现出的是积极的反应，则可以继续进行沟通，如果对方表现出消极的反应，则会随时对沟通方式和沟通内容加以调整，有助于提高沟通效果和最大限度地对接收者产生影响。

4. 信息接收者

信息接收者在前面解释信息发送者的时候就有提及，它是和信息发送者相对的概念，即指接收信息的一方。同样地，信息接收者作为沟通的过程要素包含两个行为：信息的译码和信息的接收。沟通过程之所以复杂，信息接收就是重要原因，如前所述解码和译码并不是完全对等的。信息的译码本身就是一个包括一系列注意、知觉、转译和储存等心理活动的复杂过程，它要将信息发送者传递的信息转化为接收者自己所能了解、理解的想法和感受。这一过程受到接收者的经验、知识、才能、个人素质及对信息发送者的期望，甚至还有信息传递时所处的环境等内外因素的影响。作为信息发送者，不管是个人还是组织，传递信息是单线的，也就是说发送出的信息是同样的；而与信息发送者不同，信息接收者可以是单线的，也可以是多线的。单线的即信息接收者仅仅是自己或单一个体，如自我沟通时的自我；多线的即信息接收者是多人的，如正在听课的学生、听取演讲的听众、群体性事件中被说服的人群等。当信息接收者是多人时，沟通的过程就会更为复杂，因为每个人接收到的信息会有所差异，做出的反应也会有所区别。

5. 反馈

反馈是指信息接收者对信息的反应，可以反映出信息接收者对信息的理解和接收情况。如果反馈显示信息接收者接收并理解信息，这种反馈为正反馈，如学生对心理辅导老师的说法点头称是。如果反馈显示发送者的信息没有被接收者接收和理解，这种反馈为负反馈，如学生对高数老师知识点的讲解一脸的茫然或直接打断说"我不懂您说的意思"。如果信息接收者对信息的反应处于不确定状态，即信息不够充分，接收者无法决定接收与否，这种反馈为模糊反馈。模糊反馈并不是说接收者没有反应，其实接收者已经接收到了信息，虽然接收者没有明确的表态，但信息会对接收者产生一定的影响，这种情况就类似于学生认为自己听懂了老师对知识点的讲解，但是不确定是不是正确。不管是哪一种反馈，只有有了反馈的沟通才能够成为双向沟通，信息发送者才能够根据信息接收者的反馈调整自己的信息发送方式，让彼此的沟通成为有效沟通。从这个意义上讲，反馈是有效沟通的关键。

6. 障碍

障碍是指在沟通过程中任何会造成沟通阻碍的过程、环节、方式等因素。比如，信息不明确（信息发送者没有清楚表达）、译码过程偏差（信息接收者不能正确解读信息）、错用沟通方式（跟老年人沟通过多使用网络用语）、信息被误解（过于随意的批评被人误认为是在开玩笑）等，都会造成沟通障碍。正因为沟通过程的复杂性，所以沟通障碍在日常人际沟通中是常见的，它可能发生在沟通的任何环节，是影响有效沟通最大的因素，需要注意去规避。不少学者在沟通要素中还会单独提及"噪音"，其指的是干扰沟通信息有效传递的因素，作者认为"噪音"的存在亦是造成沟通障碍的因素之一，因此，可以将"噪音"这一沟通要素归并在"障碍"的合集中。

7. 背景

背景是指沟通发生时的环境或者说情境，它是沟通过程中最全面，也是影响最大的要素，因为它影响着沟通中其他的每一个要素。背景涵盖的内容很广泛，它不仅包括客观存在的物理背景（沟通发生时的物理环境，比如同样是师生谈话，教师到学生寝室和邀请学生来办公室，不同的场所的物理背景完全不同），还包括主观的心理背景（包括沟通发送者和接收者的认知、情绪、态度）及软性的社会文化背景（包括社会赋予沟通当事人的角色及时代、国家等形成的文化特色、价值取向等，比如学生跟教师和跟父母的沟通方式及表现是不一样的，而"90后"和"00后"的师生沟通与父母同子女间的亲子沟通也是不一样的，不同国家、不同地域也会带来沟通差异）。简单来说，在沟通过程中，背景赋予了各个要素不同的意义。所以，信息的意义也随背景变化，比如，同样一句"你这人可真搞笑"，如果是在私人社交圈里对某个亲密的朋友说，可能会被认为是一句玩笑话，如果是在正式的场合对某人说，则可能会被认为是一种轻视，甚至是带有些许侮辱的话。

根据上述指出的沟通的七大要素，可以形成完整的沟通过程的要素关系图，如图1-1所示。如果要保证沟通的有效性，每个要素都不可以忽视。当然，没有人能保证，实际上也确实达不到沟通信息"复制—粘贴"式地传递，但是通过不断地来回反馈可以保证双方对信息的理解是一致的，也就是达到了沟通的目的，实现了有效沟通。

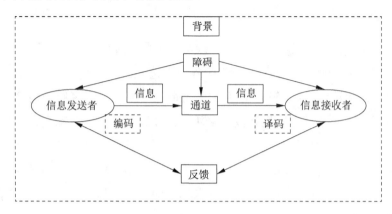

图1-1　沟通要素关系图

（三）沟通的类型

从不同的角度可以对沟通进行不同的分类，根据不同的标准对沟通进行分类认识，可以更全面地了解沟通，更好地使用沟通，并达到有效沟通的目的。

1. 按信息传递形式分类

沟通按信息传递形式可分为语言沟通与非语言沟通。语言是人类特有的一种有效的沟通方式。语言沟通形式建立在语言文字基础上，以语言文字和言语声音为载体。语言沟通形式又可分为口头语言、书面语言两种类型。口头语言沟通是人们最常用的一种沟通形式。口头语言沟通的优点是信息发送和反馈的快捷和及时，缺点是信息传递经过的中间环节越多，信息被曲解的可能性就越大。书面语言沟通又可细分为正式文件、备忘录、信件、公告、留言便条、内部期刊、规章制度、任命书等多种具体形式。书面语言沟通的优点是沟通的内容具体化、直观化，沟通信息能够被长久保存，便于查询；缺点是花费大量时间，缺乏及时的反馈，而且不能保证信息接收者完全正确地理解信息。书面语言中还有一种电子数据语言（即书面语言的一种信息数据化），电子数据语言沟通是指将包括图表、图像、文字等在内的书面语言性质的信息通过电子信息技术转化为电子数据进行信息传递的一种沟通方式或形式。它的主要特点和优势是可以将大量信息以较低成本快速地进行远距离传送。在沟通过程中，语言沟通比起对思想的传递和情感的传递，更擅长的是信息的传递。非语言沟通则是指通过某些媒介而非语言文字来传递信息。非语言沟通形式非常丰富，主要包括身体语言沟通形式、副语言沟通形式和物体操纵或者说道具沟通形式三种。身体语言沟通形式是指通过动态的目光、表情、手势等身体运动、姿势、衣着打扮等形式来传递信息的沟通形式。副语言沟通是指通过非词语的声音，如重音、声调、哭、笑、停顿、语速等来传递信息的沟通形式。物体操纵即道具沟通，是人们通过物体运用、环境布置等方式来传递信息的沟通形式。我们在说每一句话的时候，用什么样的音色去说，用什么样的声调、语气去说等，都是非语言沟通形式的一部分。通常我们认为语言沟通更擅长沟通的是信息，非语言沟通更善于沟通的是人与人之间的思想和情感。

2. 按信息传递方向分类

沟通按信息传递方向可分为单向沟通和双向沟通。单向沟通是指信息的发送者与接收者之间相对位置不发生变化的沟通，即一方说另一方听，并且不存在反馈过程，这时信息是单向流动的。例如，演讲、作报告、广播消息等都属于单向沟通。单向沟通的优点是信息传递快，缺点是缺少信息反馈，沟通的信息准确性差，很难达成有效沟通，当接收者不愿接受意见或任务时，容易引起不满与抗拒。双向沟通是指信息的发送者与接收者的位置不断变化的沟通，即信息交流是双向的活动，双方互有反馈。例如组织成员间的协商、讨论或是两个人之间的谈心等都属于双向沟通。双向沟通的优点是能及时获得反馈的信息，沟通的信息准确性较高，通过沟通有助于联络和巩固双方感情，双方沟通也是促进和保证有效沟通的基础。其缺点是信息完整传递的速度较慢，接收者可以反对信息发送者的意见，在一定条件下这可能给发送者造成心理上的压力。

3. 按组织结构特征分类

沟通按组织结构特征可分为正式沟通与非正式沟通。正式沟通是指通过组织规定的通道进行的信息传递与交流。例如组织内部的文件传达,上下级之间例行的汇报、总结,工作任务分配及组织之间的信函往来等都属于正式沟通。正式沟通具有组织的严肃性、程序性、稳定性、可靠性及信息不易失真的特点,它是组织内沟通的主要方式。非正式沟通是指正式沟通通道以外自由进行的信息传递和交流,它是正式沟通的补充,具有自发性、灵活性、不可靠性的特点。例如,员工之间私下交换意见、交流思想感情或传播小道消息等。非正式沟通作为正式沟通的补充有其积极的作用,通过它可以掌握群体成员的心理状况,并在一定程度上为组织决策者提供依据。但由于在非正式沟通中信息失真比较大,所以决策者不能完全依赖它来获得必要的信息。

4. 按信息流动方向分类

沟通按信息流动方向可分为上行沟通、下行沟通与平行沟通。上行沟通是指在组织或群体中从较低层次向较高层次的沟通。它是群体成员向上级提供信息、发表意见和对情况的反映的沟通方式。上行沟通是一个组织领导者了解和掌握组织全面情况,以做出正确决策的重要环节。因此,组织领导者应大力鼓励下级向上级反映情况,从而确保上行沟通渠道的畅通无阻。下行沟通是指在组织或群体中从较高层次向较低层次传递信息的沟通。它是组织领导者把组织的目标、规章制度、工作程序等向下级传达的沟通方式。下行沟通可以使下级员工明确工作任务、目标,增强责任感和组织归属感,而且可以协调组织各层次的活动,加强各级有效协作。平行沟通是指组织或群体中各平行机构之间的交流及员工在工作中的交互作用和工作交谈等。平行沟通能够保证平行机构间的相互通气、相互配合和支持,从而减少矛盾和冲突,有利于组织各种关系的平衡和稳定。跨机构的平行沟通通常采取的形式包括:会议、备忘录、报告等。其中,会议是最经常采用的沟通形式,包括决策性的会议、咨询性的会议和通知性的会议等。机构内部员工间的平行沟通,多采用面谈、备忘录的形式;在机构员工与其他机构的管理者和员工的沟通中,面谈、信函和备忘录是较好的形式。

5. 按过程有否他人分类

按信息沟通的过程是否需要第三者加入，沟通可分为直接沟通和间接沟通。直接沟通是指信息发送者与接收者直接进行信息交流，无需第三者传递的沟通方式。例如面对面交谈、电话交谈等。直接沟通的优点是沟通迅速，双方可以充分交换意见、交流信息，迅速取得相互了解。其缺点是信息的有效传递需要时间和空间的一致性，有时直接沟通存在一定困难。间接沟通是指信息发送者必须经过第三者的中转才能把信息传递给接收者。间接沟通的优点是不受时间和空间条件的限制。其缺点是较浪费人力和时间，且可能使信息失真。

6. 按沟通空间模式分类

沟通按交流空间模式不同可分为现实沟通与虚拟沟通。现实沟通是沟通双方对对方的身份和角色都有比较清楚的把握的沟通，面对面沟通是最普遍的现实沟通形式。电话沟通的双方虽然需要通过媒体沟通，但还是好像对方站在面前一样，因此这也属于现实沟通。而虚拟沟通是随着互联网发展起来的一种沟通形式，在网络上，沟通的双方可以匿名，每个人都可以扮演各种自己喜欢的角色，每个人都在和自己想象的个体沟通。虚拟沟通中，沟通双方对对方的身份和角色往往是不清楚的，沟通的进程主要受自己的主观感受和想象来引导。

7. 按参与人数多少分类

沟通按参与沟通的对象人数多少可分为自我沟通、他人沟通和公共沟通。自我沟通的沟通对象是自身，主要是自我对自身进行比较全面的认识，包括通过自身的形象、智力和心理承受力等方面来了解自己的身体健康状况和情绪状态等，使身心实现高度和谐统一。与他人沟通良好的前提是先学会如何跟自己沟通。良好的自我沟通能力有助于掌控自己的情绪和心态，积极的心态能够影响行动，有效的行动将会促进个人的发展。他人沟通是指沟通对象是一人以上的沟通，这种沟通的对象与目的比较明确。他人沟通也是我们日常生活中最常见的一种沟通，比如两个人之间的谈话、几个好友间的聚会、组织谈话等等。因为这种沟通的对象和目的明确，彼此可以不断互相确认信息，进行反馈，因而谈话的进程也会相对顺利。公共沟通是指利用个人公共关系权利来说服影响公众的过程。在公共沟通中，信息的发送者（演说者）向接收者（听众）发送某种信息（发表演说）。发送者通常在正式的环境中传送一种高度结构化的信息，所利用的沟通渠道尽管与人际沟通和团队沟通相同，但更为广大，也因为听众人数增多，所以声音要更高，手势幅度要更大。一般来说，在公共沟通中，听众可以做出非语言的反馈，但语言反馈的机会却受到限制。

8. 按沟通紧急程度分类

沟通按紧急程度可分为日常沟通和危机沟通。日常沟通指日常工作中的沟通，主要包括内部沟通和外部沟通。内部沟通主要是指群体内部成员之间或平行机构之间的相互交流。外部沟通是指与本群体以外人员的沟通。危机沟通是指以沟通为手段、以解决危机为目的而进行的一连串化解危机与避免危机的行为和过程。危机沟通可以降低组织危机的冲击，并存在化危机为转机的可能。如果不进行危机沟通，则小危机可能变成大危机，对群体造成重创，严重的甚至使群体就此消亡。

虽然沟通的分类很多，不同的类型都有其自身的优缺点，并不存在任何一种真正完美的沟通方式，但是只要坚持沟通目标，选择适合的沟通方式——有时也可以综合不同的方式共同使用——就可以做到有效沟通。

二、沟通的模式和原则

人们因成长环境的不同，形成了各自独特的性格特征，因此认知与触碰世界的方式也不同，沟通的模式也不一样，相应地，带来的沟通结果自然也不一样。而与沟通模式不同，沟通原则是存在普适法则的。所以，在了解沟通各种模式的基础上，掌握沟通的基本原则，有助于审视自己，取长补短，更为有效地去进行沟通。

（一）沟通的模式

通常从传播学、管理学的角度谈论沟通模式，大多指的是沟通传播途径的方式，比如美国传播学者施拉姆（Wilbur Schramm）的循环模式、拉斯韦尔（Harold Lasswell）的 5W 模式及申农和韦弗（Claude Shannon & Warren

Weaver）的线性模式等。从心理学、教育学的角度看待沟通模式，则将其看成人际沟通的心理模式，即在与他人沟通中固化的心理状态。而最经典的沟通心理模式之一则是美国著名心理治疗师和家庭治疗师维琴尼亚·萨提亚（Virginia Satir）所提出的"心理姿态"，指与人交流的心理与行为模式，它产生于家庭亲密关系，也深刻影响日常人际沟通。每个人所属的沟通模式不尽相同，也就是说每个人的心理姿态都是独一无二的，了解和认识不同的沟通模式（即指心理姿态）是理解他人也是理解自己的一把钥匙。

1. 讨好型

讨好型沟通模式是指在人际交往中将自己放在低位，习惯讨好别人的模式，采用这种沟通模式的人会不客观、理性地判断环境，总是把问题归咎于自己，所以通常会自我忽略、自我贬低，面对他人也总是同意、让步的态度，时常感到抱歉，并且不断试图取悦他人，尤其是生命中的重要他人。一直将自己置于低位进行沟通，必然会产生负性压力，所以拥有这种沟通模式的人会试图远离对自己产生压力的人或减轻自己因某些人所带来的压力。比如，有的同学在寝室总是无条件赞成室友的提议，而对有攻击性的室友可能会保持一定距离，减少共同行动的机会和时间。

2. 指责型

指责型沟通模式与讨好型沟通模式正好相反，是指在人际交往中将自己放在高位，通常忽略他人且喜欢攻击他人的模式，采用这种沟通模式的人同样不能客观、理性地判断环境，所不同的是其会将环境的有利因素都归自己所有，在沟通中惯于支配、批评他人，为自己辩护，所以经常只会去找别人的错误，试图表明一切不是自己的过错，要别人为自己所承受的一切负责。其目的是为了让自己远离压力的威胁。比如，有的同学在小组合作中，总说别人不合作、不配合，自己却只知道指挥而不知道承担实际任务，最终成绩不理想，也只会一味批评、指责队友。

3. 超理智型

超理智型沟通模式是指在人际交往中不抬高自己，也不贬低自己，而是保持一种超乎寻常的冷静和理性的态度对待双方的模式，采用这种沟通模式的人根据客观环境事实表达自己，给人一种机器般冷冰冰的感觉，在与人沟通时既不在乎自己的感受，也不在乎别人的感受，看似客观对待一切，实际是在逃避现实的任何感受，用以回避因压力而产生的困扰和痛苦。然而，长期保持随时的理性，不愿透露任何感受，往往会导致自己体验到一种压抑、空虚及与世隔绝的感觉。比如，有的同学在班级中总扮演着"老夫子"的角色，碰到问题总说"从客观来说……从科学上讲……"等等。

4. 打岔型

打岔型沟通模式是指在人际交往中习惯闪躲，故意避开个人的或情绪上的话题，不愿意真正去面对的模式。所以，采用打岔型沟通模式的人在与人沟通时，如果对方提及其回避的话题，他们会避重就轻，试图通过改变话题来分散对方的注意力，或者直接打断话题、假装幽默、答非所问等，目的就是岔开原有给他们带来压力的话题，以此与其保持距离，减轻自己对压力的关注。所以，这类人往往不去关注自己和他人，同时也不关注客观存在的环境，总是表现出一副事不关己的样子，但其实人很难做到不关注任何人和事，所以这类人的内心常常是矛盾和混乱的。比如，有的同学跟人交谈时总习惯插嘴打断对方，不会安静先听对方说完，有不尊重对方的感觉。

5. 一致型

一致型沟通模式是指对内关注自己的感受，对外既关注他人的感受，也尊重客观环境的模式，如图 1-2 所示。采用一致型沟通模式的人在与他人沟通时，能够保持开放的心态，在认真聆听别人的同时，不贬低忽视自己，也不批评指责他人。他们分享自己的真实想法，赞同或者不赞同，喜欢或者不喜欢，都很明确。他们也认可压力的存在，正视自己处于压力之中，承担起自己

图 1-2　一致型沟通模式

在压力中的责任，为有效地应对压力而做出努力。简单来说，一致型沟通模式能够在恰当的环境中，真诚、真实地表达自我，传达直接的讯息并为此负责，也能尊重和接受他人的意见和想法。也正因为能正视压力、解决压力，采用一致型沟通模式的人通常内心比较和谐。比如，有部分同学面对任何人

都能够不卑不亢，以真诚尊重的态度与人交流，保持一种比较和谐的人际关系。

不同的沟通模式表现在语言、情绪、行为及心理和生理反应上是不同的，如表1-1所示。在以上介绍的五种沟通模式中，前四种沟通模式，不论表现形式如何，内在的自我价值是都偏低的。只有一致型沟通模式，才能够让人真正认清自我价值，悦纳自己，也欣赏他人。萨提亚经过调查发现，普通人中，有50%的人是讨好型，30%的人是指责型，15%的人是超理智型，0.5%的人是打岔型。采用这四种沟通模式的人共占了95.5%。还有4.5%的人使用的是理性的沟通方式，即一致型。[1] 当然，一个人往往不会单纯完完全全地属于某一种模式，有可能介于任意两者之间，甚至具有几种模式的特点，在语言、情感、肢体及心理上的表现程度也各有不同，但是无论如何，对各种沟通模式的了解，有助于剖析自己的沟通模式并有针对性地改善自己的沟通模式，促使自己更为有效、顺畅地进行人际沟通。

表1-1　五种沟通模式的具体表现

沟通模式	常用语言表现	情绪情感表现	行为举止表现	常见心理反应
讨好型	"都是我的错""我不值得""按照你说的办""没事没事"等等	弱小无助、乞求讨好，时常用恳求的表情与声音、软弱的身体姿势来表现情绪、情感	举止表现得过分和善，经常道歉，请求宽恕、谅解，哀求与乞怜，无原则让步	往往会表现出神经质、抑郁心理，严重的会出现自杀倾向
指责型	"都是你的错""你到底在搞什么？""你从来都没做对过""要是你……，那就……""我完全没错"等等	指责批评，内心的独白往往就是"在这里我是权威"，但实际大多数时候体会到的是"我很孤单和失败"	惯于攻击批评他人，专横霸道并且吹毛求疵，僵直着身子做出一副高高在上的样子，显得自己很有权力的样子	更多地体现的是报复、捉弄和欺侮心理
超理智型	"人一定是要讲逻辑的""一切都应该是有科学依据的""人需要冷静"等等，避开个人或情绪上的话题，很少涉及与人有关的感受	顽固、疏离，内心极为克制，常常告诉自己的是"不论代价，人一定要保持冷静、沉着、决不慌乱"	顽固不知变通，举止合理化，操作固执刻板，说话时表现出一副有模有样、头头是道的样子，脸上的表情往往是给人一种很优越的感觉	常表现为强迫心理，社交退缩、故步自封，这是一种社会性的病态

① 贺泉莉，林玉琼．美丽青春 健康心理：大学生成长与发展 [M]．上海：上海交通大学出版社，2017：84.

续表

沟通模式	常用语言表现	情绪情感表现	行为举止表现	常见心理反应
打岔型	说话漫无主题，毫无道理，并且抓不到重点，随心所欲，随口表示，东拉西扯，经常说的一句话是"我自己也搞不清"	内心波动、混乱，往往觉得"没有人当真在意""这里根本没有我说话的地方"，但表现得满不在乎，心不在焉	惯于转移注意力，常会有不恰当的举动、多动、忙碌、插嘴、打扰等动作出现	往往表现出矛盾心理，心态是混乱的
一致型	愿意倾听和分享，思维是开放的，所以表现在语言上也是开放的，常会这样表达——"我的想法是这样的，你有其他不同的意见吗？""我觉得你说得很有道理，但我还有一点不同意见"	稳定、乐观、开朗、自信，偶有面对压力的惶恐，但仍充满勇气和信心，有坚强的毅力，当时和事后内心都充满坦然和安稳	接纳压力和困难、顾全大局、尊重他人、乐于助人	内心平和，对人对事表现得心平气和、泰然处之

（二）沟通的原则

有时候彼此沟通的不畅或者失败，并不是因为表达的内容不恰当引起的，而是因为信息发送者不会或者没有按照沟通的原则来交流，从而导致双方信息接收的不对等，产生不了交流焦点，最终导致无效沟通。因此，在日常沟通中要学会遵循沟通的基本原则，才能产生顺畅的有效沟通。

1. 卡特里普（Scott M. Cutlip）、森特（Allen H. Center）有效沟通的七C原则

美国著名的公共关系专家斯科特·卡特里普和艾伦·森特在其著作《有效的公共关系》中首次提出了有效沟通的"七C原则"。这七条原则是对照信息传递过程的有效性提出的，所以对日常建立有效沟通具有重要意义。

（1）Credibility，译为"可信赖性"，指的是对信息发送者的信赖。一方面，因为信息接收者信赖信息发送者，彼此会更用心接收信息，从而提高信息的接收率；另一方面，信息发送者能够感受到信息接收者的信赖，彼此会更愿意输出信息，从而提高信息的输出率。而信息是沟通的关键，信息输出率和接收率同时提高，能够推进沟通进程，提高沟通效率。

（2）Context，译为"情境架构"，指的是信息的传递要与当下的背景情境协调一致，这样更有利于信息的传递，所以又称其为"情境的一致性"。这里的背景情境包括物质的、社会的、心理的、时间的环境等等，即前述沟

通要素中所指的"背景"，它会影响沟通中其他每一个要素。所以，如果能够让信息在一致的背景情境下传递，沟通双方会感觉更放松、舒适、信赖，从而促进沟通的进行。

（3）Content，译为"内容的可接受性"，指的是传递的信息本身要与接收者是有关的，是能够满足接收者需求的，这样信息才能够引起其兴趣；使其乐于接收，才能更积极反馈，才能有效推进沟通的进程。如果传递的信息与接收者无关，接收者可能不专心，甚至不愿意接收，那么沟通是无法进行的。所以在沟通时，一定要充分考虑对方的身份、背景、学识、兴趣、需求等等。

（4）Clarity，译为"表达的明确性"，指的是信息编码形式应该简洁而准确，不会人为造成信息接收者译码的困扰。比如，有的人为了显示自己知识的渊博，会增加输出信息的难度，用晦涩难懂的专业词汇表达信息，造成普通大众无法理解，接收困难；还有的人习惯于隐晦、迂回地表达自己的沟通意图，给真实信息裹上外衣，导致信息接收者很难直接译码，最终造成信息接收误差。所以，直接明确地表达信息对提高沟通效率有重要意义。

（5）Channels，译为"渠道的多样性"，指的是丰富信息传递通道以实现沟通目的。信息传递的通道是多种多样的，针对不同的群体、不同的对象，需要进行选择。针对不同的信息接收者，发送者只有选择合适的沟通方式，才能达到更快速、有效传递信息的目的。比如，班级团支书向全班同学公布消息和向宿舍室友传递消息的方式应该是不一样的，因为相互之间关系是不同的，如果用完全一样的方式，可能造成信息传递效果不佳，还有可能影响人际关系。

（6）Continuity and consistency，译为"过程的持续性与连贯性"，指的是沟通是一个循环往复的过程。这就意味在达到沟通目的之前，沟通是一个反复的过程，信息发送者要时刻关注信息接收者的反馈，检查其是否完全接收到所要传达的信息，如果没有则需重新表达，并且可能需要通过更换传递方式、补充信息内容等方式更新传递的信息，以此保证沟通持续进行下去，直到信息接收者完全接收信息为止。

（7）Capability of audience，译为"受众能力的差异性"，指的是沟通对象，即信息接收者接收信息能力的差异。鉴于此，信息发送者在沟通时必须考虑对方的接收能力，包括注意能力、理解能力、行为能力、接受能力等。每个人的成长和生活环境不同，语言形式、思想观念、处事方式等相应都会有所差别，所以，沟通时需要根据不同对象的情况采用合适的沟通方式，才能更有利于对方理解和接受，推进沟通进程。比如，跟南方同学使用"外公外婆"的表述，跟北方同学使用"姥爷姥姥"的表述，会更便于对方理解，而反过来可能会降低反应速度。

2. 彼得·德鲁克（Peter F. Drucker）的四项基本沟通原则

彼得·德鲁克被《商业周刊》称为"当代不朽的管理思想大师"，他在考察企业的沟通时提出了四项基本沟通原则。这四项原则重点关注信息接收者对信息接收的有效性，并且指出了沟通和信息的本质差异，因此对日常有效沟通有重要参考意义。

（1）沟通是理解力。沟通的终极目的是接收者收到并理解了发送者传递的信息。所以，是否理解是达成有效沟通的关键。而接收者是否理解主要体现在两个方面：首先是接收者的理解力。接收者自身的认知能力、社会经验及情绪状态等都会影响自身的理解力。比如，跟失恋的室友说事，你会发现他/她可能漏掉或者完全忽略你所讲的内容。其次是发送者的表达方式。发送者用接收者理解不了的语言方式或者表达思路混乱也会影响接收者的理解。比如，跟家里年长的长辈用网络流行语表达，他们多半是理解不了的。彼得·德鲁克还提出："人无法只靠一句话来沟通，总是得靠整个人来沟通。"也就是说，沟通中真正意图的传递不仅依靠口头语言，还依靠肢体语言及个人背景。譬如，对一个人一句话的理解，不单纯基于这句话本身，还关系到此人说这句话时的语气、手势等，它们都在向接收者传递信息。

（2）沟通是期望。如果发送者传递的信息接收者接收不了或者拒绝接收，那么沟通是无从谈起的，也一定是无效的。接收不了是理解力的问题，而拒绝接收则是期望的问题。在人们期望之外的信息是被自动屏蔽的，要么是直接关上接收的通道，要么是故意假装没接收到。因为人都是有自我保护本能的，会排斥不熟悉和威胁性的语言，喜欢听自己想听的话。所以，发送者要达到有效沟通的目的，一定要了解接收者的期望，只有符合和满足接收者期望的信息，接收者才愿意去接收并进行理解。当然，总会有一些期望之外的信息是发送者主观想要或者客观必须传递给接收者的，这个时候就需要发送者进行"心理唤醒"来突破接收者的期望。比如，想通知一个满心期待出行的人出行计划取消，可以给对方一个一直想吃的蛋糕，这个时候他/她情绪比较好，信息接收范围及接受度都会更大。

（3）沟通创造要求。所有沟通的发起都是包含目的的，没有目的的闲聊并不是沟通。正因为沟通都是带有目的的，所以它一定是对接收者有所要求的，比如接受或改变某种思想观念、养成或改变某种行为习惯、完成或者协助某件事情等。所以，想要达成有效沟通，也就是接收者理解并接受信息，背后的含义是接收者需要付诸行动完成发送者的沟通目的。从这个意义上说，沟通发出的不仅是信息，同时也是要求，发送者发出要求让接收者付出时间、精力、行动乃至金钱等完成某事、成为某人、相信某些话。其中，时间可能是对接收者来说最宝贵的付出，在这个信息纷繁复杂、生活高压快速的时代，时间成本是人们最宝贵的成本，所以本身愿意花费时间来沟通就是最大的诚意，而完成沟通目的更是需要花费额外的时间。所以，发送者想要完成有效沟通，一定要反问自己接收者有何理由愿意花费时间和精力沟通，这将促进信息高效地传递和表达。而如前述，接收者的理解力和期望就是发送者必须考虑的范围了，否则接收者会拒绝沟通或者拒绝行动。

（4）信息不是沟通。信息是沟通的要素之一，但信息本身不是沟通。沟通是信息传递的整个过程，而有效沟通则是必须完成信息传递过程并达到沟通的目的。如果信息过多，尤其是无关信息过多，反而会阻碍接收者对信息的接受，影响沟通目的的达成。通俗来说，信息是死的，沟通是活的，因为信息是客观存在的，是可以被百分之百复制的，不涉及人际关系，而沟通本身是在人与人之间发生的，是带有目的性的，是受人们主观意志调节的。所以，即使有同样的沟通目的，不同的信息发送者传递出的信息一定是不同的，因为各自的认知水平、教育背景和生活经历等不同，对信息的编码就会存在差异。所以，想要达到有效沟通，需要关注的不仅仅是信息，还要关注信息传递的整个过程，尤其是涉及人的要素。

3. 桑原晃弥把握沟通时机的三大原则

日本知名职场顾问、人力采用战略研究所董事长桑原晃弥指出，达到沟通目的的方式可以是多种多样的，但是一定要抓住沟通的时机，错过"时机"的沟通毫无意义，有时还会带来负面效果。所以，有效沟通重要的一点是不可错过时机。对此，桑原晃弥提出三个关键原则，来帮助我们日常进行有效沟通。

（1）祝福要在"当场传达"。当别人取得成绩或者达成目标时，最好在得知的第一时间当场坦率地表达称赞和祝福。当称赞或者祝福被延后，很可能会被误会是嫉妒、被看成是小气又没自信的人，影响彼此后续的交往和沟通。所以，哪怕再忙也不要抱着"晚点再说，下次再说"的想法而延迟表达，一旦错过称赞和祝福的最佳时机，就宁可不说，起码不会再引起反效果。

（2）道歉要在"事发当天"。当和别人闹矛盾或出现问题时，哪怕你认为自己没有错，也不要和对方"零沟通"，一定要将自己的心情平复下来，在当天跟对方表示歉意，因为不管怎么样也有你的原因造成了双方的矛盾、误解。这是一个很常见的情况，因为没有两个人的经历背景是完全相同的，沟通的过程总会碰到问题。但如果你能在事发当天及时主动地道歉，你们的关系就会有所缓和或者改善，也将促成本身矛盾或者问题的解决。

（3）反馈要比"期限还早"。很多时候信息发送者的沟通要求并不是当下就可以完成的，而是需要时间去完成，这种时候，我们需要注意的是就算对方没有提出反馈期限，我们也不要等完成以后再去反馈，而是在对方提出要求的第一时间就迅速回应。哪怕只是告知对方"我知道了/我收到了，具体的情况我晚点再回复你/告诉你"，甚至是"我完成不了"，都比犹豫不决、不做回应来得好。迅速回应可以让对方了解你的接受程度，从而选择下一步的行动。

三、沟通的价值和意义

沟通存在于日常生活的方方面面，是工作、学习、生活中不可或缺的一部分，哪怕是刚出生或者是咿呀学语的婴孩都在用自己的方式跟外界沟通，而待长大成人后，更是通过各种各样的方式、与各种不同的对象进行沟通，沟通时时刻刻存在于人们身边，它的重要性和必要性是不言而喻的。

（一）人生处处是沟通——沟通对人类的普遍价值

人生处处是沟通，沟通对人们存在着普遍的价值意义。沟通能拉近距离，增进彼此的感情；沟通能消除误解，增进对彼此的了解；沟通教人学会换位思考，更加体谅彼此；沟通让人敞开心扉，变得更加开朗；沟通让人生更加和谐而多姿多彩。

1. 沟通是满足需求、维持心理平衡的重要因素

沟通是人类最基本的社会需要之一，同时也是人们赖以同外界保持联系的重要途径。通过沟通，人们可以满足需求，维持心理健康。具体来说，一方面，沟通满足了个人被需要的社会性需求，保证了个人的安全感和归属感。心理学认为人是一种社会的动物，人与人相处就像需要食物、水、住所等同样重要。如果人与人失去了相处的机会与接触方式，大都会产生一些症状，如产生幻觉、丧失运动机能且变得心理失调。人们平常可与人闲聊琐事，即使是一些不重要的话，也能因满足彼此互动的需求而感到愉快与满意。另一方面，沟通满足了个人被尊重的社会性需求，增强了人与人之间的亲密感。通过沟通，人能够探索自我及肯定自我。自己有什么专长与特质，有时是借由沟通从别人口中得知的。与人沟通后所得的互动结果，往往是自我肯定的来源。人都想被肯定、受重视，从互动中就能找寻到部分的答案。对于那些能够给予自己肯定、重视的人，人们往往会产生更多的亲密感。所以，如果沟通的需要得不到满足，那么势必会影响个人的身心健康。因此，人际沟通对于个人来说是维持心理健康的不可缺少的行为。

2. 沟通是减少冲突、改善人际关系的重要途径

一个人能够与人准确、及时地沟通，才能建立起人际关系，而且是牢固的、长久的关系。人与人的交往，就是一个反复沟通的过程，沟通良好就容易建立起良好的人际关系；而沟通不佳、闹点笑话虽无伤大雅，但因此得罪人、失去朋友，就后悔莫及了。有这样一则关于沟通的小故事，曾经有一个人请甲、乙、丙、丁四个人吃饭，临近吃饭的时间了，丁迟迟未来。这个人着急了，一句话就脱口而出："该来的怎么还不来？"甲听到这话，不高兴了："看来我是不该来的？"于是就告辞了。这个人很后悔自己说错了话，连

忙对乙、丙解释说："不该走的怎么走了。"乙心想："原来该走的是我。"于是也走了。这时候，丙对他说："你真不会说话，把客人都气走了。"那人辩解说："我说的又不是他们。"丙一听，心想："这里只剩我一个人了，原来是说我啊！"也生气地走了。从这个小故事我们可以看出，失败的沟通会影响人际关系。其实，沟通与人际关系两者相互促进、相互影响。有效的沟通可以赢得和谐的人际关系，而和谐的人际关系又可以使沟通更加顺畅。相反，人际关系不良会使沟通难以开展，而不恰当的沟通又会引起人际冲突。所以，善于沟通的人懂得如何维持和改善相互的关系，更好地展示自我的需要，发现他人的需要，最终赢得更好的人际关系。

3. 沟通是传递信息、促进事业成功的关键能力

生活中信息的采集、传送、整理、交换，无一不是沟通的过程。通过沟通交换有意义、有价值的各种信息，生活中的大小事务才得以开展。掌握低成本的沟通技巧、了解如何有效地传递信息能提高人的办事效率，而积极地获得信息更会提高人的竞争优势。好的沟通者可以一直保持注意力，随时抓住内容重点，找出所需要的重要信息；能更透彻地了解信息的内容，拥有最佳的工作效率，并节省时间与精力，获得更高的生产力，提高自身获得事业成功的概率。有一首关于沟通的打油诗很好地说明了沟通对事业成功的重要性："亲子不沟通，孩子变成街头游童；夫妻不沟通，双人枕头同床异梦；朋友不沟通，鸡同鸭讲关系疏松；师生不沟通，校园悲剧层出不穷；劳资不沟通，伙计员工引起内讧；同事不沟通，工作学习做无用工；与人不沟通，大好前程自己葬送。"所以说，沟通是一个人事业成功的重要因素。只有与人沟通良好，才能为人所理解；只有与人沟通良好，才能得到必要的信息；只有与人沟通良好，才能获其鼎力相助。

4. 沟通是交流思想、加强情感表达的分享工具

沟通是我们在生活和工作中都不可或缺的部分，沟通的内容不仅是信息，还包括更加重要的思想和情感。信息、思想和情感三者中最容易沟通的是信息。例如：今天几点钟起床？现在几点了？几点钟上课？往前走多少米？这样的信息是非常容易沟通的，而思想和情感就没那么容易沟通了。在人们的生活和工作中，很多障碍使思想和情感无法得到很好的沟通。事实上，人在

沟通过程中，传递更多的是彼此的思想和情感，而信息的内容并不是最主要的内容。每个人都是自由的，而且具有独立的思想和价值观，沟通可以让彼此更加地了解对方的想法，有助于消除误会、达成一致、产生情感链接。所以，沟通在人与人之间传递信息的同时，也就传播了思想，传递了情感，是一个人获悉他人思想、情感、见解、价值观的一种途径，是人与人之间交往的一座桥梁。通过这个桥梁，人们可以分享、增进彼此的思想和情感认同。

（二）我们离不开沟通——沟通对大学生的特殊意义

大学生处在人生发展的一个重要而特殊的时期，生理成熟但心理却处于半成熟状态，这也影响大学生的人际沟通。从以往的研究和教育经验当中可以发现，不少大学生存在沟通问题，而良好的沟通对大学生的成长成才有着不可或缺的意义。

1. 沟通是融入周遭环境、促进身心发展的法宝

良好的沟通能够帮助大学生更快地融入周围环境，更好地与同学老师相处。如果一个大学生能够处在一个舒适、融洽的人际环境中，那么其情绪状态也会变得更好，同学师生之间相互友爱、相互关怀，更是有助于大学生培养积极乐观的人生态度和助人为乐的良好品质，促使自我身心健康地发展；如果一个大学生不能够很好地与同学老师沟通，建立不了和谐的人际关系，就很容易产生孤独感，变得孤僻、消极，长此以往，将不能够很好地融入社会，不利于自我身心健康地发展。

2. 沟通是分享想法思路、提高学习效率的利器

良好的沟通能够帮助大学生在学习困境中及时获得同学和老师的帮助，解决心中的疑惑。如果一个大学生懂得在遇到学习困难时及时沟通，寻求帮助，那么他/她不仅能够在集体讨论中集思广益，很快地解决学习难题，而且还能获得自己不曾想到的思路和尚未知道的知识，从而提升学习兴趣，提高学习效率；如果一个大学生在遇到学习困难时不会主动沟通，寻求帮助，那么他/她将失去交流思想、分享思路的机会，慢慢地还会养成闭门造车的学习习惯，对扩大知识面和提高学习效率都是有害无益的。

3. 沟通是掌握生存技能、加速融入社会的保障

良好的沟通能够帮助大学生与他人建立友好的关系，从而在交往过程中

学到在社会中生存与发展的各种经验和技能。社会在某种意义上是一张错综复杂的人际关系网，社会经验和生存技能从来都不是能从书本上获得的，还需要大学生在与人沟通交往的实践中获得。如果一个大学生能够具备良好的沟通能力和拥有和谐的人际关系，那么他/她将能够在四年大学生活中获得各种社会生存和发展必备的经验和技能，在今后走出学校这个象牙塔，真正走向社会时能更快地融入其中；如果一个大学生缺乏沟通能力并无法维持良好的人际关系，那么他/她就会缺少与人交往的机会，大大减少获得生存和发展必备的经验和技能的机会，在今后走向社会时碰壁的概率就会大大提高，需要更长的时间去适应。

4. 沟通是树立正确三观、形成良好性格的途径

良好的沟通能够帮助大学生树立正确的世界观、人生观和价值观，同时还能够促进良好性格的养成。如果一个大学生善于沟通，则他/她能在与人交往的过程中充分认识到自己的优势和不足，发现他人的良好品质，在对比自己和他人的情况下进行客观地评价，不断地完善自我，最终将自己培养成具有正确三观和良好性格的为社会所需要的人才；如果一个大学生不会沟通，他/她将会缺少发现自己和他人优缺点的机会，不能够客观地进行自我评价，也就很难发现自己的问题所在，更不用说相应地去改变或完善自己。

🔍 实验实训

一、驿站传书

目的：让学生在信息传递中体会和感受沟通的作用，同时掌握有效沟通的原则。

材料：计时器，记号笔。

步骤：

1. 将所有的学生分为几个小组，进行"驿站传书"的活动，即依次逐个传递信息，评比信息传递的准确性和速度；

2. 给每个小组5分钟的时间讨论自己小组传递信息的方法；

3. 每个小组所有学生排成一列（随机分配的数列）等待教师的安排与口

令（信息传递开始的口令）；

4. 教师将一组自然数列交给排尾，由排尾向排头传递，并由排头将最终确定接收到的传递信号用记号笔写在黑板上，即各自小组的指定位置上；

由教师来验证答案是否正确，并对此次活动的胜负情况进行公布，最终交流、反思此次活动中大家的心得和体会。

5. 总结：根据小组制定的策略，活动成功或失败的原因是什么？什么是实现有效沟通的关键点？

规则：

1. 不能讲话（包括有规律地发出声音）、不能移动离开队伍排列位置；

2. 不能使用纸、笔及手机等工具；

3. 前面的人不能转头往后面观看；

4. 后面的人不能把手伸到前面人的眼前比画。

二、我说你画

目的：让学生体会和理解双向沟通的意义和作用。

材料：两张样图，每人一张16开白纸和一支中性笔。

样图一：

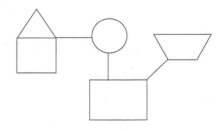

样图二：

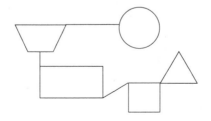

步骤：

1. 第一轮请一名自愿者上台担任"信息发送者"，其余人员都是"接收者"，"发送者"根据样图一，背对全体"接收者"，下达画图指令；

2. "接收者"们根据"发送者"的指令画出样图一上的图形，"接收者"不许提问；

3. 第二轮再请一名自愿者上台担任"信息发送者"，其余人员都是"接收者"，"发送者"根据样图二，背对全体"接收者"，下达画图指令；

4. "接收者"们根据"发送者"的指令画出样图上的图形，有不明白的地方，可以提问，"发送者"要进行再次表达，直到"接收者"不再有疑问；

5. 根据"接收者"的图，"发送者"和"接收者"谈自己的感受，并比较两轮过程与结果的差异；

6. 讨论：你认为沟通中最重要的是什么？

体验感悟

一、我想跟你说……

在一个大雨滂沱的晚上，你骑车去上公选课，教学楼外面的自行车停放区域密密麻麻地停满了车，刚巧在稍远处大树下的一块划好的区域里只是零星停了几辆，你走近一看，却发现一辆自行车横行停在最中间占用了很大的位置。每个同学都知道晚上教学楼前的地面停车位很紧张，真不明白这个同学为什么不把车子紧挨别人的自行车停好，让更多同学的自行车能停在旁边。正在这时，你看见这辆自行车的主人从教学楼匆匆出来，朝着车子走过来。请问，这个同学是否个缺乏公德心的人？你对他/她的做法有何感受？如果你有机会跟他/她沟通，你会采用什么方式，说些什么？

二、沟通破冰

假设你新参加一个课程或活动，组成了一个新的小组，请你尝试为你所在的小组制定一个能够快速相识、加深了解的沟通破冰方案，并赋予实施，反思你制定的沟通破冰方案的优劣势。

推荐书籍

梁实秋 . 会说话的人，人生都不会太差 . 北京：北京时代华文书局，2016.

推荐理由：说话是一门艺术，会说话是一种修养。人生在世，你不可能生活在一个真空里，而无可避免地要和人打交道、与人交往、与人沟通。因此，成为会说话的人，对你的事业、工作、生活都是会有好处的，也将会使你受用一生。梁实秋总是以平和豁达的心境，饶有兴致地感受丰富有趣的生活，品尝着人生无穷的况味，做着愉快的文章，其幽默、文雅、犀利、宽容的语言，不仅沟通了人们的心灵，而且反映出超凡脱俗的思想情操和文化修养，令人易生亲切、有趣之感。人际交往中的诸多微妙尽显笔端，几十年的人生经验倾囊相授，很多方面需要我们慢慢斟酌。只有学会游刃有余地说话，才能处理好各种人际关系，为人生增添些许惬意。

第二章　读懂沟通心理　提升沟通能力

沉默是一种处世哲学，用得好时，又是一种艺术。

——朱自清（中国现代著名散文家）

 **心路历程**

一、生活故事

　　圆圆和丽丽是同专业的新生，被分在一个寝室。圆圆来自省会城市，在高中就开始护肤和化妆，各色护肤品和彩妆用品被她一应俱全地带到了大学寝室；而丽丽来自偏远农村，对护肤还略有了解，但对彩妆真是一窍不通，刚进大学的她连基本的护肤品都不曾准备。迎新晚会这天，演出结束以后，圆圆回到寝室发现自己的眼影盘被动过，心想：肯定是丽丽没见过，所以好奇偷偷用了。这时候丽丽正好也走进寝室，圆圆就问："我的眼影盘是不是你动的？"丽丽正想解释说"不是我！是……"，圆圆没等她说完就打断道："算了，幸好没弄坏，用了就用了，下次要用你跟我说一声。"丽丽有点委屈地低声重复道："真的不是我！"正在这时，参加新生晚会演出的依依（依依跟圆圆一样来自大城市）回来了，她一进门就跟圆圆说："圆圆，不好意思，下午赶着去演出比较急，我的眼影颜色不太搭就临时用了你的，丽丽当时也在。没有事先跟你说，真对不起，原谅我哦！""没事没事，我还以为是丽丽呢，错怪她了。"圆圆这才意识到自己冤枉了丽丽，转头跟丽丽道歉："对不起啊！是我误会你了。"丽丽笑笑说："没关系，我也正想解释的。"

二、审视沟通心理

每一个个体都是独特的存在，有自己的认知世界，有自己的心理特征，有自己的沟通方式……世界上没有完全一模一样的两个人，正因为"你"和"我"有所不同，所以在交往中才容易产生误会，也才需要有效沟通去解决问题。

回想一下自己是不是经常"以己度人"，是不是经常"打断对方"，是不是经常"自动反驳"……这些都很常见，因为大部分的人习惯站在自己的角度，从自我出发考虑一切问题。故事中的圆圆就是这样，她先入为主地认为眼影盘是丽丽动的，所以当丽丽要解释的时候，她毫不注意地打断她，没有给她解释的机会。当然，最后误会因为依依及时回来解释清楚了，如果这个真相来得晚了，圆圆没有及时当面道歉，又或者丽丽不肯原谅，那么这件事就很有可能影响两人之间的关系。沟通的最终目的不是坚持并验证自己的想法，而是彼此达成互相认可的状态，这样才能够有效沟通，才能促进关系和谐。

所以，审视自己的沟通心理，改变自己的沟通心态，在日常沟通中，做到尊重事实，避免自以为是，做到尊重对方，学会积极倾听，这将有助于达成有效沟通。

 心理视点

一、沟通中常见的心理问题

沟通能够形成人与人之间最为直接的心理联系，在人际交往及沟通方面存在的各种不良状况都会引起其自身的不良反应，进而产生一些心理问题。大学生处在一个心理发展的特殊时期，更容易在沟通中出现一些心理问题。

（一）大学生沟通的心理特征

随着时间的推进，出生在 21 世纪之初的"00 后"大学生俨然已取代

"90后"大学生成为高校校园的主力军。"00后"大学生和"90后"大学生同样都出生在计划生育政策时期，而和"90后"大学生不同的是，"00后"大学生生长在信息飞速发展的时代。这使得"00后"大学生既有类似于"90后"大学生的"独生子女"特点，又有不同于"90后"大学生的"信息化"特征。在长期的工作实践和调查研究中，对比发现，当前的"00后"大学生在沟通上有特属于自己的心理特征。

1. 沟通意愿更加强烈化

"00后"大学生的父母大多生长于我国改革开放之初，成长环境较以往更加开放、宽松、富足，接受教育的机会也增多，受教育程度普遍提升，因此这一代父母的家庭教养方式更加文明，家庭教养环境也更加民主。张旭东等人的"从'90后'到'00后'：中国少年儿童发展状况调查报告"就显示："00后"的家庭教养方式趋于民主，暴力管教行为减少，愿意听取孩子意见的父母较10年前有所提升。① 在越来越民主、文明的社会及家庭环境中成长起来的"00后"大学生，相比"90后"大学生，遇到问题时更愿意也更乐于去沟通，去表达自己的需求和意见。另一方面，经济飞速发展的21世纪，带给人们富足生活的同时也带给人们工作压力，所以"00后"大学生的父母花在工作上的时间较以往更多，亲子沟通机会减少，尤其进城务工的农村父母和留守在家的子女之间的沟通更少、更难。沟通时间的减少反而增强了"00后"大学生与父母沟通的渴望。

2. 沟通态度更加个性化

"00后"大学生出生在我国经济快速发展的21世纪，这一时期长期存在的温饱问题得以解决，社会主要矛盾发生根本变化，人民的生活更加富有、更加丰富。"00后"大学生可以说是我国有史以来最富有的大学生，物质的富足促使其对自我更加关注。同时，"00后"大学生同"90后"大学生一样，大多数是独生子女，甚至是"二代"独生子女，处在"4+2+1"的家庭模式中，家长们集中的关注和宠爱，造成其自我意识过强。而这些体现在沟通上则是沟通态度的个性化升级，在家庭外部，"00后"大学生与个体和群

---

① 张旭东，孙宏艳，赵霞. 从"90后"到"00后"：中国少年儿童发展状况调查报告［J］.中国青年研究，2017（2）：106.

体沟通时都更关注自我感受，根据自己的喜好来选择，容易忽视所谓的"集体荣誉""团队合作"等集体概念；在家庭内部，"00后"大学生相比"90后"大学生虽然与父母的沟通意愿有所上升，但同样呈现出"自我中心"的特点，沟通方式和沟通内容都从自我出发，也容易造成沟通代沟。

3. 沟通表达更加情绪化

颜吾佴和李敏两位学者在与"00后"大学生四年深入接触后指出，"00后"大学生一般有礼貌，常常把"不好意思"挂在嘴上，但也容易情绪化。[①]所以，"00后"大学生沟通表达的情绪化，并不意味着无礼、放肆，这种情绪化更多的是自我意识过强的表现。如前所述，"00后"大学生生长的社会环境及家庭环境都更加民主、宽松，这使其更多地关注自我，体现在沟通的表达方式上则是更加直白、大胆、夸张，体现的是一种情绪的及时表达，夸大表现。"00后"独生子女大学生从小获得足够的关注和照顾，这却使其独立性下降，依赖性上升，导致"00后"大学生的适应力和自控力欠佳，因而在沟通过程中遇到问题也就更容易冲动，不能很好地调节和控制情绪。而表达自我化和情绪化的碰撞，更是容易使得沟通情绪化升级。

4. 沟通方式更加多元化

"00后"大学生是中国第一批"网络原住民"，生长于高度信息化的21世纪，互联网对其影响非常深远，智能手机是标准配置，电脑、平板也是入学普通配置，很多同学上课可以不带书但不能不带手机，出门可以不带钱包但不能不带手机。互联网确实便利了学生的生活，同时也改变了沟通方式。随着信息化的发展，人们的主要沟通方式也在改变，从面对面沟通到电话沟通再到网络沟通，类型越来越丰富，主要方式也在变化。当前，线上沟通已经成为"00后"大学生的主要沟通方式之一，其形式多种多样，从起初的QQ、Facebook、论坛到后来的微博、微信、抖音等，各种各样的网络聊天工具和平台诞生并盛行，并且它们自带的沟通形式也日益丰富，从文字到图片、表情再到短视频。现在，"00后"大学生沟通惯用网络用语，比如"yyds""打call""绝绝子""凡尔赛""薅羊毛"等等，这些在同辈之间是容易被理

---

① 颜吾佴，李敏. 面对"00后"：以多层次手段应对多层次性格［N］. 中国科学报，2022-01-11 (3).

解的，但是在一定程度上造成了与父母、老师等有年龄差的长辈之间的沟通障碍。

（二）大学生沟通的心理问题

"00后"大学生生长在社会加速转型、经济迅猛发展、信息高度发达的时代，由于生长环境的更加富裕、宽松、自由、民主、多元，其思想更加活跃，情感更加丰富，心态更加乐观，在人际交往与沟通上，更加敢于表达，善于表达，但同时在一些"00后"大学生身上也存在一些值得注意和重视的沟通心理问题，大致可以归为以下三类。

1. 自我中心，忽视他人

"00后"大学生生活在我国物资最丰富的时代，并且多数是独生子女，家庭对其独一份的关注和宠爱，甚至有的可以说是溺爱，养成其自我关注的特性。当然，适度的自我关注无可厚非，而过分的自我中心就会引发问题。部分"00后"大学生因为过度的自我关注导致其自我中心心理严重，表现在沟通问题上，一方面是沟通心态自我中心，在与人沟通过程中，不懂得换位思考，漠视对方的处境，不顾对方的感受，往往只站在自己的角度看待问题，容易言语激动，冲动行事，这样的沟通很容易让对方感觉不被尊重，影响彼此沟通的进程和效果；另一方面则是沟通认知自我中心，对沟通对象的认知判断仅凭自己的好恶，忽视其客观品质，严重带有主观色彩，很容易给人贴标签造成认知偏差，人为地影响彼此之间的进一步沟通。

2. 内心矛盾，拒绝他人

成长在更自由、更开放和更多元环境下的"00后"大学生虽然沟通愿望更加强烈，更愿意表达自我意愿，更愿意发表自我观点，但是在实际人际交往中，不少人是羞于表达，不会沟通的。瞿浩的调查研究就指出，在其调查范围内的"00后"大学生里，相当一部分学生正面临着不同程度的人际关系困扰，"00后"大学生当前在交谈能力、实际交友、异性交往上存在着显著的行为困扰。[①] 其主要原因与"00后"大学生和信息网络同生同长密不可

---

① 瞿浩. "00后"大学生人际关系困扰状况初探：以河南省信阳市部分高校为例 [J]. 文化创新比较研究，2019（10）：185.

分。"00后"大学生进入大学之前，除了在校学习时间，业余时间大多都在和手机、电脑等电子产品打交道，在虚拟网络世界中朋友众多，侃侃而谈，但却缺少实际的人际沟通经验和技巧，导致其在现实生活中过于腼腆，尤其是在面对陌生人或者人多的场合。不少"00后"大学生的情况是想要沟通但是不知道怎么沟通，这就更促使其转向网络沟通，久而久之导致封闭自我，拒绝实际沟通。

3. 缺乏信任，怀疑他人

"00后"大学生"土生土长"在移动互联时代，在享受健康文明网络空间带来的美好生活的同时，也或多或少目睹或经历了诸如网络暴力、欺诈、谣言等体现出的"泥沙俱下"现象。这些经历都让其更有戒备心，慢慢地不仅对网络中的沟通对象有戒备心，对现实中的沟通对象也有戒备心，甚至对家人也同样产生戒备心。并且，在网络虚拟的世界中，哪怕是要求实名制的今天，线上沟通交往也是可以通过各种方式文饰、隐藏自己的，出于自我保护，也出于自我表现，亦或者出于其他目的。作为网络原住民的"00后"大学生自然也习得了这样的技能，网聊中表现出的性格可能跟实际大相径庭，展示的形象照也可能是通过软件修饰的，发布的生活状态很多也是塑造的。这些不真实的行为都是一种对他人不信任的表现，一则是害怕表露真实的自己上当受骗，二则是害怕表露真实的自己被质疑批评，三则是害怕表露真实的自己被对比奚落。

"00后"大学生虽然由网络伴随成长，接触的信息更多、更广，相比"90后"大学生心理成熟更早，社会化进程更快，但是"00后"大学生在享受网络带来红利的同时确实也因其产生了上述这些沟通心理问题。毕竟十八九岁的大学生心智尚未完全成熟，三观也尚未完全稳定，加上突然之间远离家乡、远离家人，独自进入大学面对和适应陌生的环境，本身也容易出现适应性心理问题。而重要的是，上述这些沟通心理问题，如果"00后"大学生不能够及时觉察进而自我调整，就会引发孤独、自卑、嫉妒等一系列负性心理现象，从而影响自我人格的健全发展及性格的优化塑造，甚至部分同学会出现一些行为问题，稍有不慎就会造成不可挽回的错误，比如网络诈骗等犯罪行为，最终影响的是整个人生。

二、沟通中常见的心理效应

所谓心理效应，即是某种人物或事物的行为或作用，引起其他人物或事物产生相应变化的因果反应或连锁反应，指的是社会生活当中较常见的心理现象和规律。① 我们在日常生活中难以避免地会经历和产生心理效应，心理效应具有积极和消极两方面的作用。在人际交往和沟通过程中，如何避免心理效应的消极作用，利用心理效应的积极作用进行有效沟通具有重要意义。

（一）首因效应

首因效应（primacy effect）是由美国心理学家洛钦斯（A. S. Lochins）首先提出的，也叫首次效应、优先效应或第一印象效应，指交往双方形成的第一次印象对今后交往关系的影响，也即是"先入为主"带来的效果。

洛钦斯在 1957 年用实验证明了首因效应的存在。他用两段杜撰的故事做实验材料，这两段故事描写的是一个叫詹姆的学生的生活片断。一段故事中把詹姆描写成一个热情并且外向的人，另一段故事则把他写成一个冷淡而且内向的人。两段故事分别列于下方：（1）詹姆走出家门去买文具，他和他的两个朋友一起走在充满阳光的马路上，他们一边走一边晒太阳。詹姆走进一家文具店，店里挤满了人，他一边等待着店员对他的注意，一边和一个熟人聊天。他买好文具在向外走的途中遇到了熟人，就停下来打招呼，后来告别了朋友走向学校。在路上他又遇到了一个前天晚上刚认识的女孩子，他们说了几句话后就分手告别了。（2）放学后，詹姆独自离开教室走出了校门，他走在回家的路上，路上阳光非常耀眼，詹姆走在马路阴凉的一边，他看见路上迎面而来的是前天晚上遇到过的那个漂亮的女孩。詹姆穿过马路进了一家饮食店，店里挤满了学生，他注意到那儿有几张熟悉的面孔，詹姆安静地等待着，直到引起柜台服务员的注意之后才买了饮料，他坐在一张靠墙边的椅子上喝着饮料，喝完之后他就回家去了。

洛钦斯把这两段故事进行了排列组合：一种是将描述詹姆性格热情外向的材料放在前面，描写他性格冷淡内向的材料放在后面；一种是将描述詹姆

---

① 吕斐宜. 汉语俗语与心理学的本土化［M］. 北京：九州出版社，2019：148.

性格冷淡内向的材料放在前面，描写他性格热情外向的材料放在后面；一种是只出示那段描写热情外向的詹姆的故事；一种是只出示那段描写冷淡内向的詹姆的故事。洛钦斯将组合不同的材料，分别让水平相当的中学生阅读，并让他们对詹姆的性格进行评价。结果表明，第一组被试中有78%的人认为詹姆是个比较热情而外向的人；第二组被试只有18%的人认为詹姆是个外向的人；第三组被试中有95%的人认为詹姆是外向的人；第四组只有3%的人认为詹姆是外向的人。

研究证明了第一印象对人们认知的影响。虽然第一印象并非总是正确的，但却是最鲜明、最牢固的，影响着彼此之间的沟通，并且决定着以后双方交往的进程。如果一个人在初次见面时给人留下良好的印象，那么人们会更愿意与之接近，彼此也能较快地取得相互了解，并会影响人们对其以后一系列行为和表现的解释。反之，对于一个初次见面就引起对方反感的人，即使由于各种原因难以避免与之接触，人们也会对其很冷淡，在极端的情况下，甚至会在心理上和实际行为中与其产生对抗状态。所以，给人留下良好的第一印象有助于双方的顺利沟通。

（二）近因效应

近因效应（recency effect）是指最新出现的刺激物促使印象形成的心理效果。与首因效应相反，它是指在多种刺激首次出现的时候，印象的形成主要取决于后来出现的刺激，即交往过程中，对他人最新的认识占了主体地位，掩盖了以往形成的评价，也称为"新颖效应"。

1957年，心理学家洛钦斯根据实验首次提出近因效应。实验证明，在有两个或两个以上意义不同的刺激物依次出现的场合，印象形成的决定因素是后来新出现的刺激物。例如介绍一个人，前面先讲其优点，而接着"但是"，讲了许多缺点，那么后面的话对印象形成产生的效果就属于近因效应。当信息发送者提出两个以上不同的论据（刺激物）时，接收者产生首因效应还是近因效应呢？1960年，心理学家怀斯纳（J. Wisener）的实验证明，这时取决于接收者的价值观念，首因效应和近因效应依附于主体价值选择和评价。如果论据不是当场依次提出，而是间隔了较长时间，那么近因效应发生的机会将会更大。1964年，心理学家梅约（C. Mayor）等人的实验进一步证明，认知结构简单的人，容易出现近因效应；认知结构复杂的人，容易出现首因效应。有关学者还指出，认知者在与熟人交往时，近因效应起较大作用；与陌生人交往时，首因效应起较大作用。心理学的研究还表明，在人与人的交往中，交往的初期，即在彼此还生疏的阶段，首因效应的影响重要；而在交往的后期，就是在彼此已经相当熟悉的时期，近因效应的影响重要。

现实生活中，近因效应的心理现象相当普遍。比如，张林与李萌是小学同学，从那时起，两个人就是好朋友，双方对彼此非常了解，可是近一段时间，李萌因与家中闹矛盾，心情十分不快，有时张林与她说话，她动不动就发火，而且受此时一个偶然因素的影响，李萌卷入了一宗盗窃案。张林就认为李萌过去一直在欺骗自己，于是与她断绝了关系。其实这就是近因效应在起负性作用。朋友之间的负性近因效应，大多产生于交往中遇到与愿望相违背或感到自己受屈、善意被误解时，其情绪多为激情状态。在激情状态下，人们对自己行为的控制能力和对周围事物的理解能力，都会有一定程度的降低，容易说错话，做错事，产生不良后果。因此，凡事在先，须加忍让，防止激化。待心平气和时，彼此再理论，明辨是非。为此，在与熟人沟通交往时也要注意，避免因近因效应产生的负面效果。

（三）光环效应

光环效应（halo effect）又称"晕轮效应""成见效应""光圈效应""日晕效应""以点概面效应"，它是一种影响人际知觉的因素，指在人际知觉中所形成的以点概面或以偏概全的主观印象。

光环效应由美国心理学家凯利（H. Kelly）论证。她指出，一个人的某种品质，或一个物品的某种特性给人以非常好的印象，那么在这种印象的影响下，人们对这个人的其他品质，或这个物品的其他特性也会给予较好的评价。这种爱屋及乌的强烈知觉的品质或特点，就像月晕的光环一样，向周围弥漫、扩散，所以人们就形象地称这一心理效应为光环效应。和光环效应相反的是恶魔效应，即对人的某一品质，或对物品的某一特性有坏的印象，会使人对这个人的其他品质，或这一物品的其他特性的评价偏低。

名人效应就是一种典型的光环效应。不难发现，拍广告的多数是那些有名的歌星、影星，很少见到那些名不见经传的小人物。因为明星推出的商品更容易得到大家的认同。一个作家一旦出名，可能以前压在箱子底的稿件都不愁发表，所有著作销量也随之上涨，这都是光环效应的作用。男女朋友之间也经常会出现光环效应。两个恩爱的人在一起，便会容易觉得对方身上都是优点，甚至没有一点点缺点。这其实是在刚开始喜欢上一个人的时候，只是喜欢上了对方表现出来的某一方面的优点，然后经过晕轮效应的扩大，才使自己觉得对方身上全是优点，所谓"情人眼里出西施"也就是这个道理。因此，在与人沟通交往时，要注意"光环效应"和"恶魔效应"，避免以偏概全地去评判他人，进而影响彼此之间的关系。

（四）刻板效应

刻板效应（stereotypes effect），又称刻板印象，它是指对某个群体产生一种固定的看法和评价，并对属于该群体的个人也给予这一看法和评价。

关于刻板效应，俄国社会心理学家阿列克谢·包达列夫（Alexey A. Bodalev），做过这样的实验，他将一个人的照片分别给两组被试看，照片的特征是眼睛深凹，下巴外翘。他向两组被试分别介绍情况，给甲组介绍情况时说"此人是个罪犯"，给乙组介绍情况时说"此人是位著名学者"。然后，请两组被试分别对此人的照片特征进行评价。评价的结果，甲组被试认为：此人眼睛深凹表明他凶狠、狡猾，下巴外翘反映着其顽固不化的性格；乙组被试认为：此人眼睛深凹，表明他具有深邃的思想，下巴外翘反映他具有探索真理的顽强精神。为什么两组被试对同一照片的面部特征所做出的评价竟有如此大的差异？原因很简单，人们对社会上各类的人有着一定的定型认知。把他当罪犯来看时，自然就把其眼睛、下巴的特征归类为凶狠、狡猾和顽固不化；而把他当学者来看时，便把相同的特征归为思想的深邃性和意志的坚韧性。这就是刻板效应，它实际就是一种心理定势。

刻板印象虽然可以在一定范围内对他人进行判断，不用花时间探索信息，就可以迅速洞悉概况，节省时间与精力，但是往往会形成偏见，忽略个体的差异性。人们往往把某个具体的人或事看作是某类人或事的典型代表，把对某类人或事的评价视为对某个人或事的评价，因而影响正确的判断，若不及时纠正，进一步发展或可导致歧视。人们不仅会对接触过的人产生刻板印象，还会根据一些不是十分真实的间接资料对未接触过的人产生刻板印象，例如：

老年人是保守的，年轻人是冲动的；北方人是直率豪爽的，南方人是善于经商的；英国人是保守的，美国人是热情的；农民是质朴的，商人是精明的；等等。《三国演义》中曾与诸葛亮齐名的庞统去拜见孙权，"权见其人浓眉掀鼻，黑面短髯，形容古怪，心中不喜"；庞统又见刘备，"玄德见统貌陋，心中亦不悦"。孙权和刘备都认为庞统这样面貌丑陋之人不会有什么才能，因而产生不悦情绪，这实际上也是刻板效应的负面影响在发生作用。

我们要克服刻板效应带来的影响。一是要善于用"眼见之实"去核对"偏听之辞"，有意识地重视和寻求与刻板印象不一致的信息。二是要深入群体，与群体中的成员广泛接触，并重点加强与群体中有典型化、代表性的成员的沟通，不断地检索验证原来刻板印象中与现实相悖的信息，最终克服刻板印象的负面影响而获得准确的认识。否则，刻板印象将会影响双方的进一步沟通交流。

（五）投射效应

投射效应（projection effect）是指将自己的特点归因到其他人身上的倾向。在认知和对他人形成印象时，以为他人也具备与自己相似的特性的现象，把自己的感情、意志、特性投射到他人身上并强加于人，是种推己及人的认知障碍。比如，一个心地善良的人会以为别人都是善良的；一个经常算计别人的人就会觉得别人也在算计自己；等等。

美国社会心理学家罗斯（Edward Alsworth Ross）做过这样的实验来研究投射效应：在80名参加实验的大学生中征求意见，问他们是否愿意背着一块大牌子在校园里走动。结果，48名大学生同意背牌子在校园内走动，并且认为大部分学生都会乐意背；而拒绝背牌子的学生则普遍认为，只有少数学生愿意背。可见，这些学生将自己的态度投射到其他学生身上。宋代著名学者苏东坡就曾经在投射效应上发生过一件趣事，苏东坡和佛印和尚是好朋友，一天，他去拜访佛印，与佛印相对而坐，他对佛印开玩笑说："我看你是一堆狗屎。"而佛印则微笑着说："我看你是一尊金佛。"苏东坡觉得自己占了便宜，很是得意。回家以后，苏东坡得意地向妹妹提起这件事，苏小妹说："哥哥你错了。佛家说'佛心自现'，你看别人是什么，就表示你看自己是什么。"

具体来讲，投射效应有以下三种表现：（1）相同投射。与陌生人交往时，由于彼此不了解，相同投射效应很容易发生，通常在不知不觉中从自我出发做出判断。比如自己感到热，以为客人也闷热难耐，不问客人的意愿就大开空调冷气；再比如有的老师讲课时对某些知识点不加说明，以为这是十分简单的道理，应该不用多讲，但是在老师看来很简单的知识，在学生看来则未必简单。这种投射的发生在于忽视自己与对方的差别，在意识中没有把自我和对象区别开来，而是混为一谈。（2）愿望投射。即把自己的主观愿望强加给对方的投射现象。比如一个自我感觉良好的学生，希望并相信老师对其作业一定会给予好评，结果就把老师一般性的评语理解成赞赏的评价。（3）情感投射。一般人们对自己喜欢的人越看越觉得优点很多；与此相反，对自己不喜欢的人，则越看越讨厌，越来越觉得对方有很多缺点。于是人们容易过度地吹捧、赞扬自己喜爱之人，严厉指责、肆意诽谤自己厌恶之人。这种认为自己喜欢的人或事是美好的，自己讨厌的人或事是丑恶的，并且把自己的感情投射到这些人或事上进行美化或丑化的心理倾向，失去了人际沟通中认知的客观性，从而导致主观臆断并陷入偏见的泥潭。①

由此可见，投射使人们倾向于按照自己是什么样的人来知觉他人，而不是按照被观察者的真实情况进行知觉。当观察者与被观察者十分相像时，观察者会很准确，但这并不是因其知觉准确，而是因为此时的被观察者与之相似。投射效应是一种严重的认知心理偏差，辩证地、一分为二地去对待别人和看待自己，是克服投射效应的方法。

（六）焦点效应

焦点效应（spotlight effect），也叫作社会焦点效应，是人们高估周围人对自己外表和行为关注度的一种表现。你是不是曾经因为在某一次派对上把饮料洒了一身而懊恼很久？你有没有曾经在公共场合摔倒，然后在 5 秒钟内迅速起身，还要装作若无其事？如果你的回答往往是"是"，那就说明你是焦点效应体验的一员。焦点效应其实是每个人都会有的体验，这种心理状态让人往往把自己当作一切的中心，过度关注自我，并坚持认为他人也时刻关注着自己。

---

① 瞿佳昌，邹成锡. 论投射效应对人际关系的影响 [J]. 新西部，2011（33）：181.

美国康奈尔大学心理学教授汤姆·基洛维奇（Tom Gilovich）和肯尼斯·萨维斯基（Kenneth Savitsky）做了一个实验，他们让康奈尔大学的学生穿上某名牌T恤，然后进入教室，穿T恤的学生事先估计会有大约一半的同学注意到自己的T恤。但是，最后的结果却让人意想不到，只有23%的人注意到了这一点。这个实验说明，人们总认为别人对自己会倍加注意，但实际上并非如此。由此可见，对自我的感觉的确占据了个人世界的重要位置，人们往往会不自觉地放大别人对自己的关注程度，而且通过自我的专注，人们会高估自己的突出程度。这就是焦点效应的结果。其实，焦点效应在日常生活中也是非常常见的。比如说，同学聚会时拿出集体照片，每个人第一时间基本都在找自己，的确每个人也都在照片中首先找到了自己。

当把焦点效应带入沟通中，则是人们把自己当作了沟通的中心。比如，跟朋友聊天的时候，会很自然地将话题引到自己身上来，而且，每个人都希望成为众人关注的焦点，被众人评论，这就是焦点效应在沟通中的体现。但是，为了提高沟通效果，对他人，至少应给予比现在更多的关注。

三、交往中沟通的心理分析

沟通可以形成彼此间最为直接的心理联系，那么对这样的心理联系进行深入而有效的分析对保证和促进彼此沟通的顺畅是有巨大帮助的。

（一）选择沟通的心态——心理定位解读

心理学家认为，每个人在成长过程中，由于受到父母和环境的影响，形成了个人的独特经验，即"生命剧本"。一个人在长大后，往往会依据这个生命剧本继续生活，并养成对自己、对他人的独特看法和沟通方式。在沟通过程中，一个人在心理上如何看待自己，如何看待别人，往往决定了其与人互动的成效。这种看待自己和别人的心态，就称为"心理定位"。从近处看，这种心理定位决定的是一次沟通的质量，但是从长远来看，它会决定人生的质量。

1. 心理定位的图示和解析

心理定位其实就是每个人在沟通之前已经对自己和他人有了先入为主的看法，或者说内心深处根深蒂固的"潜台词"，这就是："你是什么样的人，我是什么样的人。"在确定自己和他人的定位时，将出现四种不同的心理定位，如图2-1。心理定位决定沟通的基本态度，在沟通中影响着个体的判断和感觉，并决定着个体最后的行为，是更深一层的"潜台词"。

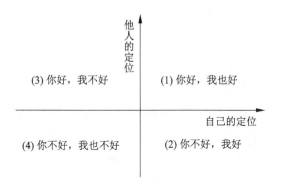

图 2-1 心理定位图

（1）你好，我也好。选择"你好，我也好"这种定位的人，看自己是好的，看他人也是好的、值得信任的。沟通过程中最理想的心理定位当然就是"你好，我也好"。这类人既喜欢自己，也喜欢别人。虽然每个人都有缺点，但是这类人相信，尽管自己和别人都不是十全十美的，但每个人总会具备优点和价值。因此，这类人对自己和他人都抱着正面的看法，也愿意在沟通过程中发现对方的优点，同时不贬低自己。当沟通中发生不一致的情况时，这类人会认为是每个人的差异造成了不同，会从信任的角度去沟通，客观地看问题出在哪里、应该如何解决。这类人成长历程中具有比较良好的、正面的亲情关系和经验，既能够欣赏别人，也能够肯定自己。如果没有类似的成长经验，当然并不表示就不能成为一个"你好，我也好"的沟通者。只要努力发展自己的长处，通过各种渠道、方法培养和创造个人的能力、优点，同时愿意发掘与珍惜别人的优势，那么一样能够拥有"你好，我也好"的心理定位，获得良好的沟通过程和人际关系。

（2）你不好，我好。选择"你不好，我好"定位的人，看自己总是好的，看他人总带有偏见。这类人经常认为自己是对的、优越的，别人都不如自己好，都比自己要差。他们总感觉要承认自己的价值就必须把对方压下来，只有证明了对方不好自己才是好的。因此，这类人喜欢挑剔和责怪别人，不太愿意去建立信任关系。这类人给人的印象常常是高傲自负，不可一世。即使犯了错，这类人不但不觉得自己需要承担责任，反而会将错误归咎于其他人。这类人表面上显得很强势，习惯于指责他人，但实际上内心的不安全和恐惧很多。选择"你不好，我好"定位的人，很可能在年少时有过"被伤害"的经历，在挣扎和求取生存的过程中，发展出"我好"（我靠着自己的努力活过来），"你不好"（你伤害我）的生活信念，以致遇到事情时，使用攻击、责备他人的方式来进行沟通，很少进行自我检讨。这类人需要培养欣赏、信任他人的心态，才能让自己发展得更好，获得良好的沟通并建立人际友谊。

（3）你好，我不好。选择"你好，我不好"定位的人倾向于否定自己，总觉得自己是失败者，认为别人比自己优秀，很容易产生自卑心理。这类人在与人建立关系时，常常抱着"自己很不好，别人都比我行"的姿态和人交往，从而影响沟通的主动性，甚至回避沟通。换句话说，这种人对自己没有什么信心，常常觉得自己比不上别人，不断贬低自己，所以显得比较自卑、压抑和消沉。选择"你好，我不好"定位的人在童年时，很有可能生活在被批评和挑剔的环境之中，处处都必须仰赖成人的照顾，才得以生存，所以一直觉得自己是不行的，别人都比自己来得伟大、来得强。这类人需要培养个人能力来树立自信，以此让自己勇于沟通。

（4）你不好，我也不好。选择"你不好，我也不好"这种定位的人，对他人和自己都充满了否定和失望，所以一直在否定自己，也否定别人。这类人既不喜欢自己，也不喜欢别人，所以行为显得特别孤僻。由于这类人觉得自己和别人都"不好"，因此不太容易和别人建立关系，性情显得孤立、缺乏人生目标，甚至对生命的意义抱着怀疑的态度。当在沟通中遇到问题时，他们不相信自己能解决，也拒绝他人的主动沟通，从而让自己和周围的人都进入绝望无助的状态。许多"你不好，我也不好"的沟通者在成长历程中，往往缺乏成人的关爱和照顾，以致在生活中频频出错，最后招来责骂，因此发展出"我不好"（我笨手笨脚总是犯错），"你也不好"（你失责，却只会骂人）的心态。这类人不仅需要培养和发展自己，更需学会欣赏和信任他人，从两方面入手，以求更好地突破自己。

"心理定位"一旦形成，如果不去觉察它，就会无意识地强化它、验证它。不健康的"心理定位"会让人更多地进入"沟通游戏"，一次次体会挫败感。因此，大学生需要对自己进行审视和分析，及时发现自己不健康的

"心理定位"，并给予调整，重新做出选择和决定。

2. 心理定位的选择和决定

每个人都有不同的心理定位，关键是在知晓不同的心理定位这个事实之前，每个人都惯常使用一到两个心理定位。无论一个还是两个都意味着"选择少"，意味着使用一个或两个心理定位来包打天下，而这也正是人们日常沟通效率低下或经常出现问题的原因。如果能够增加选择的数量，了解并掌握四种心理定位，那么遇事之前就会知道有四种选择，这样在决定使用哪一种心理定位时就显得游刃有余，不仅会使人在沟通中的每一次决定（表达和回应）变得更加科学合理，还可以帮助自身诊断之前的心理定位是否存在问题，有则改之，无则加勉。决定的质量取决于选择情况，对于心理定位的选择和决定，需要注意以下三点：

（1）**系统的思维**。由于人是生活在社会系统当中的，具体启动什么样的心理定位既有自身的成长因素，也有对方的影响因素，当然还有环境的制约因素。也就是说，要有整体考虑的系统思维，而不能仅仅考虑自己此时处于哪种心理定位。

（2）**真实的定位**。一个人活在当下，通常是处于"你好，我也好"的心理定位的，而进入生活脚本时，通常处于"你不好，我好""你好，我不好"或"你不好，我也不好"的心理定位。所以，要认清自我的心理定位，它往往跟自己的意愿并不都是一致的。

（3）**现实的需要**。并不是说只有"你好，我也好"的心理定位是好的，其他的三种心理定位都是不好的。关键在于根据现实需要而决定启动哪个心理定位，这体现着个体的自主性。

当然，建议遇事多多启动"你好，我也好"的心理定位，因为这种定位最具有现实价值。

（二）提升沟通的技巧——乔哈里窗理论

乔哈里窗（johari window）是一种关于沟通的技巧和理论，也被称为"自我意识的发现——反馈模型"，这一理论最初是由美国心理学家乔瑟夫·勒夫（Joseph Luft）和哈里·英格拉姆（Harry Ingram）在 20 世纪 50 年代提出的。二者从自我概念的角度对人际沟通进行了深入的研究，并根据"自己知道——自己不知道"和"别人知道——别人不知道"这两个维度，依据人际传播双方对传播内容的熟悉程度，将人际沟通信息比作一个窗子，划分为四个区：开放区、盲区、隐藏区（又称隐秘区）和封闭区（也称未知区），如图 2-2 所示，人的有效沟通就是这四个区域的有机融合。

	自己知道	自己不知道
别人知道	开放区	盲区
别人不知道	隐藏区	封闭区

图 2-2　乔哈里窗

1. 乔哈里窗的分区

（1）开放区（open area）。这里是自己知道、别人也知道的信息。例如家庭情况、姓名、部分经历和爱好等。开放区具有相对性，有些事情对于某人来说是公开的信息，而对于另一些人可能会是隐秘的事情。在实际人际交往中，共同的开放区越多，沟通起来也就越便利，越不易产生误会。

（2）盲区（blind area）。这里是自己不知道、别人却可能知道的盲点。例如性格上的弱点或者坏的习惯，个人的某些处事方式，别人的一些感受，等等。一旦当事人没有博大、开放的胸怀去容纳一些敢于对自己讲真话、善于直言的亲友或同事，其盲区就有可能越来越大。

（3）隐藏区（hidden area）。这里是自己知道、别人却可能不知道的秘密。例如个人的某些经历、希望、心愿、阴谋、秘密及好恶等。一个真诚的人也需要隐藏区，完全没有隐藏区的人是心智不成熟的。但在有效沟通中，适度地打开隐藏区，是增加沟通成功率的一条捷径。

（4）封闭区（unknown area）。这里是自己和别人都不知道的信息。例如某人自己身上隐藏的疾病。封闭区是尚待挖掘的黑洞，也许通过某些偶然或必然的机会，得到了别人较为深入的了解，自己对自我的认识也不断地深入，人的某些潜能就会得到较好的发挥。

2. 乔哈里窗的启示

（1）开放区的沟通启示。一个人的信息自己知道，别人也知道，这个人通常给人的感觉是善于交往、比较随和。这样的人容易赢得他人的信任，使人容易与之进行合作性的沟通。因为在开放区域内，双方交流的资讯是可以共享的，沟通的效果是会令双方满意的。所以真正而有效的沟通，只能在开放区内进行，人与人之间交往的目的就是扩大开放区。要想使自我的开放区变大，就要适当多说，提高个人信息的曝光率，还要多询问，询问别人对自己的意见和反馈。这从另一个侧面说明，多说、多问不仅是一种沟通技巧，同时也能赢得别人的信任。如果想赢得别人的信任，就要多分享个人信息，同时要多提问，寻求相互的了解和信任，因为信任是沟通的基础，有了基础，就不难建设高楼大厦。但在现实生活中，尤其是在团队中"见人且说三分话，不可全抛一片心""同行是冤家"的现象依然非常普遍，在这样的文化背景下促进彼此的相互沟通，是非常困难的。拿一个班级来说，同一个班级同学之间的相互沟通和资源共享是彼此共同学习和进步过程中非常重要的一环，是互相查漏补缺、取长补短的重要途径。但在不少班级中，要实现同学之间的资源共享非常困难，很多同学总是想方设法去了解别人知道些什么，在做些什么，但对自己知道的东西看得很紧，对谁也不说，在完成小组作业时可能也只是随便从网上找点资料就交差。这样的心态，实际上就是在不断缩小开放区，阻断沟通的渠道。

（2）盲区的沟通启示。如果一个人的盲区最大，那么这个人大概率是一个不拘小节、夸夸其谈的人。当其在欣赏自己，为自己潇洒的生活、为自己有点小聪明的行为、为自己获得的某种机遇、为自己取得的某项成果沾沾自喜的时候，别人是否有一样的心情？是否也认同其成就，为其感到开心呢？这类人的很多不足之处，别人看得见，他们自己却看不见。如果其恰巧以为自己不存在盲区，那么其表现出的倔强和狂傲就不难理解；如果其恰巧不愿意扩大自己的开放区，那么其表现出的封闭和愚昧就不难理解。造成盲区太大的原因就是说得太多，问得太少，不去询问别人对自身的反馈。每一个人都有自己的盲区，要让这个盲区消失是不可能的，但人们可以通过自身的努力来尽量减小盲区。最基本的办法就是培育发自内心的谦逊的态度和诚实的处世态度。如果能够将自己遇到的每一个人都看作是能够给自己提供智慧而必须尊重的人，那么盲区可能就会小一些；如果知道仅仅依靠个人的努力是绝对不可能成功的，那么盲区也会小一些……所以在沟通中，不仅要多说而且要多问，避免盲区过大的情况发生。

（3）隐藏区的沟通启示。如果一个人的隐藏区最大，那么关于其个人信息，别人都不知道，只有其自己知道。这类人其实是一个内心封闭的人或者说是个很神秘的人，这样的人我们对其信任度是很低的，所以他们可能会出现孤芳自赏、怀才不遇的境况。因为这类人的很多心愿、希望都深深地隐藏于自己的内心深处，别人一点也不知晓，别人就会以为他们对自己的工作、对待生活的要求都是不高的，也不敢把更多的重任压在他们身上。如果与这样的人沟通，那么合作的态度就会少一些。因其很神秘、很封闭，往往会引起人们的防范心理。是什么原因造成其隐藏区最大？主要因为这类人问得多，说得少，不擅长主动告诉别人。而要让别人了解自己，了解自己的心愿和想法，就要通过提高个人信息的曝光率、主动征求反馈意见等手段，不断扩大自己的开放区，增强信息的真实度、透明度。在沟通的策略上，可以在隐藏区内选择一个能够让沟通双方都容易接受的点来进行交流，这个点被叫作"策略资讯开放点"。当双方的交流进行了一段时间后，"策略资讯开放点"会慢慢向开放区延伸，从而导致开放区逐渐放大。当然，为了获得理想的沟通效果，在选择"策略资讯开放点"时要避免过于私人的问题，如心理问题、严重的过失等。

（4）封闭区的沟通启示。封闭区大，就是关于个人的信息，自己和别人都不知道。这个区域有多大，因为个体不知道，所以也无法预测。这让人想起了浮在水面上的冰山，人们看到的只是冰山的一角，它的绝大部分都在水面之下，封闭区大约也是如此。这样的人，不问别人对自己的了解，也不主动向别人介绍自己。封闭使其失去很多机会，能够胜任的工作可能就从身边悄悄溜走了。所以每一个人要尽可能缩小自己的封闭区，主动地通过别人了解自己，主动地告诉别人自己能够做什么。而这个未知的区域，能否变成有用的资源，为自己的沟通、为自己的生活和工作提供更多的支持呢？答案是肯定的。切入点就是不断阅读、不断学习。通过不断地阅读和学习，可以加深对开放区、盲区、隐藏区的特点的认识，会不断地扩大、缩小相关的区域来促进自己更有效的发展。而这些区域都是和封闭区相关的，在其他区域不断扩大、缩小的过程中，必然会引起封闭区域内部的一些改变，让其中彼此都不知道的资讯变得可以为人所知。

总的说来，"乔哈里窗"在人与人沟通中带来的启示就是想办法去扩大与沟通对象之间的公开区。另外就是沟通最好在彼此的公开区内进行，这样的结果是比较容易达成一致的。在沟通中对于彼此的陌生区或双方之间的盲区和隐藏区不要主动地碰触。

（三）改善沟通的状态——相互作用分析

相互作用分析（transactional analysis）是一种用来分析人们在人际沟通与交往中的心理状态和沟通风格的理论和方法，也叫人格结构的 PAC 分析，由加拿大柏恩（T. A. Berne）博士在弗洛伊德（Sigmund Freud）的精神分析学说的基础上，于 1961 年第一次正式提出。柏恩博士认为，人在心理上有三种自我状态，即父母（parent）状态、成人（adult）状态和儿童（child）状态。三种自我状态总是通过人的外部态度和行为表现出来。

1. P–A–C 的状态

（1）P：父母状态。"父母"状态是指类似于父母对子女沟通时所表现出来的态度和风格，是各种规矩、道德信条和行为指南的庞大集成，以权威和优越性为标志。通常表现为命令、训斥及其他权威式作用。如果一个人的人格结构中 P 状态占据主导地位，那么，其行为表现是凭主观印象办事，独断专行，讲话常常是"你应该""你必须""你不能""不要"……

（2）A：成人状态。"成人"状态的特征是凡事根据事实进行，能够理智地分析，站在客观的立场上。表现为注重事实根据和善于进行客观理智的分析。这种人能从过去存储的经验中，估计各种可能性，然后做出决策。当一个人的人格结构中 A 成分占优势时，这种人的行为表现为待人接物冷静，慎思明断，尊重别人。这种人的惯用表达方式是"我个人的想法是……"。可以说，这种人在孩子的强烈情感和需求与父母的规矩和命令之间保持平衡。

（3）C：儿童状态。"儿童"状态表现为类似婴儿状态的冲动，例如情感冲动、无主见、服从、任人摆布等。一会儿逗人可爱，一会儿乱发脾气。当一个人的人格结构中 C 成分占优势时，其行为表现为遇事畏缩，感情用事，喜怒无常，不加考虑。这种人讲起话来常常是"我猜想……""我不知道……"。

根据 PAC 分析，人与人相互作用时的心理状态有时是平行的，如父母—父母，成人—成人，儿童—儿童。在这种情况下，对话会无限制地继续下去。如果遇到相互交叉作用，出现父母—成人，父母—儿童，成人—儿童状态，人际交流就会受到影响，信息沟通就会出现中断。最理想的相互作用是成人刺激—成人反应。

2. P-A-C 的类型

（1）互应式沟通。互应式沟通是指沟通双方都按照对方期望的方式给予回应，包括 6 种亚型。

第一种：P-P 型，沟通双方都以父母心态进行沟通，如图 2-3 所示。典型对话方式，"甲：他们怎么能做出这样的规定呢？简直是拿我们实习生不当回事。乙：我早就说过，这些公司都一样。怎么样？现在本质暴露出来了吧！"

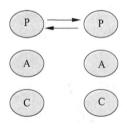

图 2-3 互应式沟通 P-P 型

第二种：A-A 型，沟通双方都以成人心态进行沟通，如图 2-4 所示。典型对话方式，"甲：你觉得完成这个任务有困难吗？乙：基本上可以完成，但如果再推迟两天，效果会更好。"

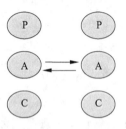

图 2-4 互应式沟通 A-A 型

第三种：C-C 型，沟通双方都以儿童心态进行沟通，如图 2-5 所示。典型对话方式,"甲:哇!这么'酷'的一张图片,你从哪里找来的呀?求求你,快告诉我吧!乙:这是秘密!就不告诉你!"

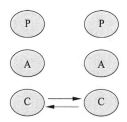

图 2-5　互应式沟通 C-C 型

第四种:P-C 型,沟通双方一方以父母心态出现,另一方以儿童心态出现,如图 2-6 所示。典型对话方式,"甲:哎呀,这么难,我一定做不好,怎么办呀?乙:没关系,照我说的做。听我的,准没错!"

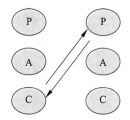

图 2-6　互应式沟通 P-C 型

第五种:P-A 型,沟通双方一方以父母心态出现,另一方以成人心态出现,如图 2-7 所示。典型对话方式,"甲:我希望能够调到第二组去,因为我觉得在那里更能够发挥我的特长,希望您能够给我这个机会。乙:好吧。那你去吧,就这么定了。"

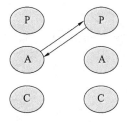

图 2-7　互应式沟通 P-A 型

第六种:C-A 型,沟通双方一方以儿童心态出现,另一方以成人心态出现,如图 2-8 所示。典型对话方式,"甲:一想起到台上去发言我就紧张,我肯定讲不好。乙：别担心，你已经做了那么充分的准备，一定能讲好的。"

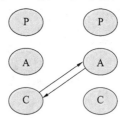

图 2-8　互应式沟通 C-A 型

（2）交叉式沟通

交叉式沟通是指沟通中所做出的反应不是适当或预期的反应，包括 4 种亚型。

第一种：AA-PC 型，沟通双方中一方使用成人对成人的方式与对方沟通，另一方却用父母对儿童的方式做出回应，如图 2-9 所示。典型对话方式，"甲：现在这个小组作业中出了一些问题，我们来讨论一下应该采取什么措施解决这些问题。乙：当初就不应该采取这个方案。"

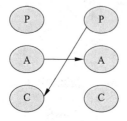

图 2-9　交叉式沟通 AA-PC 型

第二种：AA-CP 型，沟通双方中一方使用成人对成人的方式与对方沟通，另一方却用儿童对父母的方式做出回应，如图 2-10 所示。典型对话方式，"甲：现在这个小组作业中出了一些问题，我们来讨论一下应该采取什么措施解决这些问题。乙：谁出的问题就找谁呗，不关我的事。"

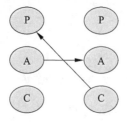

图 2-10　交叉式沟通 AA-CP 型

第三种：PC-PC 型，沟通双方都采用父母对儿童的方式进行沟通，如图 2-11 所示。典型对话方式，"甲：你看你笨手笨脚的。乙：行了，你还是管好你自己吧。"

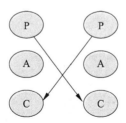

图 2-11　交叉式沟通 PC-PC 型

第四种：CP-CP 型，沟通双方都采用儿童对父母的方式进行沟通，如图 2-12 所示。典型对话方式，"甲：我们 A 组是最好的，谁也没有我们 A 组好。乙：我们 B 组才是最好的呢，你们 A 组有什么了不起的。"

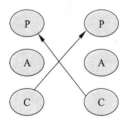

图 2-12　交叉式沟通 CP-CP 型

（3）隐蔽式沟通。隐蔽式沟通发生在一个人企图制造一种假象时，表面上是某种心理状态的反应，而事实上是另一种心理状态的反应。

3. P-A-C 的转变

人际交往和沟通中要自觉地使自己处于成人自我心理状态，诱导对方也进入成人自我状态，使不良的沟通转变为良好的沟通。主要是交叉式沟通转变为互应式沟通，尤其是成人对成人的沟通方式。例如，一对好舍友的对话：

同学 A：难道你就不能不把吃的东西带到寝室吗？一股味！（PC）

同学 B：难道你就不能偶尔忍一下吗？这样我也不必顶着大太阳跑出去吃饭。（PC）

同学 A：那你点些清淡的，味儿轻点？（AA）

同学 B：我想想，那我点……（AA）

🔍 **实验实训**

一、沟通能力测试

回答下列问题，测评你的沟通能力。选择与你的经历最相近的答案，请尽量如实作答。如果你的回答是"非常不同意/不符合"选1，回答是"不同意/不符合"选2，回答是"比较不同意/不符合"选3，回答是"比较同意/不符合"选4，回答是"同意/不符合"选5，"非常同意/非常符合"选6，依此类推。把得分加起来，参考"评分标准"，评定你的沟通技巧。根据自己的回答找出你在哪些方面仍然需要改进。

序号	题目	选项					
1	我能根据不同对象的特点提供合适的建议或指导。	1	2	3	4	5	6
2	当我劝告他人时，更注重帮助他们反思自身存在的问题。	1	2	3	4	5	6
3	当我给他人提供反馈意见，甚至是逆耳的意见时，能坚持诚实的态度。	1	2	3	4	5	6
4	当我与他人讨论问题时，始终能就事论事，而非针对个人。	1	2	3	4	5	6
5	当我批评或指出他人的不足时，能以客观的标准和预先期望为基础。	1	2	3	4	5	6
6	当我纠正某人的行为后，我们的关系常能得到加强。	1	2	3	4	5	6
7	在我与他人沟通时，我会激发出对方的自我价值和自尊意识。	1	2	3	4	5	6
8	即使我并不赞同，我也能对他人的观点表现出诚挚的兴趣。	1	2	3	4	5	6
9	我不会对比我权力小或拥有信息少的人表现出高人一等的姿态。	1	2	3	4	5	6
10	在和与自己有不同观点的人讨论时，我将努力找出双方的某些共同点。	1	2	3	4	5	6
11	我的反馈是明确而直接指向问题关键的，避免泛泛而谈或含糊不清。	1	2	3	4	5	6
12	我能以平等的方式与对方沟通，避免在交谈中让对方感到被动。	1	2	3	4	5	6
13	我以"我认为"而不是"他们认为"的方式表示对自己的观点负责。	1	2	3	4	5	6

序号	题目	选项					
14	讨论问题时，我通常更关注自己对问题的理解，而不是直接提建议。	1	2	3	4	5	6
15	我有意识地与同事和朋友进行定期或不定期的、私人的会谈。	1	2	3	4	5	6

评分标准：

80~90：你具有优秀的沟通技能；

70~79：你略高于平均水平，有些地方尚需要提高；

70 以下：你需要严格地训练你的沟通技能。

二、我的心理定位

目的：帮助学生了解并优化自己的心理定位。

材料：每人一张卡片和一支中性笔。

步骤：

1. 所有同学分为若干小组，每位同学在自己的卡片上写下自己最近关于沟通的烦恼事件，并分析自己选择和使用了什么心理定位，思考是否可以通过改变自己的心理定位来解决沟通烦恼。

2. 每位同学在小组内轮流分享自己的分析和思考结果，如有同学认为无法解决沟通烦恼的，小组其他同学帮忙思考解决办法。

3. 小组讨论无法解决的沟通烦恼，分享到全班范围内群策群力地帮忙想办法。

4. 小组讨论：沟通中选择什么心理定位最合适，为什么？

5. 全班总结：每个小组派代表分享讨论结果，最终全班综合意见总结出结果，教师进行最后的总结。

 体验感悟

一、 P-A-C 回话

你如何以三种自我状态告诉室友"你吵到我了"？

父母状态：_____；

成人状态：_____；

儿童状态：_____。

二、心理效应自查

请你写出自己在人际沟通过程中无意经历和有意使用的心理效应及其具体情境。

心理效应：_____；

发生情境：_____。

写好之后，分析在自己身上发生的心理效应产生了积极还是消极影响，如果是消极影响，思考该如何避免。

推荐书籍

[美] 戴尔·卡耐基 . 卡耐基沟通的艺术与处世智慧 . 北京：中国华侨出版社，2012.

推荐理由：《卡耐基沟通的艺术与处世智慧》教会人们克服畏惧心理、建立自信，实现良好的人际沟通，开发原本拥有却不曾利用的潜能。阅读此书，读者可以从日益增长的自信和热忱中，得到生活的力量，增强沟通意见的能力，学会做人处世的技巧。在职场、在社交、在个人生活方面，作者都有详细的讲解。本书对开阔视野、在各种场合下发表恰当的谈话、博得赞誉、获得成功，有宝贵的启示和借鉴作用。

第三章　扫除沟通障碍　疏通沟通渠道

如果希望成为一个善于谈话的人，那就先做一个喜欢倾听的人。

——戴尔·卡耐基（美国著名人际关系学大师）

 **心路历程**

一、校园故事

小辉是一名刚进入大三的学生，从小学习成绩优异的他高考时以全县第一的成绩考进自己心仪的 211 大学。但是当他进入大学以后却发现同学们都很优秀，自己不再是名列前茅的那一个，身边同学不是跟他一样，就是比他还要优秀。因为从小被灌输竞争意识，所以这些瞬间激起了他不甘落后的心理，他一门心思扑在学习上，却忽略了与同学的交往和沟通。同住两年的室友也并没有成为他的知心朋友，他与班上其他同学的交往基本也都只停留在了见面打招呼的程度，有时候他甚至会觉得不知道如何与同学进行深入沟通。虽然两年的努力让他在学业上领先了，但是在人际交往与沟通上他却落后了，他的心中有一种说不出的孤独感。大学生活已然过去一半，他不想剩下的一半依然如此，他想走出一个人的世界，结交知心朋友，摆脱孤独感。

二、打开沟通之门

进入大学以后，从原来的名列前茅变得普通、平庸，并不是"00后"大学生独有的情况，"90后"大学生也有。而这一现象普遍给"00后"大学生带来更多在人际交往与沟通上的问题，关键之一可能在于其从小被灌输了更强的"竞争意识"。一个时代造就一代新人。有学者通过调研指出，"00后"大学生成长所处的时代社会竞争加剧，大多数"00后"大学生从小就被家长灌输竞争意识，因此对于荣誉、外界认同的追求更为强烈，在发现自身问题时会更主动地进行自我完善，对于目标方向更能够有效把握，在学习过程中更容易保持长久的激情。① "00后"大学生增强的竞争意识反而激发了其自我完善意识及学习的持久性，所以，更强的竞争意识并没有问题，需要引起注意的是不要因为沉浸学习而忽略人际交往与沟通。况且，生长于信息时代的"00后"大学生本身网络沟通就大于现实沟通，这无形中也削弱了现实生活的人际交往与沟通能力。沟通不能纸上谈兵，沟通是需要练习的。因此，摆脱孤独感，结交知心朋友，需要"00后"大学生打开沟通之门，真正走进现实与人交往、沟通。

 **心理视点**

一、沟通障碍的类型

中国的大学生都经历了"十年寒窗苦读"，最终考取理想大学这样一个奋斗过程。虽然我国现行的教育制度越来越重视素质教育，不过依然没有彻底转变部分家长甚至是老师对成绩的过分重视的观念。因此，不少学生在求学读书阶段，往往还是被要求做到"两耳不闻窗外事，一心只读圣贤书"。相应地，在课程设置和社会实践等方面，对学生沟通能力和人际交往能力的培养是有所忽视的。为此，当学生们考入大学，在沟通方面存在障碍也是无可厚非的。许多大学生并不是不会说话，他们在熟悉的朋友面前往往能够侃侃而谈，甚至话比谁都多，表达比谁都生动，但是一遇到陌生人或是一到重要场合，就脸红脖子粗，一句话也不会说。这种障碍的根源在心理层面，有认知上的，有情绪上的，也有人格上的，它们都会直接影响大学生的人际沟

---

① 赵会利．"00后"大学生思想政治教育模式研究［J］．学校党建与思想教育，2016（22）：37．

通能力。认识心理层面的沟通障碍类型是这类大学生解决沟通障碍的基础。

（一）认知引起的沟通障碍

认知引起的沟通障碍在大学生的人际沟通中表现突出而常见，这是由青年早期的交往特点所决定的。其一，大学生处于青年早期，这个时期他们的自我意识迅速增强，主动交往的意愿愈加强烈，慢慢地开始尝试主动与人接触，但其社会阅历有限，哪怕是现在的"00后"大学生接触和使用网络较早、较多，但是毕竟缺乏实际社会经验，并不能全面了解社会，了解人的整体面貌，加上心理上也不成熟，因而人际交往中常带着理想的模型，据此在现实生活中寻找知己，一旦现实与理想不符，则容易产生沟通障碍，出现交往问题。其二，处于青年早期的大学生刚离开"以我为中心"的父母，多数还是一贯地以自我为中心，尤其是现在的"00后"大学生从小备受家庭关注和呵护，加之生长在物质资源相对丰富的时代更关注自我问题，而人际沟通的目的在于满足交往双方的需要，是在互相尊重、互谅互让、以诚相见的基础上实现的。部分大学生在认知上尚未改变"以我为中心"的观念，常常忽视同学之间平等、互助这样的基本原则，较少甚至从不考虑对方的需要，这样彼此的沟通必定不易成功。

（二）情绪引起的沟通障碍

大学生由情绪引起的沟通障碍是最普遍，也是最常见的。大学生尚处于发展期，从内部看，思想不成熟、性格不稳定；从外部看，生活、学习及人际环境等变化明显，尤其是大一新生相对更容易产生一些负面的情绪，进而影响甚至妨碍人际沟通。

1. 自卑——沟通的隐形屏障

自卑是人际沟通的大敌。自卑的人通常性格内向，多表现得悲观、忧郁、孤僻，不敢与人交往，认为自己处处不如别人，总觉得别人瞧不起自己。自卑的浅层感受是别人看不起自己，而深层的理解是自己看不起自己，即缺乏自信。大学生的自卑心理主要由以下几种原因引起：过多的自我否定、消极的自我暗示、挫折的影响和心理或生理等方面的不足。比如，有的学生自卑是因为自己身材矮小、相貌丑陋、出身低微、学习成绩差等。因为自卑，这类大学生不愿、不敢与同学、老师交流，因而也缺乏与同学、老师的正常沟通，不能完全融入大学生这个群体，反过来进一步加深自卑心理或者自闭行为，阻碍自身的未来发展。

2. 孤独——沟通的前行暗礁

孤独是一种感到与世隔绝、无人与之进行情感或思想交流、孤单寂寞的心理状态。孤独者往往表现得萎靡不振，并产生不合群的悲哀心态，从而影响正常的学习、交际和生活。大学生的孤独心理主要由以下几种原因引起：过于自负和自尊，或者遭遇挫折等。有句话说得好："水至清则无鱼，人至察则无徒。"而那些喜欢做"语言上的巨人，行动上的矮子"的人也比较容易孤独。一旦大学生陷入孤独的心理状态，就犹如触及暗礁一般会陷入人际沟通的困境，缺少与他人的沟通，这不利于良好的人际关系的建立，也会影响生活、学习、人格发展等各个方面。

3. 羞怯——沟通的拦路关卡

具有这种性格情绪与心理特质的大学生，往往在交际场所或大庭广众之下，羞于启齿或害怕见人。过分的焦虑和不必要的担心，使其在思想上瞻前顾后、言语上支支吾吾、行动上手足无措。长此下去，他们会变得越来越羞涩，越来越自卑，不利于自我完善，更不利于同他人正常沟通交流。羞怯的主要类型有气质型羞怯（生来内向）、认知型羞怯（过分关注自我、患得患失）、创伤型羞怯（经历挫折、变得小心）。

4. 虚荣——人际沟通的荆棘

虚荣与骄傲是不一样的，骄傲指的是一个人过高地评价自己，但是虚荣指的是寻求别人的肯定。骄傲一般会与自信联系在一起，过度的自信导致骄傲，但是虚荣一般会与自卑结合在一起，由于内心深深的自卑感导致虚荣心产生。虚荣会让人极度掩饰自己的不足和劣势。比如部分大学生爱慕虚荣，宁可吃得少，也要穿得好。这无疑就是虚荣心在作怪。虚荣的人往往不受人欢迎或者让人有距离感，这就无形中影响了与他人正常的沟通交流。

5. 猜疑——人际沟通的毒药

其实猜疑心理是由大学生的自卑心理演化而来的，一般情况下，猜疑心理都会与虚荣心理紧密结合在一起。因为一个人要想满足自己的虚荣心，渴望得到其他人的认同，就会格外在乎别人的看法，如果别人的看法与自己的看法不同，那么就会产生猜疑心理。要注意的是，猜疑不是怀疑，因为怀疑是一个理性的过程，而猜疑是一个非理性的过程。大学生往往只会根据自己的感觉做出判断，一旦不信任就会产生嫉妒，那么这时候就容易产生猜疑心理。而一旦两个人之间产生猜疑，就会影响彼此之间正常的交往，更不用说用心沟通了。

6. 嫉妒——人际沟通的沟壑

嫉妒指的是对其他人在某个比自己强的方面产生的一种怨恨和不安的心理。嫉妒心理普遍存在于大学生的心理情绪中，嫉妒心理一般是出于大学生的虚荣心理或者骄傲的情绪。因为大学生总是会把嫉妒心指向使自己的虚荣心不能满足的人。嫉妒是伴随着比较产生的。譬如，乞丐一般不会对皇帝产生嫉妒心理，但是周瑜就会嫉妒诸葛亮。通常情况下，嫉妒者会隐藏起自己的心理情绪，这更进一步阻碍其与他人的沟通。

（三）人格引起的沟通障碍

所谓人格，是指人在各种心理过程中经常地、稳定地表现出来的心理特点，包括气质、性格等。人格的差异会导致沟通与交往中的误解、矛盾与冲突，人格不健全可直接造成人际冲突。人格因素引起的障碍有两个方面：气质不同产生的障碍和性格差异产生的障碍。不同气质或者性格的大学生在沟通习惯上是存在巨大差异的，例如一个外向的学生和一个内向的学生沟通，一个一直说个不停，一个半天不说一句，外向的学生以为对方不理自己，郁闷之下就又试图多说以取得回应，内向的学生却觉得我了解你所要表达的就好，而你还一直说个不停，让人感到厌烦，这种情况就导致了两个人之间的误会，影响彼此今后的沟通。所以，正确理解自己和他人的人格特点的差异，有助于理解许多误解和冲突产生的原因，进而克服人际沟通中的障碍。

二、沟通障碍的成因

沟通障碍是一种信息传递的障碍，是一种意见交流的障碍，影响它形成的原因是多方面的，往往也不是独立存在的，而是复杂交织的，包括个体自身和外界环境等，主要可以从以下几个方面来深入了解。

（一）社会风气的影响

中国传统文化一直提倡追求"里仁为美"的人际关系美，而在现代社会，由于经济高速发展，竞争压力、生存压力不断加大，在激烈的竞争中传统文化的"相亲相爱、和睦相处"这种良好的人际关系和社会风气遭到一定程度的破坏。在大城市，不少邻里之间，甚至同事之间人际关系淡漠，人与人之间缺少心灵的沟通和情感的交流，出现了"人际关系冷漠症"，住在同一个社区或者同在一栋办公大楼，彼此之间相隔不过一道墙、一扇门和一幢楼，却像隔了一个世界，成了最熟悉的陌生人。这种社会风气必然影响大学生良好的沟通能力的养成。加上21世纪高度信息化、网络化，人们沟通的主要方式也有所转变，尤其是出生在信息时代的"00后"大学生，从小接触信息网络，受到的影响更大，他们更多也更愿意通过微信、QQ、微博、小红书等网络工具进行沟通交流。

（二）家庭教育的影响

当前"00后"大学生和"90后"大学生一样出生在国家实施计划生育政策时期，大多数是独生子女，备受家中父辈和祖辈的关注和关爱。适度的关心和教育会让其幸福健康地成长，但过度的维护和宠爱就会发展为溺爱，容易导致孩子产生以自我为中心的性格弱势。而"00后"与"90后"相比，他们赶上了更好的时代，物质生活更为富足，家庭给予的物质条件更好，可以更多地注意精神方面的追求，这在一定程度上加深了其对自我的关注。另外，独生子女因没有至亲的兄弟姐妹，容易缺乏玩伴和倾诉的对象，不能自我调整则较易养成孤僻冷漠的性格。在脱离家庭的庇护，步入大学校园后，这些性格缺陷都是导致沟通交流障碍的因素。当然，计划生育政策及物质富庶时代都并非主要原因，家庭教育才是关键所在，多数的"00后"独生子女还是成长得很阳光，拥有良好的人际交往能力。

（三）生长环境的影响

大学是一个聚集多方人才、承载万千梦想的地方。这里的学生不论出处，不论贵贱，都站在同一起跑线上向远方努力。但现实是，大学生的心理状态却有着较大的差别。来自城市的学生习惯繁华的街道，见识过名山美景，对电子产品的使用驾轻就熟，一口标准流利的英语，表现出来的是青春的恣意和张扬；相比之下，农村，尤其是山区出来的学生只在书和影视作品中见识过名川大海，会在繁华陌生的城市迷路，对高科技产品的一些隐藏功能也不甚了解，在英语课上用不太流利甚至带有地方口音的口语交流会紧张害羞，自卑和羞怯的种子在心里悄悄萌芽。然而无论是自负还是自卑，它们都并非大学生该有的健康心态，而是彼此沟通交流的绊脚石。

（四）虚拟网络的影响

网络的创新和发展，给人们的生活带来了更多的便利和可能，却也有一定的弊端。例如，不少同学会在网络上结识一些新朋友，彼此志趣相投，交谈甚欢。然而，大多数同学却发现面对面的交流并没有想象中那么舒畅和自由，甚至会有点尴尬。也许是内心的不自信，也许是太在意别人的看法，也许是发现对方并非自己期待和想象中的样子，不少同学更愿意依靠网络来沟通，依靠网络去创建一个自己偏爱的舒适的世界，他们逃避，甚至拒绝面对面的交流。此外，很多同学沉迷游戏、漫画和电视剧等，不仅虚度了大好的光阴，而且阻碍了其走出去认识世界的脚步，当他们生活在自己狭隘的空间里时，就更谈不上与人沟通了。

（五）沟通实践的原因

从上学开始，学生的生活空间基本上就是家、学校（教室）、寝室，这种两点或者三点一线的生活，简单重复，学生接触最多的就是各大教科书，与人交往的范围狭窄、对象单一、机会有限，加上"00后"大学生仍然多数是独生子女，集万千宠爱于一身，不少学生被家庭过度保护，缺乏基本的与他人、与社会沟通交流的实践经历。在这样的成长环境下，学生很容易产生沟通障碍，轻者不善言谈，重者难以独立生活。尤其是当前的"00后"大学生从小更多也更喜欢使用网络沟通，他们通过现实沟通的机会和经验也更少，更容易惧怕或者拒绝面对面沟通，也就更谈不上融入大学集体生活。

（六）沟通意识的原因

大学生在初高中阶段专注于知识学习，几乎没有接受过沟通能力方面的教育训练，也少有沟通交流方面的社会实践，大部分学生在认知上，对沟通能力有关的课程及相关社会实践不够重视。因此，即使大学里面开设了培养沟通能力的相关课程，也由于学生在认知上对沟通重要性的认识不够，出现部分学生上课不认真的现象，导致其沟通技巧欠缺，沟通能力薄弱。

（七）其他方面的原因

第一，兴趣爱好也是影响沟通的重要因素，共同话题的存在是彼此进一步交流和了解的动力，它可以避免双方因为找不到沟通交流的内容而尴尬；第二，性格的迥异也常常是决定双方是否深交的要素，相似的性格确实使双方有更多共同点，但是有时候两个性格都过于强势的人"硬碰硬"反而更容易出现矛盾，而两个性格都过于内向的人也不会"擦出火花"；第三，仍有不少同学没有很好地从高中简单紧张的学习氛围过渡到大学相对自由丰富的生活中来，一时没有重视建立良好的人际关系，缺乏锻炼沟通交流能力和技巧的行动。

引起大学生沟通障碍的原因多种多样，并且可能在同一个大学生身上不止存在一种原因，有时候是两种或者多种原因交织在一起的。所以，大学生如果发现自己存在一定程度上的沟通障碍，都应该认真自我剖析，找准让自己沟通不畅的原因，并有针对性地去做一定的改变，让自己慢慢成为一个愿意沟通和善于沟通的人。

三、沟通障碍的解决

我们说处处需要沟通，处处存在沟通，所以直面沟通障碍，积极地去解决就是必须要做的事情。其实，熟练地掌握基本的原理、原则和技巧是可以解决沟通障碍，从而达到顺利沟通的目的的。

（一）解决沟通障碍的基本原理

解决沟通障碍的基本原理也就是有效沟通的基本原理。在实际沟通中，"彼此认同"既是一种可以直达心灵的技巧，同时又是沟通的动机和目标之一。沟通双方存在意见分歧是很容易产生沟通障碍的。而要达到"彼此认同"，首先需要的就是掌握有效沟通的基本原理——关注。"关注"在《现代汉语词典》中的释义是：关心重视。而这种"关心重视"不仅指通过眼睛用心去看，去了解，去重视，而且还得有实际行动去用心对待，去关心，它是人发自内心的一种真挚情感，也是每个人都期望得到的。正如美国著名教育专家内尔·诺丁斯（Nel Noddings）博士在其《学会关心：教育的另一种模式》一书的引言中所说："关心和被关心是人类的基本需要。"

1. 关注状况与难处

关注的第一个方面是关注状况与难处。举个例子，曾经有个作家，有一次去香港访友，闲来去书店买书，偶然间她看到有本书特别厚，出于好奇她把它从书架上取了下来，想一看究竟。她刚拿到手上，一个店员就过来了："您是喜欢这本书吗？"她说："是啊！"说罢，这名店员就说："我帮您拿到柜台去。"随即，这个店员就帮她将书拿到柜台那边去了。意思是你可以空下手来在这儿选别的书了。她说："谢谢！"不一会儿，她看到第二本认为不错的书，这个店员又过来问："这本书您也喜欢吗？"她说："是的。""我也帮您拿到柜台去。"就这样，作家不知不觉就"拿"了六七本书。等到她去结账的时候，这个店员似乎感觉到她有心事（因为她在香港登机过境），于是又说："没关系，女士，我帮您拎到飞机里面去，您继续买别的东西去吧！您要登机的时候通知我一下，我就会帮您拎过去的。"其实，从那个书店到飞机场的入口没有多远的路，但是这个店员的这个动作表示他注意了你。如果他不管，让你左手抱一本，右手抱一本，那么谁也不会买第三本书了。这就是他对顾客的关注，他非常关心顾客的状况与难处。在日常生活中，如果可以做到关注交往对象的状况和难处，那么彼此之间就会有良好的沟通，同时可能会促使你更好地完成手头的工作或事情。比如，班级里的学习委员在期末复习的时候可以多多关注一下平时学习不太好的同学，关注这些同学是不是有完整的笔记可以复习，是不是做好了复习提纲，如果学习委员这么做了，相信这些同学会很感激，而学习委员也将完成帮助老师共同提高班级成绩的目标。

2. 关注需求与不便

关注的第二个方面是关注需求与不便。比如，员工在公司上班，有的时候日子不太好过，老板会注意其需求与不便吗？据调查，全世界从事 IT 行业的人里有 20% 的人患有抑郁症，压力太大是主要原因之一。既然知道有这种可能，做老板的是不是要有所关注？在美国 IT 界，当员工工作到晚上时，有的老板会派按摩师来帮员工按摩；希望并允许员工把玩具带到公司把玩和陪伴。人们常常喜欢把手机当作一种玩具，去缓解自身的工作压力。所以有的美国公司允许员工在办公室摆上玩具，允许员工在办公室里面铺上地毯、穿上拖鞋，允许员工在地下室里面尽情地发泄……这些做法，就是谅解其需求与不便。如果我们与人交往时能够关注到对方的需求和不便，并给予帮助，对方会很感激你，也会更喜欢和你沟通与交往；相反，如果只图自己的利益和便利，不顾其需求和不便，对方会感到压力并产生不满，自然不喜欢有进一步的沟通和交往。比如，同一个寝室的同学，你若关注到对方有睡眠不深的情况，那么你是不是应该在夜间活动时多加注意活动时间和幅度，尽可能减小对对方的影响，或者一起想想解决的办法，像是塞耳塞、挂遮光布等等，这样一定能促进彼此之间的沟通，优化彼此的关系。

3. 关注痛苦与问题

关注的第三个方面是关注痛苦与问题。举例来说，深圳有一家阳光酒店，房间的枕头上面都会附一张卡片。上面写道：本酒店的床饰用品都是羽绒制品，阁下如果对羽绒制品敏感，请拨分机号码×××，管家部会为您换上其他的床饰用品。这张小小的卡片就是所谓的关心。它能够让那些皮肤特别敏感的顾客感受到家一般的关爱和温暖，顾客为此也会对这家酒店留下深刻而良好的印象，相信第二次住宿时这家酒店还是顾客的首选。这就是沟通的力量，沟通并不只是语言上的，非语言的沟通也很重要，也很有效。在沟通上说的关心就是关注他人的状况，关注他人的需求，关注他人的痛苦和问题。如果你能多为别人想一点，考虑到不同人的不同状况，那么你会获得更大的交际圈，能够有更多的沟通对象，并且让沟通过程也是顺利的。比如，班级组织集体出游的时候，组织者是不是可以私下先了解和征求下各位同学的意见，是不是有同学有参加的困难，比如和课外学习冲突、家境实在困难等等。不要只想着完成自己的组织任务，一味地要求每个同学都要参加，强迫别人。对于那些参加有困难的同学请允许其选择不去，又或者帮忙一起想办法解决，这样对方会很感激你，以后你们之间的沟通也将会更顺利。

（二）解决沟通障碍的基本原则

沟通是一个双向的过程，一"说"一"听"，如果能掌握好"说"和"听"的基本原则，也就解决了大部分的问题，当然在这"说"和"听"的一来一回中也包括沟通双方对接收到的信息的理解。

1. "说话"的基本原则

（1）意思必须确定。生活中存在这样一部分人，他们有时会玩弄词汇，说话的时候意思不确定，对方接收到一个意思，一旦这个意思对其不利，就会说"我不是那个意思，我是这个意思"。这就叫作狡辩，狡辩中有的是偷换概念，有的是偷换标准。比如，偷换标准——古希腊有一个著名的诡辩家收徒弟，要 2000 银币的学费。他跟徒弟约定："你先交 1000 银币，三年出师之后，等你打赢第一场官司时再交另外 1000 银币的学费。"学生得到了老师的真传，三年出师后却迟迟不交那 1000 银币。老师每问徒弟何故不交另外一半学费时，徒弟就回答说："我还没有打赢第一场官司。"老师急了，就说："今天咱俩打官司，如果我赢了，你自然应该付我钱。如果我输了，就是你赢了第一场官司，按照合同，你应该付我钱。"学生说："那不对，如果我输了，就是我还没打赢第一场官司，我还是不应该付你钱。如我打赢了，我自然不用付你钱。"这个故事里的狡辩就是偷换标准，一个是官司输赢的标准，一个是合同的标准。再比如，偷换概念——曾经有一对夫妻，丈夫很有才华，他因公受伤失去了一条腿，因此好多姑娘都不愿意嫁给他，年近三十还没有娶妻；而妻子虽然长得不是那么漂亮，但是心地很善良，非常同情因公受伤的丈夫，也因仰慕他的才情而不顾父母反对嫁给了他。然而，婚后生活躲不过柴米油盐酱醋茶，总有磕磕绊绊，尤其是相处时间久了，难免吵架拌嘴。这天，两个人因为一点小事又闹矛盾了。妻子赌气就跟丈夫说："当年所有人都不同情你，只有我不嫌弃你，还嫁给你，成了你的妻子。"丈夫听了更是生气，回嘴说："对啊，你成功了！自从你嫁给我，所有的人都同情我了。"这两个"同情"不是一个意思。倘若要做一个有效沟通，那么说话的意思必须确定，必须首先想好自己要说什么，如果模棱两可，就很容易引起误解。

（2）用语明确具体。在表达一件事情时必须前后有联系，用具体准确的语言表达，才能够让对方明白你所要表达的意图。当然，具体并不意味着话多，言简意赅地表达清楚才是关键，讲了一堆话却让对方不知所云，或者说的话有歧义造成对方误解则是大忌。比如，小新是一个家境不太好的大学生，有一次她准备去超市购物，因为用超市会员卡可以有优惠价，所以她想向室友小梅借用下超市会员卡。但是她又不好意思说，因为前天刚跟小梅拌嘴了，所以她就不好意思直截了当明确地说，而是说了一堆诸如要去某某超市买东西，但是某某超市东西虽然好但是价格也贵，不过好像有会员卡可以打折，那么性价比就比较高之类的话，然后问小梅要不要一起去，就是不说要问小梅借会员卡这件事。而小梅因为之前的拌嘴还有点小情绪，加上正好在赶作业，也没那么认真听小新说话，所以就也没有听出小新所想要表达的借超市会员卡的意图。其实就算是没有之前的拌嘴，小新这样不直截了当地表达，小梅也很有可能不能主动领会她的意图，因为没有人是对方肚子里的蛔虫，每个人的理解能力也不同，想要快速有效地达到自己的沟通目的，很重要的一点就是要言简意赅地表达出自己的想法。

（3）内容形式统一。人们把一个意思传达给对方时，语言所起的作用只占7%，声音所起的作用是38%，表情、动作、综合感觉所起的作用占55%，所以如果两个人沟通时不见面，比如网聊，甚至网恋，彼此只是通过语言文字在交流，没有非语言的表情、肢体等交流，在这种情况下，彼此获得的信息是有限的。这是很可怕、很不靠谱的一件事，因为彼此之间只是通过语言在传达意思，很多时候就会产生误解或歧义，影响沟通的质量，真实性也不能保证，也因此有一些别有用心的人就会以此来欺骗感情。再比如，在电影学院的课堂上，老师为了锻炼学生的演技，常常会让学生用"我恨你"三个字表达"我爱你"，而学生确实也表现得很好，虽然嘴上说的是"我恨你"，但是表情、肢体等非语言信息传递出的是"我爱你"。由此可以看出，在沟通中文字本身所起的作用是很轻微的，而动作和表情所起的作用非常大。所以，在与人沟通时要做到有效，必须让所说的内容和所做的行动是一致的，这样才能够加速对方的理解。

（4）前后逻辑一致。受过高等教育的人和没受过高等教育的人很大的差别之一是受过高等教育的人的脑海中往往安了一个检索系统，如果在两小时前说的观点和两小时后说的观点前后矛盾的话，大脑会自动检索出来，也就是说更具有逻辑思维。而没受过高等教育的人在前几分钟和后几分钟说的话不一样时，自己却可能不知道。比如，曾经有一个只受过小学教育的农村父亲过年时和他刚国外留学回来的外甥聊天，两个人聊着聊着说到了这个父亲，也就是这个外甥的舅舅的两个孩子的问题，前面这个农村父亲在说小儿子成绩不好的问题时还在说现在这个社会读书不好没关系的，只要会挣钱就行，后面谈到大女儿工作的问题时就说现在这个社会还是要会读书，大女儿就是因为读书好拿到了本科文凭才有资格、有能力考上公务员，有稳定的不错的收入。这时这个国外留学回来的外甥心里就犯嘀咕了，这舅舅到底是认为读书有用呢，还是没用呢？是不是觉得我去国外留学也是没用的、多余的呢？这就是说话前后逻辑不一致会带来的问题：引起沟通对象的疑惑和不解，甚至是另一种不利于彼此沟通的解读。所以，想要沟通顺利就需要掌握逻辑一致的原则。

（5）说话目的单一。说话时目的单一就是仅仅把要说的意思传达给对方，而不带其他意图。比如，有些人喜欢哗众取宠，既要传达意思，又要展示自己很能说，沟通的目的多元化了，就不能够很明确地表达想要传达的意思，一些无效的信息会干扰对方对有效信息的接收。所以，只有目的单一才能准确表达，实现有效沟通，要加上其他目的，就会冲淡原本的意思。

2. "倾听"的基本境界

倾听是成功沟通的关键，它的功能不仅仅在于听到别人所说的话，真正的倾听意味着全神贯注地听别人说话，并尽量理解它。要使倾听积极有效，必须对说话者真正感兴趣，全身心地去感受对方在谈话过程中表达的言语信息和非言语信息。借助于倾听，可以深入理解对方所做的事情，他们的感受及他们为什么要这样做、为什么会有这样的感受。每个人都可以通过耐心练习来发展这项能力。倾听是了解别人的重要途径，是有效沟通的重要环节，所以我们有必要了解倾听的艺术。

（1）倾听中的五层次。不是随便什么样的倾听都可以达到成功沟通的目的，倾听可分为五种层次，不同层次的倾听达到的沟通效果是不一样的。第一层：心不在焉地听。这是很多没有教养的人，在听人讲话时的状态。第二层：虚与委蛇地听。比如下级听上级说话，满口"对，对，对"，你要问具体对在哪儿，却可能回答不上来。这里听者可能只是假装在听，其实根本就没听，只是做出听的姿态给说者看。第三层：专注地认真听。也就是说听者在认真地听对方讲话，对方通过语言将词汇传达到听者的脑海中，听者在脑海里根据其原来对词汇的定义将它组合为意思。所以在课堂上大家都在听讲，结果却大相径庭，有人答满分，有人不及格，原因是每个人对词汇的定义不同，自然理解也就不同，有的同学跟老师定义一样就听懂了。第四层：设身处地地听。设身处地是指作为听者，把自己想象为说者。需要换到对方的位置上，然后根据对方的语言习惯、出生背景、知识层次包括知识结构，再分析其说这些话是什么意思，这样才可能听懂对方说的话及其真正要表达的内容和情感。第五层：创造性地深听。这是最深层次的听。即通过说者的前后语句的使用、用词的特点、说者的动作表情，在听的过程中加入自己主观的创造，进行逻辑分析，通过其描绘的现象，透过其所流露的信息，用准确的语言再把说者的意思描述出来。人群中80%的人，语言表述都是不准确的。只有创造性地去听，才能真正听出来对方到底是什么意思。

（2）倾听时的三不要。在倾听对方讲话的过程中，不要做出以下三种行为，否则会影响沟通的效果，破坏彼此的人际关系。一不要：不打断、不插嘴。当别人在说话时，打断别人说话，容易打乱说者的思路，也会使说者对听者产生反感。当对方说话时，不打断、不插嘴会让对方感觉良好，并且让对方多说，说完整，听者才能听得彻底。二不要：不出声、不影响。当对方在说话时，听者不时地发出任何声音，都会影响对方讲话的思路。面对面沟通时，可以通过眼睛来注视对方，从而告诉对方我在听你讲；当用电话沟通时，可间隔性地发出正在倾听的确认信号就行了。三不要：不思考、不组织。当正在聆听别人讲话时，不要思考组织接下来自己将要讲话的内容。因为在组织语言时，有可能就不能清楚地听到对方所讲的内容，由此而引起误会。

（3）倾听时的四要点。一要有诚意，倾听别人谈话总是需要消耗时间和精力的，如果是真的有事情不能倾听，那么直接提出来，当然态度、语气是要客气的，这比勉强去听或装着去听而必然会表现出来的不专心给人的感觉要好得多。二要有耐心，耐心体现在两个方面：其一，别人所说的内容通常情况下都是与其心情有关的事情，因而一般可能会比较零散或混乱，观点不是那么突出或逻辑性不太强，鼓励对方把话说完，自然就能听懂全部的意思了，否则容易自以为是地去理解，去发表意见，产生更加不好的效果；其二，别人对事物的观点和看法有可能是自身无法接受的，要是有伤自身的某些感情，可以不同意，但应试着去理解别人的心情和情绪，一定要耐心地把对方的话听完，才能达到倾听的目的。三要适时表示理解，对方的表达往往都是希望自己的经历受到理解和支持的，因此在沟通中加入一些简短的语言，比如"对的""是这样""你说得对"等或点头、微笑表示理解，都能鼓励对方继续说下去，并引起共鸣。四要适时做出反馈，一个沟通阶段后准确的反馈会激励对方继续进行，对其有极大的鼓舞，反馈包括希望其重复刚才的意见，因为没有听懂需要其重点表达等，如"你刚才的意思或理解是……"，但不准确的反馈则不利于谈话，因此要把握好反馈的内容，希望对方重复或者说清楚的是什么，用清楚的语言告诉对方，这样对方才能给出准确的说明。

3. "理解"的基本条件

理解指说者心中要表达的意思几乎不走样地传达到听者心中。实际上在这个传达的过程中会有信息的缺损和扭曲。首先，说者心中的意思在其用语言表达出来的时候进行了第一次扭曲。然后说者的话传达给听者，在其听的过程中会有删减，进行了第二次扭曲。接着说者又赋予词语自己的意思，进行了第三次扭曲。最后，在听者把这段话复述出的时候，又因为语言的表达不准确发生了第四次扭曲。所以要想达到完全理解必须具备三个基本条件：一是共同的语言背景。比如学历基本相同，生活经历大体相同，对词语有基本相同的定义，语言哲学上称之为"公共话语"。二是相同的思维方式。思考问题的方向或者说思路是一致的，这会受到生活经历、教育经历等的影响。三是信息完整不缺损。人的大脑是一个巨大的筛选系统，它会对你收集到的信息进行筛选。大脑对两类信息敏感：第一类是对你有利的，第二类是对你有害的，其他的则会自动剥离掉。要想达到完全的理解，就必须具备上述三个基本条件，这样才能把一个人心中的意思准确地接收到而不变形、不走样。

4. "发问"的基本类型

与别人沟通时，是否会感觉到有的时候所问出的话，让别人无法回答，或者是回答的内容反而与自己的问话无关。究其原因就是问话内容让人产生了歧义，或者问话内容产生了让人无法回答甚至不想回答的感觉。在沟通过程中，可以根据以下四种类型的发问方式采用相应的说话内容。

（1）开放式。所谓开放式，即问的问题对方可以扩散性思考，从多方面来回答问题的发问方式。例如：何时、何地、怎么样等等。可以回想一下，周末父母打电话，经常会这么问："你现在在哪？这段时间学习怎么样？你什么时候放假？"等等。这些问句可以让回答的人充分思考答案的内容。如果是向对方做出邀请时就应该减少这种问法，以免使对方往拒绝的角度去想，那就得不偿失了。这种问法应该用在请教别人，或者是请别人帮忙时，它会给人一种放松感，也会使彼此的人际关系发展得比较和谐。

（2）封闭式。所谓封闭式，即问的问题对方只能回答"是"或"不是"的发问方式，也可以称为结束式。例如：今天晚上你回来吃饭吗？东西你还要不要了？这种发问模式最好用于确定事情的环节，并且也适用于想快速得到答案的时候，因为当对方回答后就知道答案了，彼此之间的发问已经结束，有中断继续沟通的意味。不过因为这种发问方式相对来讲比较强势，使用多了会引起对方的不适感，所以，在沟通中最好尽量少使用。

（3）选择式。所谓选择式，即问的问题对方只能从问句中选择答案来回答的发问方式。例如：你是需要洗发水，还是需要沐浴露呢？你是今天需要还是明天需要？在生活和工作中，这种发问方式是可以常用的，因为节省了回答者的思考时间，缩小了思考范围。选择式与封闭式比较来讲，选择式在尊重沟通对象的前提下，让对方比较容易接受，因此，可以多采用这一发问方式。

（4）反问式。所谓反问式，即当对方问问题时，把问题反问回去的发问方式。例如，对方问：你认为沟通就这五大步骤吗？你反问：那你认为沟通应该有哪几个步骤呢？反问式发问可以说是沟通中比较高深的一种发问方式，它的主要目的有以下三点：第一，可以把问题反问回去，给自己一定的时间来思考答案；第二，可以摸清对方心目中这个问题的标准答案；第三，可以了解对方与自己就问题的含义而言是否在一个频率上。

以上四种发问方式，想要在沟通过程中应用自如，必须要在平时多加练习，然后才能自然熟练地掌握。

（三）解决沟通障碍的基本技巧

尽管在人际沟通过程中会遇到各种各样的障碍，但只要树立正确的沟通理念，掌握科学的沟通渠道和方法，就能够克服沟通中的障碍，实现有效沟通。

1. 认知上的基本技巧——避免认知偏差

认知心理学认为，人对外界的认知，是通过感官开始的，因此容易受到各种因素的干扰，往往会出现偏差，造成麻烦。上一章节中所提到的沟通中常见的心理效应——首因效应、近因效应、光环效应、刻板效应、投射效应等均为某种形式的知觉偏差。而大学生虽然自我意识迅速发展和增强，但社会经历有限，心理的半成熟状态使其不能全面了解人或事的全貌，很容易受到心理效应的影响，对人产生知觉上的偏差，影响彼此的沟通与交流。因此，大学生需要从理性的角度去了解并有效回避它。

（1）重视第一印象效应，用发展的眼光看待沟通。"第一印象效应"即"首因效应"，人们常说的"给人留下一个好印象"，一般就是指的第一印象，这里就存在着首因效应的作用。在人际沟通中，给人的第一印象是十分重要的，人们往往按第一印象来解释后来出现的信息，为了形成统一的印象，如果后来的信息与前面的信息不一致，人们通常就会使之屈从于前面的印象，即使注意到了后来的信息，也会认为那是偶然的。所以，对陌生沟通者的印象，是由提供信息的先后顺序来决定的，最初的信息占优势。首因效应与近因效应可以说是一个问题的两个方面，二者发挥作用的条件有所区别。首因效应多产生于与陌生人打交道的时候，因为是第一次接触，所以最初的印象会格外深刻；近因效应多发生在与熟人沟通的时候，即原来已经有接触、有印象，而在之后的接触中产生的印象更为深刻，结果是"新桃换旧符"由此改变对他人的印象和看法。第一印象一旦形成不易改变，所以应当在实践活动中去检验，不要带有先入为主的观念，不要戴有色眼镜看人，不以貌取人，对人要做出合理的判断。于自己而言，在日常沟通交往过程中，尤其是初次交往时，要注意给人留下美好的印象。首先，要注重仪表风度，一般情况下人们都愿意同衣着干净整齐、落落大方的人交谈和交往。其次，要注意言谈举止，言辞幽默，侃侃而谈，不卑不亢，举止优雅，会给人留下好的印象。

而近因效应的提示是，事物都是发展变化的，有变化就有机遇，正所谓"事在人为"，"一分耕耘，一分收获"。世界上没有改变不了的东西，即使过去没做好，只要想努力改变，还是可以做到的。

（2）正确认识光环效应，有效发挥其积极的作用。在沟通活动中，针对一些难点问题进行沟通时，采用积极的光环效应功能会收到一些奇效。比如要解决现代学生的心理问题、怎样为人处世的问题，如果请天天上课的老师对他们进行讲解沟通可能效果会一般，但如果请国内外的知名专家来讲解，情况会更好些。如果在讲课之前，介绍来演讲的人对社会了解颇深，在学生心理研究方面是名人，是当今的社会活动家，让学生产生光环效应，进行积极的暗示，对于整体的沟通效果将产生积极的影响。再比如，你跟你的朋友太熟悉，你讲的话他/她不一定听，因为他/她太了解你了，他/她会认为你讲的他/她都明白，因此你跟他/她沟通的话可能效果就不太好，这时你请一个他/她平时很敬佩的人来跟他/她沟通效果就会不一样，这就是很好地利用了光环效应的作用。当然，在沟通中发挥光环效应积极作用的同时，也一定要尽量避免其消极作用的产生。光环效应的缺点在于以点概面，以偏概全。我们往往把好的特征都归为好人所特有，坏的特征都归为坏人所特有，有时事物的个别特征并不能真实地反映事物的本质，但我们习惯以个别推及一般，由部分推及整体，这样就会牵强附会地错误推断其他的特征。由此可知，仅凭一个方面的特征或者一件事情就去判断一个人的其他品质是比较鲁莽的。在人际交往和沟通中，只有多方面地了解一个人之后再做判断，并且要把不同的个体和事情区别对待，才能够避免出现以点概面的错误。

（3）积极突破刻板效应，针对具体问题具体分析。心理学家指出，人们在一定的环境中生活和工作，久而久之就会形成一种固定的思维模式，使人们习惯于从固定的角度来观察、思考事物，以固定的方式接受事物，这就是心理学上讲的刻板效应，它实际上就是一种心理定式。生活中的经验是刻板印象形成的原因，经验可以说是心理定式的正确运用，而固执己见则是对这种定式的消极坚持。刻板印象有时候是人们认识交往对象的一种捷径，可以使沟通者根据以往的经验，迅速地做出对沟通对象的类型判断，看对象沟通，节省了认知耗能。现实中有"同一类人""物以类聚，人以群分"的说法，但是彼此之间往往并不是完全相同的，个体差异永远都是存在的，即使是处于大致相同的社会生活背景、经济和文化条件下的人，个体差异都有可能是非常大的。所以，对人不要带有成见，要真实相处了才会知道，观点要随着现实的变化而发生变化，如果一成不变地依据定式去判断，有时就会适得其反。所以沟通中要突破思维的某些定式，善于驾驭心理定式，对特殊的人和事，特别的问题，要时时引起注意，针对性地做出准确的判断，具体问题具体分析，要区分事物的普遍性和特殊性，学会及时更新自己的观念和想法，才能做到有效的沟通。

2. 情绪上的基本技巧——善用心理技巧

情绪体验对沟通的过程和结果都有很大的影响，譬如，一个人心情郁闷、烦躁的时候会想一个人安静，不想和任何人说话，对别人顶多也就是简单回答应付，甚至不能理解他人的表达内容；而情绪体验为愉快、喜悦时，沟通对象选择性广，平时不喜欢接触的人都可能成为沟通对象。因此，如果能够抓住沟通对象的心理，营造其良好的情绪体验，那么对于沟通双方是大有裨益的。以下是三种心理技巧，巧妙应用能够促进沟通：

（1）补偿称赞法。如果想要给对方留下深刻的印象，可以尝试采用补偿称赞技巧，补偿称赞技巧往往不是从对方最突出的地方进行称赞，而是从其他侧面夸奖，从而显得对方与众不同，增加其积极的情绪体验，以此促进彼此接下去的沟通。比如，如果对方家境殷实，不需要夸奖人家的出身，因为这已经是众所周知的事情，可以夸奖对方人很善良，这往往会让人印象更深刻，往往很多家境很好的人被认为性格倨傲，如果夸奖其性格善良、有教养会让对方更为舒服，也就更愿意进一步地沟通和交往。

（2）三明治技术。三明治技术沟通法是指"先甜后苦再甜"的沟通技巧，当向人表达不同意见时，可以先说一下积极正面的信息，结束的时候，再加上同样积极的意见来中和彼此之间的分歧，这样比直接说不同意见给对方带来的心理情绪体验更好，对方自然更愿意继续沟通下去。举例来说，现在大龄女性经常被父母逼婚，那么遇到这种情况时，可以温和地跟爸爸妈妈说："爸爸妈妈，我知道你们非常关心我的幸福，希望有人能照顾好我，所以希望我早点结婚。但是如果我快速地找一个人结婚，对对方还不了解，到时不幸福怎么办？我之所以晚婚，是希望更理性地去对待婚姻，也希望自己的婚姻更幸福，从而让你们少为我操心。"当父母听到这样的话语时，往往会心里很舒服，因为子女既能理解其心意，又能维护自己的立场，这就是三明治技术沟通法的运用，通过这种沟通方式，往往能快速取得他人的信任与支持。

（3）接受协商法。与他人保持良好的沟通绝不是一味地做老好人，去取悦别人。在人际交往中，当遇到不合理的需求时，既不应该完全沉默，也不应该马上应承下来，要学会照顾自己的情绪，而不是忽视自己的存在，否则虽然照顾了别人的情绪，但是却影响了自己的情绪，同样会影响彼此沟通的进程。在拒绝别人的时候，其实并不一定要硬邦邦地说"不"，而可采用接受协商法，让人觉得心理与情感在维持一种平衡。例如，如果有人邀请你帮忙的时候，你可以先试着答应下来，然后说出自己的真实情况，比如说，你可以讲述自己晚上已经有了活动，如果要帮忙需要推迟到其他时间，问对方是否可以，这个方法尤其适合自己非常重视的朋友，要让对方知道你不是不想帮他/她，而是自己有情况，这样往往对方也会觉得事出有因，更加理解你，也让你与对方的关系更进一步。

如果能够懂得这三个沟通上的心理技巧，并在生活中实践与运用，不仅会让沟通交往更加顺畅，也会赢得更多人的信赖与支持。

3. 人格上的基本技巧——巧识性格类型

物以类聚，人以群分，人际交往中形形色色的人，大致可以归纳为几类，如果针对不同类型的人采用与之相应的沟通技巧，那么进行有效的沟通就不是难事。具体来说，主要有以下几种：

（1）与强势型人的沟通技巧。与强势类型的人沟通，说话办事要沉稳果断，不能拖泥带水。可以多提问一些答案为"是或不是"的问题，在讨论某些具体问题的时候，最后要有一个鲜明的立场和结果；说话的时候，眼睛注视对方额头和鼻尖中间的位置，身体要稍微往对方的方向躬身，说话不要绕弯子，但要注意措辞的礼貌和语气。如果是正式的谈话或者谈判的话，就要有力和有节奏地把项目的条理说清楚，最后充满信心地阐述结果。

（2）与活泼型人的沟通技巧。与活泼外向的人沟通，一定要表现得开朗大方，适当地表现出与其性格相像的一面。与这种类型的人沟通，如果是正式的谈话或者谈判，一定要落到书面上形成文字，否则很容易白谈。如果是聊天不要时常打断其说话，也不要追究细节上的对错，要表现得谈笑风生，比较务虚，但也不要唯唯诺诺，想要说什么，直接表达即可。

（3）与分析型人的沟通技巧。与性格严谨的人沟通，事前要做好准备，比如要是谈事情的话，就要准备好相关的数据和资料，头脑要清晰地对事情有深入了解，靠事实说话。如果是闲聊，态度也要从容而严肃，而且尽量不要离得太近，更不要用手去拍打对方的膝盖或肩膀等部位，聊天时尽量不开玩笑，就一些问题探讨时也要用语准确，适可而止。

（4）与平和型人的沟通技巧。与性格随和的人沟通，谈话的时候尽量多谈对方的情况，如果对方没有问到自己就闭口不谈。说话的时候，要放松下来，时刻保持一个喜欢和对方亲近的态度，说话要像聊家常一样，不要太着急。说话不要太功利和目的性太强，先建立信任关系最重要。总之，无论是语气、声音、内容、态度、方式等都要尽量温和。

实验实训

一、个性名片

目的：帮助学生把自己最想与他人交流的信息简洁明了地公布出来，学会推荐自己。

材料：便笺纸、中性笔、彩笔。

步骤：

1. 给每位同学分发便笺纸和中性笔；

2. 要求每位学生在 5 分钟内，为自己设计一张个性名片，贴在自己胸前；

3. 个性名片要求——不少于 5 条个人信息，除文字外可以采用多种表现形式，可以使用多种颜色的笔；

4. 小组交流，集体分享；

5. 教师采访典型案例，获得信息反馈。

注意：

1.5 条个人信息可以是具体的，也可以是抽象含蓄的，但是要求必须个性化；

2. 教师发现典型案例要进行交流并重点提问，深入挖掘个性特质，帮助学生进一步了解自己；

3. 个性名片的信息可以从以下几个方面考虑：

（1）姓名、昵称、网名、外号；

（2）特长、爱好、兴趣；

（3）崇拜的人、欣赏的人、敬重的人、厌恶的人、痛恨的人；

（4）理想、目标、经历、志向；

（5）对自己的比喻、体型、外貌；

（6）电话、微信、QQ、微博。

二、矛盾 AB 剧

目的：通过角色扮演，使学生看清冲突的症结所在，并培养他们用积极的方式解决矛盾的本领，扫除人际沟通障碍。

剧情：

剧情 1：室友很懒，每次值日都不打扫卫生，引起了全寝室同学的不满；

剧情 2：好朋友向你借作业抄，你不想借，但又碍于情面；

剧情 3：同学未经你的同意就翻看了你的日记。

步骤：

1. 将全体学生分成三组，每个小组先以抽签的方式，选择一个情景；

2. 给定时间商议，如何扮演角色，分析出解决问题的方法；

3. 表演开始时，停止讨论，一组表演时，其他两组注意观察，并做记录；

4. 当所有组都表演完，集体分析各组情景剧的合理与不合理之处；

5. 总结思考扫除人际沟通障碍、化解人际冲突问题的基本方法，如：学会换位思考，宽以待人，积极地进行沟通，以及真诚地表达自己的意见和需求等等。

体验感悟

一、沟通"五力"

有效的语言表达和沟通是说话仪态、语气和内容的良好结合，体现了讲话者的思考。沟通过程中有五种力量，即亲和力、可信力、感染力、推动力和感召力。有亲和力的人会给别人一种轻松、无压力的感觉，能够缓解紧张关系；可信力在许多人际关系中是相互的，信赖别人才能换来别人的信赖；感染力主要跟个人的气质、行为方式等因素有关；推动力则主要表现为一个人在团队中推动目标达成的能力；而感召力则是个人的核心影响力，譬如"孩子王"等。大学就像一个"小社会"，大学生在课堂上、社团里都需要表现自身的能力，这时候良好的沟通表达能力就不可或缺。

请结合"沟通'五力'"谈谈如何提高自身的沟通表达能力。

二、少说多听

苏格拉底曾说："上帝赐予我们两只耳朵，却只给我们一张嘴，就是为了少说多听。"

由此足见"倾听"的重要性，请思考"需要在什么时候做好倾听，才能获得良好的人际关系?"

推荐书籍

[美] 乔治·汤普森，杰里·詹金斯. 柔软对话. 北京：中信出版社，2016.

推荐理由："如果不能用柔软的话去说服对方，也就无法用严肃的话去征服任何人。"《柔软对话》包含了柔软对话学院成立 30 年来的，面向世界各地超百万学员开设的对话课，它不仅是一套课程，还是一本有关交流沟通的"武功秘籍"，一位"语言场上的柔道师"。因为人们总是希望听到令人感到轻松和满怀希望的话语，所以《柔软对话》将为你提供不同寻常的优雅沟通方式——坚定思想与内心、过滤语言攻击、转化矛盾方向、以尊重为基准进行沟通、说出富有力量又不失风度的话语，助你高效解决生活中火星四射的交流沟通困境。不论你是在与强硬的老板就是否应该涨薪而缠斗，还是在好友坚持不懈的邀请下难以说不，或是因为面对丈夫的无理态度不知如何是好，《柔软对话》都将助你顺利俘获对话者的心，让对方站在全新的角度思考对话的整体状况、充分分析彼此需求，最终使你们面临的所有沟通难题全部迎刃而解。《柔软对话》作为风靡全美30年、在世界范围内拥有超百万学员的经典沟通课程，包含了让你在对话中保持优雅而亲密的姿态却又不失主见的上佳沟通技巧，像柔道般柔软，如武术般精准，它正在帮助商业、教育、医疗等领域全球数百万职场精英重新获得话语权，并将引领读者彻底挖掘自身内在的沟通潜能，迅速跻身一流沟通高手的行列。

第四章　跨越沟通代沟　亲子有效沟通

向随便什么人征求意见，叙述自己的痛苦，这会是一种幸
福，可以跟穿越炎热沙漠的不幸者，从天上接到一滴凉水时的
幸福相比。

——司汤达（法国批判现实主义作家）

 **心路历程**

一、家庭故事

"半年没见父母了，好不容易寒假回家，老爸老妈最初几天还是笑脸相
迎，过几天就冷言相向了。"大四的小双同学觉得自己很委屈，平时妈妈在
电话里还很温柔体贴，怎么在家就天天吵架。"要叫几次你才肯吃饭啊，是
不是要我喂到你嘴里才肯吃？别把自己当公主，我今天不伺候你了！"一声
怒吼，把正在刷朋友圈的小双同学吓了一大跳："妈，你至于吗，这么点事
发这么大火，不嫌伤身体啊？"顶撞了几句，老妈更生气了，涕泪交加地说：
"我养的女儿怎么能和我吵架呢？这么多年来一把屎一把尿把你拉扯大，我
容易吗……"实在受不了妈妈这个样子，小双拿起衣服走出了家门，心想：
"真的是距离产生美，现在只想让时间过得快点儿，赶紧开学，老妈看不到
我，就能恢复她温柔的本性了。"

二、亲子沟通零困惑

父母与孩子之间的这种冲突本质上是深层次的观念冲突，是现代文明与

传统文明之间的冲突。如果这种冲突不能通过民主、平等的沟通来解决，极容易影响父母与孩子之间的亲子关系。有学者通过实际调研指出，"目前，仍有相当数量的家长习惯说教，无法与已经步入大学的'00后'子女进行平等的交流"①。这当中自然有父母一代自身的问题，而步入大学的子女要努力的是通过有效沟通改变双方的沟通模式。纵观已有研究，我们发现，在亲子沟通的模式中，保护型亲子关系所占的比例最大，其次为多元型亲子沟通，而放任型和一致型所占比例分别为第三和第四位。保护型家庭的父母总是要求子女服从、顺从，不重视亲子间的沟通，常通过"禁止"亲子间的分歧来获得一种表面和谐的关系，当子女的行为打破了这种表面和谐的关系，父母也许会采用更为严格的方式去应对，比如使用暴力，辱骂子女。多元型的家庭会注重亲子之间积极的沟通与表达，很少对子女施加压力，让子女服从父母的思想和观点。放任型家庭同样不重视亲子之间的沟通和交流，但父母并不对子女施压使他们服从父母，在这样的家庭中，父母与子女都各自追求自己的个人目标，而不关心其他家庭成员的需要和愿望。一致型家庭的父母在沟通问题上鼓励子女提出自己的见解，但他们不能扰乱家庭等级秩序和内部和谐。此外，在亲子沟通的主动性上，女生的主动性要高于男生，非独生子女的主动性要高于独生子女；在亲子沟通的内容上，学习问题一直以来都是最重要的主题，而感情挫折、交友情况与生活费去向是当前"00后"大学生公认的"雷区"。

关于大学生子女与父母的亲子沟通问题，一般大学生子女应该承担主要责任，不管父母的年龄和文化程度如何，他们都应该更多地体谅父母、孝敬父母，尽量不要和父母争辩。当然，沟通问题不能通过回避与父母的沟通来解决，而是要尝试理解父母，也让父母了解自己，通过双方建立有效的沟通来积极解决亲子之间的矛盾冲突。

---

① 樊佩佳. 00后大学生亲子沟通现状成因分析与对策 [J]. 科学咨询（科技·管理），2021（10）：196.

 心理视点

一、大学生与父母亲子沟通的有效性

"情感是维系一切的桥梁",而情感建立在沟通的基础上,就是有血缘关系的亲子也不例外。父母与子女,年龄不同、年代不同、观念不同……所有的不同导致了彼此之间的代沟,如何跨越代沟做到沟通无碍,需要讲究沟通的"有效性"。

(一)亲子有效沟通的基本概念

"亲子有效沟通"是在整合"亲子沟通"和"有效沟通"两个概念基础上提出的一个新概念。所以在理解"亲子有效沟通"概念之前,要弄清楚"亲子沟通"和"有效沟通"的概念。"有效沟通"在第一章已经做过详细解释,它强调的是信息传递的准确性、真实性及结果的积极性、正向性,在此不再赘述。

1. 亲子沟通的概念

"亲子沟通"指父母与子女通过信息、观点、情感或态度的交流,达到增强情感联系或解决问题等目的的过程。① 故而,亲子沟通即是限定了沟通对象的一种特殊沟通,即父母与子女之间的信息交流过程,而本章的"亲子沟通"特指大学生子女与其父母之间的沟通,重点关注大学生如何做好与父母的沟通。每个家庭亲子沟通的类型各不相同,不同类型的亲子沟通,其沟通质量和效果也不同。

2. 亲子有效的沟通

根据"亲子沟通"和"有效沟通"的定义,"亲子有效沟通"是指父母与子女之间,通过语言、文字、表情等语言和非语言方式,及时、准确、完整地传递信息,且信息被对方正确接收和解读,确保亲子之间交流有效的过程,最终双方达成双赢且和谐的共识。它一般具有以下特征:亲子间有明确

---

① 陈秋香,宁玉珊,黄钰茜,等. 大学生亲子沟通的现状研究 [J]. 当代教育实践与教学研究,2017(12):247.

的沟通目标、重视每个细节、适应主观和客观环境的突然变化、注重说和听等沟通方式的安排等。

（二）亲子有效沟通的重要意义

持续且有效的亲子沟通有助于和谐亲子关系的建立，从而有助于大学生身心健康地成长。国内外研究均已发现，亲子沟通对青少年的自尊、健康行为、性行为、应对行为等都有重要的影响。良好的亲子沟通能够提高大学生的自尊及主观幸福感，减少孤独感，优化竞争态度等；而不良的亲子沟通对大学生的内隐问题行为和外显问题行为，比如网络成瘾、情感暴力、反社会行为等均有很大影响。具体而言，亲子有效沟通的意义有以下几个方面：

1. 亲子有效沟通是促进大学生人格完善的重要途径

大学生一般处于 20 岁左右的年纪，正处在人格形成和发展的关键时期，这一时期如何培养和塑造人格，成为独立、自主、有责任感、有道德感的合格大学生将直接影响大学生走向社会以后的适应和发展问题。21 世纪需要的是德才兼备的优秀人才，蒙牛乳业集团创始人牛根生先生就曾说："有德有才，破格重用；有德无才，培养使用；有才无德，限制使用；无德无才，坚决不用。"所以，在当前竞争越来越激烈的就业市场中，大学生想要脱颖而出必须完善好自我的人格。人格的完善不仅受到学校教育的影响，而且受到家庭教育的影响。家庭教育的基础则是亲子沟通，有效的亲子沟通才能最大限度发挥家庭教育的作用。父母是孩子的第一任老师，也是影响最深、最了解孩子的老师，孩子的脾气秉性在与父母的沟通中受到潜移默化的影响。进入大学之前，大学生和父母生活在一起，受到父母的言传身教的影响；进入大学之后，大学生离开父母住校，父母的言传成了家庭教育的主要方式，这个时候大学生与父母之间的沟通质量就显得尤为重要。

2. 亲子有效沟通是提高大学生心理健康水平的法宝

亲子有效沟通强调的是"亲子之间的信息被对方正确接收和解读，并确保亲子之间交流有效"，这样的沟通对于大学生维持心理健康状态具有不容忽视的价值。因为父母是大学生社会支持系统最主要，也是最重要的来源。有效的亲子沟通能够让父母这一社会支持的利用率提升，从而提高大学生的心理健康水平。已有研究表明，得到社会支持的大学生，其抑郁水平越低[①]，乐观倾向越高[②]。在高校心理咨询工作中也有不少这方面的负面案例，可以说"每一个心理欠佳的大学生其亲子沟通都或多或少存在一定的问题"。比如，曾经有一位大一的男生，上课状态萎靡，期末每门功课都挂科，在寝室里也少言寡语，室友关系糟糕，辅导员将他带到了心理咨询室寻求心理咨询老师的帮助。在谈话中，心理咨询老师发现，他与父母的关系紧张，曾经因为不听话被父亲二话不说一顿毒打，而他也不解释直接离家出走，最后被父母找回，而母亲则经常以"废物"来称呼他，所以他不喜欢待在家里，也没有什么兴趣爱好，对生活也是一副无所谓的样子，时而出现抑郁情绪。

3. 亲子有效沟通是化解大学生成长冲突事件的神器

大学生进入大学这个小型社会，会接触到与以往不同的人、事、物，这些不同会给其思想观念带来很多冲击，引发成长中的冲突事件，比如，学习方式的大转变、生活方式的大转变等等。当大学生遇到这些冲突时，如果能够第一时间和父母积极沟通，社会和生活经验都更丰富的父母可以给予帮助，给大学生子女答疑解惑，使其顺利度过冲突期。当然，在与父母的沟通过程中，大学生子女可能因为接受了新鲜的事物和观点而与父母产生一定的冲突，这个时候就更需要保持与父母的有效沟通，让父母更好地了解自己，进而理解自己，避免因为代际差异加剧所带来的冲突。所以，亲子沟通模式不是一成不变的，它是动态变化的一个过程。大学生进入大学以后，因为远距离和新事物而与父母产生新的冲突，这很可能会破坏原有的较好的亲子沟通模式，这个时候双方需继续有效沟通探索新的模式以解决新的冲突，而不是回避沟通或者无效沟通，这样做不但不能解决新增的冲突，还会因为破坏原有的沟通模式又无法建立新的沟通模式而影响彼此的亲子关系。

（三）亲子有效沟通的四大准则

万事皆有"方"，有效沟通有基本原则，特定在亲子关系上，也有它独

---

① 杨春潇，张大均，梁英豪，等. 大学生社会支持与抑郁情绪关系的 meta 分析［J］. 中国心理卫生杂志，2016，30（12）：939-945.

② 朱美侠，蔡丹，武云露，等. 大学生社会支持对乐观倾向的影响：心理弹性与心理一致感的中介作用［J］. 心理科学，2016，39（2）：371.

有的有效原则，主要包括以下四点：

1. 摆正心态，降低期待——奠定亲子有效沟通的基础

任何事情，理想和现实终究是有差距的，所以，子女并不可能拥有理想中完美的父母。现实生活中，甲可能羡慕乙家"放养式教育"的父母，而乙却羡慕甲家"精养式教育"的父母，这就是常见的"别人手里的东西更香""得不到的才是最好"的心理现象。如果子女带着这样的心理跟父母沟通，则是一开始就设定了沟通的心理障碍，因为你心里对父母就是诸如"你们不是我喜欢的""你们不是我期望的"等等不好的假设。所以，如果要与父母进行有效的沟通，大学生首先要摆正心态，降低期待，从心理上接受自己现实中并不完美的父母。因为年龄差距，大学生和父母之间是不可避免地存在代沟的，观念、看法及行为都有很大的差异，很多时候是互相不认可的，而作为经历经验更为丰富的父母，出于对子女的关爱，经常会从自己的角度出发用自己的道理去说教子女，很多时候哪怕知道自己错了，也很难主动承认。这可能是大多数大学生都遇到过的情况，如果能够承认并接受这样的现实，以一颗尊敬且包容的心跟父母沟通，那么在遇到亲子冲突问题时就能够更加冷静地去对待和处理。

2. 主动表达，拒绝静默——把握亲子有效沟通的前提

有效沟通的前提是"有沟通"，"零沟通"是不可能实现有效沟通的。所以，大学生想和父母有效沟通，就要主动表达，拒绝静默。具体来说，一方面，想要父母了解自己，就要积极主动地跟父母表达自己的想法，告诉父母应怎样对待自己，告诉父母自己对其说教的看法，告诉父母自己做事情的原因等等，而且不能只是单向表达，而是要确保父母真正听懂了自己的想法，当然这就要求自己冷静地听完并且听懂父母平时的说教，否则不能客观合理地给予反驳，父母自然是很难接受的。另一方面，想要父母了解自己，就要尽量避免使用"静默"的沟通方式，比如，在父母跟自己聊天的时候不要心不在焉地用"哦""知道了"等词敷衍地回复，假期在家跟父母坐一起时不要一直捧着手机做低头族，也不要晚睡晚起跟父母错开生物钟，这些行为表面上看似减少了和父母发生冲突的机会，实则是以减少沟通机会为代价的"零沟通"，长此以往会形成不良的亲子沟通模式，给有效沟通带来阻碍。

3. 换位思考，力求共情——建立亲子有效沟通的桥梁

父母和作为子女的大学生生长在不同的时代，生活的社会背景、家庭环境及人生阅历完全不同，在亲子关系中父母和子女所扮演的角色也不同，而且尽管父母和子女是亲生关系，但是双方的性格也存在差异，所以父母和大学生往往思考问题的出发点和思维方式迥异，这都是建立有效亲子沟通不容忽视的问题。正所谓"好的沟通者通常清楚自己内在的过程，也留意他人的感受"，这一点在亲子沟通中也是适用的，可以说，亲子间有效沟通的关键就在于父母和子女双方高度的自我觉察和对对方的敏感度，这就需要亲子双方积极进行换位思考，力求在沟通中达到共情的良好状态。因为父母已是思维方式相对固定的中老年人，充分地换位思考对于他们有一定的难度，同时也出于对长辈的尊重，作为子女的大学生应该更加积极主动地在与父母的沟通中努力做到充分地换位思考。具体来说，可以多跟父母探讨对同一问题的看法和感受，产生思想观念冲突时说出自己的观点及相应的原因，在家多体验父母承担的家庭任务……这些思想的交换和行为的体验都可以促进相互的了解和理解，促进彼此共情的形成。

4. 注重方式，增加交集——开拓亲子有效沟通的渠道

在进入大学之前，大学生和父母一起生活，而进入大学之后，大学生开始集体生活，这就在客观上与父母产生了实际距离，与父母的"交集"也相应减少，面对面沟通交流的机会也就随之减少，这也意味着互相了解的机会减少。如果要保持与父母的有效沟通，大学生需要学会积极地通过不同的方式和父母分享自己的学习、生活及思想等，保持对彼此的了解。比如，平时在校时通过打电话、聊微信等即时通信方式与父母分享自己的大学生活，通过网络平台关注父母的生活动态，和父母在微信朋友圈进行互动等；放假在家时抓住机会面对面和父母聊聊学校里的事儿，还可以和父母一起参加一些网络或者公益活动，一起进行一项运动或者游戏，一起外出旅行游玩，到父母单位实习体验他们的工作等，这些都能增加彼此的交集，让自己更了解父母，理解他们的教育，同时也能让父母更了解自己，更好地理解自己，从而形成亲子间的有效沟通。

二、大学生与父母亲子沟通的常见误区

随着年龄的增长和自我意识的增强，大学生与父母的沟通问题普遍存在并日益突出，很多大学生能和同龄人侃侃而谈，但是与父母却没有太多共同话题，造成了大学生与父母之间的隔阂。

（一）亲子沟通的错误方式

沟通方式不同产生的沟通效果不同，而错误的亲子沟通方式则往往使得父母和子女"沟"而不"通"，并且错误的沟通方式在家庭内部是会互相传染的，导致一种不良沟通的恶性循环，伤害彼此的亲子关系。想要改善错误的亲子沟通方式，需要有人采用良好的沟通方式来打破这种恶性循环，那么作为子女的大学生不妨主动一些，反思自己家庭内部错误的亲子沟通方式。亲子沟通的错误方式从实际来看，大致可以分为以下 4 种类型：

1. 指责埋怨型沟通

"哎呀！床单被套你还要带回来洗，真的把我当成你一辈子的佣人啦！"（母亲）

"你还没玩够啊！论文还写不写，要不要毕业了！"（父亲）

"妈，你快点，我就说让你别拿那么多，你看现在要赶不上车了吧！"（大学生子女）

……

这些语句体现出一个共同特征——指责和埋怨。指责埋怨型沟通往往在家庭中形成"家庭相互指责黑三角"。在这样一个"黑三角"中，每个人都有可能有一个较为固定的指责对象，家庭问题往往在相互指责和埋怨中不了了之、不欢而散，问题最终并未真正解决，成为一个未了结事件遗留下来，就犹如雨天背稻草，越背越重。家庭未了结事件越多，家庭生活越是沉闷或紧张。这是一种很具破坏功能的家庭沟通方式，被指责者要不逆来顺受，要不一味反击，而这对正在成长中的大学生完善人格是极为不利的。

比如，母亲："你成天就知道自己的工作，从来也不关心儿子，你看他这学期期末好几门课不及格！"父亲："养这个家容易吗？我没日没夜地忙，

为了什么？叫你少打牌，多给儿子打电话，问问他情况。你倒好，可以一个月不打电话。"儿子："别吵了！你们看看人家的爸爸、妈妈，谁像你们只顾自己！我不及格就是你们害的！"……这样的沟通是解决不了问题的，反而会让家庭矛盾升级，亲子冲突加剧。对作为大学生的儿子来说，他很可能会形成一种只知道埋怨外界的人格特点，这对其今后的学习、生活和工作都是有害无利的。所以，大学生如果发现自己家庭内部的沟通方式是指责埋怨型，首先应从自己开始停止指责和埋怨，同时心平气和地向父母解释自己的想法和行为，力求带领父母一起走出指责埋怨的怪圈。

2. 迁就讨好型沟通

"哎呀！妈妈不知道这个菜你不喜欢吃，将就着少吃点。你想吃什么？我明天再去买。"（母亲）

"我都跟您说过多少次了我不喜欢吃这个！"（大学生子女）

"怎么，我给你买的这个纸不对啊？对不起，我明天再去重新买。"（父亲）

"我都给您看了您还能买错的，我今天就要用的呀！"（大学生子女）

……

这些对话中往往是父母一味迁就讨好，而作为子女的大学生回复任性。迁就讨好型沟通的家庭，父母表面上迁就宠爱子女，实则并不是真正地爱孩子。大学生在这样的家庭沟通环境中很容易养成依赖而又固执、软弱而又任性等不良人格特点，并且往往在家庭内部表现得自我、任性，在家庭外部却像家中的父母一样去迁就讨好别人，甚至等到日后自己组建小家庭，又把这种迁就讨好的沟通方式带入其中。

比如，女儿："爸，妈！你们这弄的什么呀？让你们给我准备的是万向轮的行李箱，这只有两个轮的，我出国这么多东西拖着多不方便，多累啊！"父亲："啊？弄错了呀！宝贝不要急，让你妈明天再去给你买一个新的。"母亲："哎呀！我买错了呀！都怪我，老板说这个容量最大，我还想着你东西能多带点。那我明天去找他换那个万向轮的。你放心，妈妈一定给你弄好，别着急啊！"……子女在这种迁就讨好型沟通方式下，往往只要父母迁就自己，自己却很少迁就父母，表现出来的就是自我、任性，这对成长为独立人格的责任个体是非常不利的。另外，这种沟通其实并不是真正解决问题的沟通，是通过回避问题来"解决"问题，也是一种缺乏建设性功能的沟通。所以，大学生如果发现自己家庭内部的沟通方式是迁就讨好型，请拒绝父母的这种好意，做到自己的事情自己做，也多真正关心父母的需求，体谅和迁就他们一些，在相互"迁就"中形成相互关心的真挚、平等的沟通关系。

3. 打岔啰唆型沟通

"妈妈，今天校运动会上，我们班得了年级第一名，真开心！"（大学生子女）

"哎哟，听你气喘吁吁的，流了很多汗吧，快去洗洗，及时穿上衣服，别着凉！"（母亲）

"知道了！对了，妈妈，我们这周末要去春游，每个人要交150元钱。这不是到月底了吗，这个月生活费不够了，你给我转点呗！"（大学生子女）

"又要钱了啊？你从开学到现在，花了多少钱了呦，每个月的生活费我们还比别人给得多，你也都月月用完。我们那个时候春游，就带上一瓶白开水、两块烧饼，自己走到郊外，根本不要买票。你看看现在，一个月光水电费就是好几百，你春游要交钱，肯定还要带点零用钱，钱不好挣噢……"（母亲）

        ……

这类沟通对话，父母和子女看似说得很热闹，但各说各的，没有实质性的互动，好似两个自言自语的人，没有关注到对方说话的重点。打岔啰唆型沟通一般发生在父母身上比较多，尤其多出现在母亲身上及一些关注琐事的父亲身上，这类父母不太关心子女真正的情感，自己往往在现实生活中被许多琐事缠绕，给子女最大的感受就是唠叨、烦人。作为子女的大学生说一句话，打岔啰唆型沟通的父母可以说一堆的话和事，但却没有实际解决子女的问题。

打岔啰唆型沟通最大的问题是父母和子女双方的对话可能持续较长时间，但是互相只在各自的频道上，得不到对方有效的反馈，导致一方（往往是家长）在喋喋不休，另一方（往往是孩子）则陷入烦躁、焦虑，盼望着这种唠叨早点结束，对方（家长）说了什么根本没有听进去。所以这种沟通方式是无效的，非但不能解决问题，而且容易造成作为子女的大学生出现逆反和抵触情绪。更关键的是，往往大学生子女抵触的并不是父母所说的内容，而是抵触父母的唠叨，因而如果父母说的是有道理的话，也会被拒绝在外。所以，大学生如果发现自己家庭内部的沟通方式是打岔啰唆型，要尽量控制自己的情绪，心平气和地听完父母的唠叨，汲取其中真正有道理的部分，并且抓住自己需要解决问题的重点跟父母强调，避免父母说太多无关的事情，适当的时候也可以委婉地跟他们反馈啰唆的问题，跟父母一起努力改变这种错误的家庭沟通方式。

4. 超理智型沟通

"妈妈，我要买双运动鞋。"（大学生子女）

"为什么要买?"（母亲）

"原来那个不好穿了。"（大学生子女）

"刚买不久的怎么不好了? 你怎么这么不爱惜东西?"……"好了，下次可要注意了，女孩子要知道爱惜衣物。"（母亲）

……

这种沟通方式主要是父母往往用"规矩"高要求地约束子女，并且是忽视优点，抓住缺点地看待，几乎抓住一切机会不断地敲打、警示子女，然而自己并不一定都能做到，因而又缺乏说服力。所以常常导致作为子女的大学生在家可能是听话的"乖孩子"，而在外则释放来自家庭的压抑，表现出逆反心理，做出一些不合"规矩"的事情，尤其是我们的大学生远离父母、家庭在外求学，受到父母约束的机会相比过去的中学时代要少，有更多的机会去逃离和释放。

其实超理智沟通方式是一种缺少情感关注和交流的沟通，特别容易产生亲子情感障碍。对于父母的约束，大学生或是表面接受、内心反抗，无奈之下只能压抑，又或是真正接受，但自信心受到打击，在这种家庭沟通方式中的大学生往往会表现得自我质疑、缺少热情，受父母严格约束的影响也会出现固执，甚至偏执的性格特点，这些往往会在进入大学及社会之初出现人际适应问题。并且，一旦受到家庭内部沟通方式的传染，大学生如果也以这种高要求对待身边的同学朋友，很容易产生人际冲突。所以，大学生如果发现自己家庭内部的沟通方式是超理智型，一定要提高警惕，要客观地认识和看待自己，肯定自己的优点，也辩证地看待父母的要求，改进自己的缺点，同时多跟父母表达自己的想法和情感，以求父母的理解，避免产生在外的补偿性负性表达。

（二）亲子沟通的问题表现

"易信"在 2016 年 10 月曾对 3578 名大学生展开过一项亲子沟通调研，该调研除了对大学生与父母的亲子沟通频率、倾向、时间、内容等问题进行调查，还评选出最让父母伤心的 5 句话，按排名分别是："你别管我。""我在忙，没空。""不回家了。""说了你也不懂。""好了好了，我知道了。"还有学者对"00 后"大学生在亲子沟通中出现问题的原因进行了统计分析，结果显示，57.14% 的被试大学生认为亲子沟通出现问题是由于思想观念与价值观不同，41.8% 的被试大学生认为是由于亲子沟通方式和技巧不当，89.7% 被试大学生认为亲子间应换位思考，相互理解。[①] 由此可见，当前的大学生与父母之间的沟通是存在各种各样问题的，归纳起来主要有以下几个方面。

1. 做法欠佳

亲子沟通做法欠佳的问题从大学生子女的角度来看，常见的有以下两种：第一，无事不登三宝殿。很大一部分大学生跟父母联系往往是遇到问题需要父母提供帮助的时候，平日里的问候关心相对较少。父母对孩子的付出是无私的，但是这种付出并不是理所当然的，大学生这种无事不登三宝殿的做法会让父母感到心寒，不利于彼此感情的维护。第二，事一关己避而不谈。绝大多数大学生在跟父母通话或者在家中聊天时不太主动与其说关于自己的事情，包括学习、生活、感情等等，总觉得自己长大了不需要爸妈再像小孩子一样管着了，往往父母问一句答一句，或者顾左右而言他，甚至干脆用"你别管""你不知道的"等一些话搪塞，这种做法无疑在拉开彼此之间的距离，阻碍沟通的发展。

① 樊佩佳. 00 后大学生亲子沟通现状成因分析与对策 [J]. 科学咨询，2021（10）：196.

2. 内容狭窄

大学生亲子沟通的内容相对是比较狭窄的，主要集中在"生活费""学习情况"及"生活琐事"上，比较敏感的"情感问题""问题行为"等则较少涉及。一方面，大学生随着年龄的增长，自我意识进一步增强，渴望个体的独立空间和隐私内容，很少主动跟父母提及情感等私密性事件。另一方面，虽然"00后"大学生的父母相对更加开明，但是公认的一点是"大学生的主要任务仍是学习"，鉴于此，多数大学生还是不太愿意主动和父母谈及情感问题，担心父母对此的唠叨和干涉，即使谈及情感问题，也会回避"性"问题，在这一问题上父母亦是如此，而正确的性教育恰恰是大学生所需要的。对于问题行为，大学生往往抱着"报喜不报忧"的心态，也不会跟父母分享，其实行为问题的改善是需要家庭情感支持的。

3. 时间缺少

大学生与父母缺少沟通时间，有主体内在的原因，也有外在环境的影响。首先，大学生心理特征上表现出较强的独立意识和成人感，渴望在自由、平等的气氛中同父母交流思想感情，不愿受到父母的忽视和压制，因而他们大多数乐于和同龄人交谈，不愿意同父母谈心；再者，随着社会的飞速发展，年轻且善于学习的大学生能够很快地掌握并运用新兴事物和语言，而传统又年长的父母则很少或者说较难掌握并运用新兴事物和语言，两代人之间的代际差异随着时间的推移日益明显，大学生存在着同父母沟通理解上的、观念认识偏差上的种种障碍。因而，大学生很少与父母沟通，或根本不愿与父母交流，加上多数大学生父母尚处于事业的一个发展期，很多时候工作繁忙，又不善于与子女沟通，所以亲子沟通的时间就变得越来越少。

4. 时机不当

大学生与父母沟通时机不当主要包括情绪不当和场合不当。无论在大学生自己情绪不佳还是在父母情绪不佳的时候去进行亲子沟通都是不当的时机，因为人在情绪不佳状态下容易激动，会说出一些不理智的话。大学生的父母不少正好到了更年期，容易着急上火，因而子女稍不注意就碰上父母情绪不佳，这就是所谓的"青春期撞上更年期"，加上当今社会越来越激烈的竞争和挑战，大学生的学习、发展压力，父母的工作、生活压力倍增，彼此都更容易产生情绪波动。所以，要在双方情绪俱佳的情况下进行亲子沟通需要共同努力。最糟糕的情况是在情绪不当的时候碰上场合不当，如果在家里，大学生和父母产生沟通上的冲突甚至争吵，可以关起门来解决；而如果碰巧在公共场合，就容易在情绪激动的情况下伤及对方的面子，对处于长辈地位的父母是，对已经长大越来越关注自我的大学生也是。因此，时机不当的沟通对亲子关系极具破坏力。

（三）亲子沟通的影响因素

有因才有果，要想达到良好而有效的亲子沟通状态，需要对影响亲子沟通的因素进行深入了解和分析。大学生主动探究影响亲子沟通的因素，有助于其提高自我认识及对与父母的亲子沟通状态的觉察能力，可有效促进双方沟通状态的改善。

1. 来自家庭方面的原因

家庭因素是影响大学生与父母亲子沟通的首要原因。首先，家庭结构在大学生亲子沟通中影响较大。随着社会的发展和对外信息交流的扩大，我国婚恋观变得更加自由开放，现如今闪婚、裸婚等一系列婚姻形式在生活中很常见，离婚也逐渐变得习以为常。重组或者单亲家庭，很容易使作为子女的大学生身心得不到足够的爱护，缺乏安全感，导致其不愿、不敢跟父母交流，阻碍彼此亲子关系的建立，这对大学生性格的养成也造成影响。有研究发现，离异家庭的孩子同其父母的沟通要比与同伴的沟通更加困难。其次，家庭环境也是影响亲子沟通的重要因素。早在1995年就有研究通过对335个家庭4年的跟踪调查发现，在温暖、支持的家庭环境中，父母与青少年能够更为直接、开放、充满耐心地讨论相互之间的分歧，较少出现沟通的困难和问题，并且亲子沟通和亲子关系会不断得到改善，从而向良性循环发展，沟通问题也更少；而在敌意、强制的家庭环境中，亲子之间在沟通时，经常相互抱怨、缺乏耐心，对冲突经常采取回避态度并且亲子沟通难度加大，问题增多，很可能形成恶性循环。该调查还发现，不同的家庭环境对亲子沟通的影响具有持续效应。① 对"00后"大学生与父母沟通状况调查的结果也再次证实这一点，感受到家庭的情感温暖和父母的理解越多的大学生与父母沟通亲密感水平会越高，而被父母拒绝否认越多的大学生与父母沟通亲密感水平会越低。②

2. 来自教育方面的原因

影响大学生与父母亲子沟通的还有很大一部分原因来自教育。首先是当代大学生缺乏情商教育。我国九年义务教育，始终还是摆脱不了应试教育的影响，从小学至高中，大多都在为考试而教育，一味提升智商而相对忽视了情商的培养，故而大学生进入大学后大多也忽视个人人文精神的提升。这种缺乏情商培养的教育方式不仅会造成大学生与父母的沟通产生障碍，未来与人沟通也会存在隔阂。其次是家庭教育方式不当。在当代中国，大约有七成以上的家长对子女采取的教育方式过于偏激，或是太过溺爱，或是太过严厉。这与家长的受教育水平有一定关系。溺爱型的家庭中，父母往往因为受"重男轻女""老来得子""独生子"等旧观念的影响溺爱自己的孩子，而过分的溺爱会使子女性格偏向自我，不在意他人的感受，这类大学生容易把父母的付出看作理所应当，因此缺乏沟通或联络的主动性；而受到严厉苛责或打骂的子女则会形成心理阴影，遇到问题时对外界自我封闭，对家庭产生消极心理，最终演化成现如今那些"冷暖自知"的大学生。那些不溺爱或者严苛孩子的父母，往往软硬兼施，且多数受过良好的教育，所以其教育方式更优，他们在行为礼貌、言语关怀、心理安慰方面有标榜作用，一举一动都会影响子女的行为习惯。这一系列的教养方式会让这部分大学生在做事之前考虑他人，因而亲子沟通状况也比较良好。

3. 来自社会方面的原因

影响大学生亲子沟通的另一原因来自社会。社会的急剧变革，造成一代人与另一代人的社会化过程、社会经历不同，从而使各自群体中心观较为悬殊，不同时代的人会形成各自独特的价值观，对同一现象或一系列社会现象

---

① Rueter M, Conger R D. Antecedents of Parent-Adolescent Disagreements [J]. Journal of Marriage & the Family, 1995：57.

② 孙芹红，牛盾，魏人杰，等. 当代大学生与父母的沟通状况调查 [J]. 校园心理，2018，16 (1)：34.

有不同的看法。这势必就造成两代人在认识、价值观念上出现明显的差异。当前中国社会的父母和子女就是中国社会转型下的两代人，自然存在代际观念差异。首先生活经历差别是两代人最明显的差异。其次是价值取向的差别。两代人的文化背景差异是产生价值取向差别的重要原因之一。各种差异造成了两代人在沟通上的阻碍。另外，由于我国计划生育政策，当代社会独生子女众多，家庭所有的希望都寄托在一个孩子身上，所以大多数父母都对大学生寄予较高的期望。这对大学生造成了无形的压力，使其心理上抗拒自己的父母，并害怕与他们进行沟通。大学生活中学生的压力来自学业与就业，同一所学校学生之间的竞争及未来步入社会后人与人之间的竞争都不可避免，大学生对压力的过分在意导致其忽略了亲情，甚至对与父母沟通产生了烦躁心理。同时，当代社会科技的高速发展也使亲情淡化。各种科技产品贯穿于日常生活，大学生脱离了义务教育中学习与行为的严格束缚，步入大学后更加频繁地使用高科技产品。有些大学生沉迷网络游戏无法自拔，更有甚者投入网络中的虚拟世界向父母骗取费用，忽视父母的生活现状和心理感受。

三、大学生与父母亲子沟通的科学知识

当今世界最有影响力之一的思想家哈贝马斯认为，在现代社会，交往行为是拯救人性的最合理的行为。从心理学的角度讲，人际沟通就好比"生命输氧"，人际沟通渠道不畅，将会使人的生命意识、生存信念像心脏缺氧一样趋向萎缩和灭亡。由此可见沟通能力对在社会中生存发展的重要性。而大学生与父母之间的亲子有效沟通能在彼此之间搭建一座桥梁，增进相互了解，促进相互尊重，不仅能使彼此之间形成融洽、轻松、和谐的亲子关系，而且能帮助大学生掌握与人沟通的能力和技巧，促进自身健康成长和发展成才。因此，大学生子女应该学会如何与父母进行有效的亲子沟通，掌握方法和技巧，使与父母的沟通变得顺畅，同时也在亲子沟通中提升自己的沟通能力，让自己更好地在今后的生活及工作中成长发展。

（一）掌握亲子沟通的方法

亲子沟通区别于一般沟通的关键是沟通双方的亲子关系，在这层关系下，沟通中的父母会比对一般人更包容子女，而子女会比对一般人更大胆言语，

结果反而会更容易发生"言语伤心"的沟通问题。古语有云："良言一句三冬暖，恶语伤人六月寒。"这在亲子沟通中也是一样存在的，如果作为子女的大学生因为父母的包容、爱护，在跟父母沟通中言语过于随意，就很容易伤父母的心，而这种情感和精神上的伤害比肉体上的伤害更加痛苦难受和难以修复，哪怕父母会无条件原谅和接受子女，子女也不应该用不当的语言对待父母。所以，作为子女的大学生需要学习和掌握与父母亲子沟通的方法，营造温馨而和谐的沟通氛围，促进和父母的有效沟通。

1. 坚持非暴力沟通

"非暴力沟通"由国际非暴力沟通中心创始人心理学博士马歇尔·卢森堡（Marshall Rosenberg）提出，它是一种沟通方式，依照它来谈话和聆听，能使人们情意相通，和谐相处。一般人际沟通需要非暴力沟通，而亲子沟通更需要非暴力沟通。在现实生活中，人们经常有这样的体验——在外面跟别人能够好好沟通交谈，在家里跟父母却经常争执吵架。出现这一情况的最大原因是在以往经历中子女发现父母往往会无限包容自己，哪怕有过争吵，之后他们还会是相亲相爱的一家人。但是，要清楚知道的是，"粗暴"的语言并不是没有伤到父母，而是父母选择包容，父母的包容源于对子女的爱。所以，作为子女的大学生也应该选择一种"爱的语言"来跟父母沟通，这就是所谓的"非暴力沟通"。而做到"非暴力沟通"，最重要的是做到两点：一是管住自己的情绪，二是慎用表达的方式。

（1）避免过度情绪化。情绪是一团"火"，它很容易把人烧着，不仅烧着自己，也烧着他人。大学生与父母是最亲密、最熟悉的家人，有着最紧密的关系，他们共同关注和参与的事情最多，所以发生意见不一致的情况也最多。当与父母意见不一致时，有的人暴跳如雷，跟父母顶嘴争执，有的人沉默回避，跟父母冷战到底。其实不管是激烈地争吵，还是沉默地冷战，这一动一静，实则都是极端的情绪表达，可以发泄一时的不满情绪，却也伤害了和父母的感情，并且在极端情绪中人很容易说出不理智的话，做出不理智的事儿，比如说"你们就当没生过我""我没有你们这样的父母""你们别管我的事儿"、离家出走、电话失联、绝食等等，这些话和事都不利于彼此建立温馨而和谐的亲子关系，当身为子女的大学生最终冷静下来时，往往也会后悔自己的所作所为。与父母发生意见不一致的情况时，产生情绪是难免的，但是要学会将它控制在适度范围内，不要让它反过来控制自己，控制好情绪时，再跟父母去沟通意见分歧，这样能达到沟通目的，并会事半功倍。

（2）先肯定后否定。控制好情绪再跟父母沟通分歧也是讲究方法的，否则一旦不能满足自己的沟通需求，达不到自己的沟通目的，很容易再次激化情绪，使得情绪控制难度升级。在与父母沟通分歧时不妨先肯定父母意见中有道理的部分，再去表达和解释自己的不同看法。这么做，无论从理性还是感性角度来看都是有利的。首先，从理性角度考虑，哪怕自己和父母的时代完全不一样，也总有相通之处，毕竟父母有更多的经验经历，考虑事情会更全面，其意见或多或少总有在理的部分，抛开情绪，冷静、客观地思考后，这一点是不难发现的。其次，从感性角度考虑，一方面，肯定父母是一种无条件尊重，父母无论如何都是最亲的长辈，理应尊重对待，尊重其观点也是表现之一，所以无论如何也应该听父母说完其观点，而不是盯住意见与之争执不休，并且当你尊重父母的同时，父母也一定会更尊重你，更愿意听你把想法说完；另一方面，肯定父母是一种情感性策略，肯定虽然没有赞美那么让人心醉，但是也是一种正向反馈，会让人心情愉悦，那么反过来当你表达你的想法或意见的时候，父母也更有可能耐心地听完，也会更客观地思考判断，而不是被怒火点着激动否定。

2. 努力掌握元沟通

心理学家认为，除了元沟通，没有任何其他方法可以纠正受到干扰的沟通，它是所有成功沟通的必要条件。[1] 普通人对"元沟通"这个概念可能比较陌生，它是从心理学角度提出的概念，指的是对沟通的沟通，通俗来讲，即是指对沟通过程进行积极主动的监控和调节。诗云："不识庐山真面目，只缘身在此山中"，说的是身在其中不自知，这一现象在沟通中也是一样的，人们往往对自己的沟通状态不甚了解，所以也很难去发现其中的问题，更不用说有针对性地去解决沟通问题。一般的沟通尚且如此，亲子沟通就更容易出现这样的问题，子女会理所当然地认为跟父母从小到大生活在一起，彼此

---

[1] 弗德曼·舒茨·冯·图恩. 沟通的力量：极简沟通的四维模型 [M]. 冯珊珊，译. 天津：天津人民出版社，2020：72.

的沟通自然而然，其实有些大学生与父母之间已经形成了固化的沟通模式，这个模式并不理想，双方时常会产生沟通障碍，导致以争吵、冷战等负性结果收场。

对此，大学生学习和掌握元沟通是解决与父母的沟通问题的最有效方法之一。具体来说，需要注意以下两点：一是元沟通需要双方共同努力。元沟通不是大学生自己单方面可以完成的，它需要大学生和父母同时跳出并远离原有的"沟通斗争"，作为彼此"沟通斗争"的观察者和指挥者，对其过程进行讨论，包括作为信息发送者时如何编码和发送信息，作为信息接收者时如何解码和接收信息，最终得出彼此应该如何相处。二是真正的元沟通解决的是实际问题。大学生需要和父母一起讨论的是沟通过程中引起彼此争吵的问题，目的是避免信息编码和解码不对等而引起的争吵（比如，子女：您可别怀疑我！父母：哦，不是，我说"你会吗?"并不是在质疑你的能力，而是想帮你一起完成。子女：哦，我还以为您不信任我，所以有点不服气。），而并非作为两个局外人去客观、科学地分析彼此的沟通事件（比如，子女：我认为您对我的看法和我认为的不一样）。所以，作为子女的大学生不妨大胆邀请父母一起进行元沟通，说出问题，去寻找彼此"沟通斗争"的真相，寻找亲子沟通的有效方法，避免与父母发生舌战。

（二）提高亲子沟通的技巧

大学生作为子女不能用一种非好即坏的眼光评价父母，人无完人，父母的爱是有局限性的，但这并不妨碍和父母的沟通。只要用心去发现，就一定可以从父母啰唆、严格、不近人情的表面发现其"爱子之心"。同时，大学生也应该试着更了解自己，进而去改变自己，去学习如何与父母更好地沟通。

1. 正确认识自己

正确认识自己是改善亲子沟通的首要环节。只有正确认识自己当前的亲子沟通状态，才能有的放矢地去改变。认识并反思自己与父母沟通的方式，是粗暴型、回避型，还是积极型、开放型。沟通是相互的，父母的沟通方式会影响子女的沟通意愿，而子女的沟通态度也会影响父母的回应方式。假如子女以消极的沟通方式对待父母，不仅会使父母伤心，也会导致彼此关系愈加疏离。如果子女以积极的沟通方式主动沟通，相信父母也会更愿意试着理解子女，共同努力去解决亲子矛盾和冲突，形成良好的家庭沟通氛围。

2. 恰当表达意见

用恰当的方式表达不同意见是改善亲子沟通的关键一环。既然子女和父母之间存在一定的代沟，那么对同一件事情有不同的看法是正常的，也是常见的。遇到这种情况，作为子女的大学生不能够以不明理由的、生硬强烈的拒绝态度去回应，而应心平气和地和父母讲述自己的想法，说明事情原委，争取其理解。如果父母一时无法接受和理解，也不要着急上火，毕竟父母接受与以往不同的新观点、新事物也是有一定难度的，这时候子女可以想办法再沟通，比如找能理解自己的长辈帮助一起跟父母沟通，找父母欣赏的自己的同辈帮助一起沟通等。

3. 清楚表达需求

清楚地表达需求是改善亲子沟通的重要技巧。父母跟子女生长的时代和环境不同，有代沟是必然的事情，所以子女应该清楚地表达自己的需求，告诉父母自己需要的是什么，不需要的是什么，这样父母才会了解子女的想法，避免一些勉强事件的发生，子女会更多地感受到"被尊重"，这对彼此建立良好的亲子关系是很有帮助的。而如果子女一直藏着掖着不说，父母就很容易去猜，但是往往其认为的和子女真正需要的有出入，这很容易让子女感觉到"不被尊重"，这样就会弄僵彼此的关系。

4. 了解父母过往

向父母了解其过往的经历是改善亲子沟通的根源性技巧。子女之所以经常会跟父母产生不同意见、冲突和矛盾，最根本的原因是两代人之间存在代沟。彼此生活的年代和环境等的不同，造成其经历也是完全不同的，而人的经历是会影响人的思想的，这就造就了两代人不同的思想观念。所以，作为子女的大学生在经常要求父母理解自己的同时，也要通过多了解父母过往的经历，去体会其想法的形成过程，从而尝试着站在父母的立场上想问题，理解其态度和心情，这会让彼此的沟通更加容易，也更加愉快。

5. 适当改变行为

适当改变行为是改善亲子沟通的实质性技巧。没有行为的改变何来关系的改变。人们常说"改变行为从改变情绪开始"，带着情绪处理亲子问题，往往只是越弄越糟。所以，认识到这一点后，不妨跟父母约定好大家以后在沟通中尽量不带情绪。所谓的情绪，就是着急上火、指责不满、埋怨等，这本来就是一种不良的沟通表现，是不可取的，是需要改变的。当解决了情绪问题后，就可以更好地解决行为问题了。在沟通行为上，很重要的一点是可以跟父母约定，在沟通中，当父母表达意见的时候，一定不要插嘴，相应地，父母也要给予自己充分表达的机会，不要轻易打断与否定，这样亲子之间良好的沟通就实现了一大半。

6. 虚心请教意见

虚心向父母请教意见是改善亲子沟通的肯定性技巧。多数人可能都有这样的体验，父母总说"我们吃过的盐比你吃过的米还多，我们走过的桥比你走过的路还多"，虽然听到的当下可能会反感，但是静下心来想想，其实话糙理不糙，他们只是告诉子女其经验比较多，可以在一定程度上给予指点，所以作为子女的大学生不妨辩证地看待父母的建议，对有道理的建议表示称赞，而且遇事也不妨听听父母的意见，多一个意见多一种思路，对解决问题是有好处的。父母在接受请教时，往往会产生一种被肯定、被崇拜的心理，心情会更加愉悦，这就给彼此的亲子沟通奠定了良好的基础。

实验实训

一、我的手掌和我的故事

目的：既帮助学生深入地认识自己，又鼓励学生学会表达自己，提高其交流沟通能力，以此促进其对父母敞开心扉。

材料：彩色笔，A2 纸。

步骤：

1. 将所有的学生分为 5 人一组，每组学生围绕一张桌子坐下，以 1 点钟方向的同学为组长，发给每组一张 A2 纸和 2 盒彩笔；

2. 要求小组的所有同学发挥自己想象力用彩笔在纸上画出自己的一只手掌（手掌上面可以有各种各样你希望的装饰）；

3. 画完后，小组组长组织小组的每位同学相互介绍自己的手掌（这样画的意义）；

4. 小组组长组织小组中的每位同学向小组的其他同学讲述一个有关于手掌的故事（可以是别人的手掌，也可以是自己的手掌）；

5. 小组同学之间相互分享活动过程中的感受。

二、如果我是爸爸/妈妈

目的：帮助学生换位思考，理解父母。

步骤：

1. 由2~3个同学讨论话题情景，编制并表演一个相应的情景，其他同学作换位思考，理解父母。

2. 范例情景：一向温柔的妈妈今天下班回来，愁眉苦脸的，脾气很暴躁，因为一点小事就对着小明发火。小明很苦恼很委屈，于是……

3. 换位思考四步走：

第一步：如果我是妈妈/爸爸，我需要的是……

第二步：如果我是妈妈/爸爸，我不希望……

第三步：如果我是妈妈/爸爸，我的做法是……

第四步：我是在以妈妈/爸爸期望的方式对他/她吗？

4. 思考在与父母沟通交流的过程中应该注意什么。

体验感悟

一、我们的代沟

案例：李心是苏州某大学一名大二女生，她和父母的关系很好，但是只要谈到奖学金、党员什么的就聊不下去了，李心认为父母功利世俗，父母认为女儿不懂事，不上进。双方的关系在别的方面上都挺好，所以李心觉得她和父母关系还是挺好的。只是父母的不理解让她觉得不管怎么样两代人还是会有代沟的。

在面对父母的不理解，甚至父母的错误做法时，大学生究竟该如何处理呢？

二、爸妈的学生时代

将自己化身为一名"记者"，采访父母的学生时代，尤其是大学时期，以此了解父母那一代人学生时期的生活、学习特点及对人、对事的价值观念。

在此基础上对比思考：

1. 我和父母的差异有哪些？这些差异是否曾经造成亲子沟通障碍？

2. 我和父母的差异是否可以通过沟通调和？具体可以怎么做？

📚 推荐书籍

孙述宣. 十二份生日礼物：家庭教育中的沟通艺术. 北京：清华大学出版社，2017.

推荐理由：《十二份生日礼物：家庭教育中的沟通艺术》借母亲写给女儿的信，告诉读者什么是科学的育儿之道，以及如何处理好母女关系。学过心理学的人都知道行为和心理发展规律。儿童有其心理及行为发展规律，尊重规律是个大原则，也是我们的父母最容易犯错误的地方，你会发现，从0岁到20岁用一样的观念养育孩子的父母，通常是辛苦而失败的，做到和孩子们一起成长的前提是尊重其成长变化。

第五章　创新沟通模式　师生对话沟通

　　每一个人都需要有人和他开诚布公地谈心。一个人尽管可以十分英勇，但他也可能十分孤独。

——海明威（美国著名小说家）

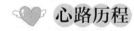 心路历程

一、校园故事

　　刘晴是刚进校的大一新生，因为从小有口语病，口齿不太清楚，心里比较自卑，所以一直都不太爱说话，尤其是在老师同学面前，她怕别人嘲笑她。进入大学，她心想大家都不知道她的口语病，只要自己少说，别人就很难发现。但是大学的集体生活，增加了很多需要交流的机会，她一直不怎么开口说话，时间久了反而显得不合群了。工作认真又负责的班主任老师在几次集体活动中就对她这个问题有所察觉，经过跟多位同学和任课老师的了解，发现她从开学报到开始就很少开口说话，几乎不跟别的同学交流，上课被叫起来回答问题也基本不说话。热心的班主任在不知其有口语病的情况下以为她是性格内向，加之埋头学习，导致不太懂得与别人交流，所以就想创造机会鼓励她与别人交流，于是发动同学私下主动找她聊天，嘱咐任课老师们多让她回答问题，还请她在班会上发言。结果适得其反，班主任老师的做法让刘晴很为难，她为了避免跟同学和老师说话，经常自己一个人躲去图书馆看书，甚至翘课来回避上课被点名回答问题。

二、师生沟通零距离

师生沟通是大学生在校园生活中必不可少的一部分，专业学习需要与任课老师沟通，日常生活需要与辅导员老师、行政管理老师及寝室生活老师等沟通，可以说大学的师生沟通内容比中学时期要更加丰富，机会也比中学时期要更多。远离家乡和父母到异地独自求学，在生活和学习的方方面面大学生都可能碰到困难需要寻求老师们的帮助，与老师们顺畅、有效地沟通能够帮助其自身更好地学习和生活，更好地成长和成才。然而，传统"师道尊严"的角色差异、师生年龄的代际差异等原因给师生沟通带来了障碍，如何调整自我心理、选择合适的方式跟老师沟通，让老师成为帮助自己成长的引领者、陪伴者、助跑者是大学生需要思考的。在老师们努力理解和走近学生的时候，大学生也应该敞开心扉、坦诚相见。

 心理视点

一、大学师生沟通的环境

师生沟通存在于教师与学生互动的过程当中，总是在一定的环境下进行，因此两者存在紧密的联系。也就是说，师生沟通的环境对师生沟通的质量是有重要影响的。在此，从沟通要素的角度出发，将大学师生沟通的环境分为人文环境和心理环境，人文环境指除了沟通主体之外的外界环境，心理环境指沟通主体之间的内在环境。

（一）师生沟通的人文环境

大学师生关系的建立基于"校园"，因此也受到大学校园独有的人文环境的影响。了解并理解这一人文环境与中学环境的不同及特有的沟通形式对于处理好师生沟通会起到很大的作用。

1. 大学师生沟通环境的改变

（1）学习方式的改变。进入大学，没有老师再天天陪着学生、监督学生坐在教室里学习，给学生事无巨细地安排好。任课老师可能只有一周一次的课上才能见到，而且上完课就离开，解答问题的方式多为集中答疑，或者与老师单独约时间，又或者通过邮件等方式在线沟通；辅导员大多将通知在线上发布，有必要的事才会见面集体指导或个别谈心谈话；其他行政老师更是没有业务需求你可能甚至都不认识，所以大学以后的学习是学生自己的事儿，完全得靠自觉、自控、自主，上课认真听老师讲解指导，课后自学遇到问题的情况下，首先要努力自己想办法解决，也可以求助同学，实在解决不了自然是积极找机会寻求老师的帮助。但是，很多同学，尤其是大一新生，一下子很难适应从中学到大学学习方式的改变，要么失去监督就自我放纵不学，要么失去依靠就无力解决难题，这两种做法都是不可取的。

（2）师生关系的改变。中学阶段，学生尚未成年，已经成年的教师很自然地会将其看成孩子，在教育教学过程中，老师更多地扮演着长者、教育者、管理者的角色，对学生更多的是教育、管理、督促。而大学阶段，学生已然成年，大学生和教师对此都有认识和变化，一方面大学生自主意识更强，另一方面大学教师对学生的态度也更加开放，师生之间虽然仍然延续一贯教育、管理的主题，但是彼此的关系更多的是朋友式的陪伴，教学上教师更多的是引领、协助，管理上教师给予学生更多自由空间。师生之间可以说更加平等、尊重，互相学习、共同进步。从教师身上，学生学到更丰富、更广博的知识，学到更深刻的人生阅历和哲理，有助于帮助自己完善人格；从学生身上，教师同时也获得更时新、更前沿的信息和事物。

正是由于大学与中学相比，学习方式和师生关系发生改变，使得师生所处的整个外部沟通环境发生了极大变化，因此，师生的沟通方式也发生了巨大改变。中学时期，教师追着学生沟通，主要还都是面对面的线下沟通，线上沟通大多是跟家长；大学阶段，教师追着学生沟通的现象明显减少，跟学生线上沟通的概率明显大于线下沟通。所以，大学生如果想要获得更多的帮助，就要在师生沟通中更加积极主动，追着教师沟通交流，不能被动地等着教师来沟通。

2. 大学师生沟通的主要类型

与一般沟通的类型相对应，师生沟通也有多种分类的标准和形式。在这里主要是依据两者沟通的方式、途径等客观标准来对师生沟通进行分类。

（1）按沟通目标对象划分。第一种：直接沟通。这类沟通是教育者与教育对象这两个特定的人或群体之间直接发生信息的双向流通和意义建构的互识过程，也是两者沟通的主要形式。如果把师生沟通行为放在整个学校的教育空间来考虑的话，那么在这两者之间至少存在四种形式的沟通，即教师个体与学生个体的沟通、教师个体与学生群体的沟通、教师群体与学生个体的沟通、教师群体与学生群体的沟通。无论哪种形式的师生间的直接沟通，都必定包含了认知沟通、情感沟通及两者基础上的人格沟通等一系列内容。第二种：间接沟通。这类沟通是非直接地联系着两个特定的人或群体，沟通双方之间需要有第三方的介入，使沟通信息双向流通的过程中经历了第三方的信息接收、缓冲、存储、处理、传递、被接收等额外过程。第三方是两个特定沟通者之间进行沟通的一种重要媒介，这个媒介既可以是人也可以是物，或者是两者的有效结合，例如媒介可以是学生的家长、同学、好友、其他教师、宿舍管理员等，也可以是教材资料、作业报告、微博日志、微信群等公共信息交流平台等。他/它们不仅仅是沟通的渠道，更是重要的参与者，利用自身的特点与优势为目标对象之间的沟通提供服务。信息通过"第三方"这个环节或许能得到更真实、更深刻的诠释与表达，促使沟通有效进行，也或许相反，得到了错误和歪曲的理解与传递，导致消极甚至无效的沟通。在我国传统比较内敛、委婉的沟通文化里，人们更易趋向于或者说更习惯于用比较间接的方式进行沟通联系，可能是为更方便地回避一些情面上的壁垒，为小心翼翼地面对传统的繁文缛节而不会冒犯他人。所以，在大学更加自由平等的沟通环境中，这种间接的沟通不是可有可无的点缀，而是大学师生沟通的重要补充，为师生之间的人际沟通、教育沟通提供了更丰富的方式、途径，师生可以自主地选择"第三方"这个媒介帮助自身表达并从对方那里获取更多真实的信息反馈，促使沟通信息的自由双向流动，帮助彼此之间的更深互识与意义建构。

（2）按沟通对象数量划分。第一种：一对一的沟通。这是大学师生最常见的沟通方式之一。它是指大学生个体与教师个体之间进行的沟通。大学生由于历史文化、地域风俗、家庭背景的差异及成长、教育环境的不同，形成了独特的自然观、社会观、人生观、价值观及历史观等。即使面对同样的事情，比如政治事件、学习方式、情感心理、穿着打扮、就业选择等，不同的大学生会产生不同甚至相悖的看法。因此，师生有针对性地一对一沟通就显得极为重要。它可以分为语言的或非语言的，直接的或间接的，正式的或非正式的沟通。在一对一的沟通过程中，语言沟通的方式有面对面交流、通电话、发信息、批阅作业、书信及思想汇报等。而非语言沟通的方式包括双方的面部表情、形体姿态、肢体语言、衣着打扮、空间距离、语气语调、神态及其他行为等。一对一的沟通还可分为正式的与非正式的沟通。正式的沟通，指在特定时间、地点就某些特定内容按照特定的程序或仪式进行信息的传递与交流，例如课堂互动、入党谈话等。非正式的沟通，即运用正式沟通渠道以外的具有不确定性的信息交流和传达方式，能在一定程度上补充正式沟通的不足，为正式沟通提供铺垫和内容。在非正式沟通中，师生都会有更宽松的自由，受时间和空间等各种主客观因素的限制相对比较小，沟通的内容也更广泛。图书馆、食堂、宿舍及田径场等，都是非正式沟通的极佳场所。一对一沟通方式的优势不言而喻，沟通的双方都能对沟通的内容高度关注，信息的反馈会更快更准确，也更容易更直接地被对方捕捉。最重要的是，如果教师能够在一对一沟通中认真倾听学生、理解学生，学生会感受到尊重、信任和关心，这可以极大地缩小师生距离，提高沟通质量。并且在没有第三者在场的情况下，双方的沟通环境更加安全，彼此都能减少顾虑，尤其是学生更容易敞开心扉，可以大胆地与教师沟通自己遇到的问题。第二种：多对一的沟通。这是大学师生最主要的沟通方式之一。它是指大学生群体与教师个体之间进行的沟通，常见的有集体活动和借助媒介平台同时展开同一话题的沟通。大学生虽然各自具有个性，但是也具有非常多的共性，有类似的问题、相同的任务、共同的活动等，所以，从沟通效率角度看，多对一的沟通形式可以快速达到信息及时获取的目的。比如大一新生刚进校，很多人是第一次独自离开家乡，第一次过集体生活，第一次自主安排时间、金钱和日常生活……随着对大学的神秘感和好奇心的消失，很多学生开始感到空虚、迷茫、不安甚至手足无措，这时辅导员、班主任会根据这些普遍存在的问题召开主题班会和生涯规划辅导，学生们可以就军训、生活及学习等方面与辅导员、班主任进行沟通，这对了解自己和他人，消除疑惑，解决问题，建立友谊非常有帮助。再比如大三的时候，当面临着工作和考研的双重选择时，"考研好还是工作好"是共同的困扰，这时辅导员、班主任大多会召开就业主题班会或者开设就业指导课，学生们一同学习，获取信息，找准定位。除了线下多对一，线上多对一是当前信息时代最流行、最便捷的沟通方式，学生和教师可以通过班级群、班级主页、教师个人微博等形式实现多数学生和同一或同一群体教师的沟通互动，并且网络不受地域和时间限制，尤其在寒暑假或者不方便面对面直接交流时，可以借助网络实现远程沟通。多对一沟通最大的优点在于在与教师沟通的同时，可以有效利用同辈群体的相互影响和教育作用。但是因为多对一解决的是共性问题，教师不可能细致入微地照顾到每一个学生个体，所以作为学生个体需要注意认真获取教师传递的信息，有疑惑的地方及时求助教师以保证沟通的质量。

（二）师生沟通的心理环境

大学师生之间的沟通，既存在人际沟通的普遍规律，也存在它的独特之处，其与一般的人际沟通相区分的心理特点表现为如下几个方面：

1. 双方关系的特殊性

首先，经过几千年的历史荡涤，中国逐步形成了一些传统，如对"一日为师，终身为父"的认同，学生对待老师就应该像对待父母一样恭敬。事实也证明，无论你是凡人还是伟人，谁都离不开老师的教导。老师伴随着每一个人的成长、成熟和成才，从学前教育到基础教育，从高等教育到终身教育，是老师的正确指引，铺就了学生通往幸福的人生道路；是老师的无私奉献，让学生站在巨人的肩膀上和时间赛跑；是老师的温暖鼓励，让学生在奋斗的历程中矢志不渝。老师对学生无私的关爱与学生对老师无上的崇敬融洽地凝结在一起，这种特殊而亲密的情感仿佛是与生俱来的，并未因国度、民族、地方的差异而改变，它通过社会的遗传法则真实地传承下来并发扬光大，因此，师生之间的信任度和安全感要远高于普通人际沟通中的主体。其次，大学生经过十余年的学习成长，思想意识、认知能力、情感经验水平较少年、儿童时期都有较大幅度的提升，处在心智发展趋向成熟的阶段。当前高校教师很大一批都是"80后""90后"，他们和"00后"大学生所处的时代背景和成长教育环境都较为接近，彼此在认知观念上的差距相对较小，并且教师本身就是不断学习的一个群体，接受新鲜事物更多、更快，所以大学生和这部分教师之间不会存在太深的沟通沟壑，尤其是辅导员教师相对年轻，又与大学生相处四年的时间，期间互信互助、合作进步，逐渐建立起深厚的情谊，故在实际的沟通中，大学生与之关系其实较与其他人更加亲密，更加多重化，如师生、知心挚友、亲人等。双方在沟通中表现出的积极性、自控性、亲和性都要比普通人际关系的高。

2. 二分意义的确定性

大学师生沟通的二分意义是确定的。首先是沟通双方的身份角色从来就是确定的。在高等学校里，教师是教师队伍和管理队伍的重要组成部分，具有教师和干部的双重身份。教师与大学生的关系更加平等，但是双方身份角色依然既是教育者与受教育者，也是管理者与受管理者。"受教育者"和"受管理者"的"受"字就较好地表达了沟通信息的主要传输方向和过程，突出了沟通目标侧重的对象，"受"并不代表"受气"和"被动"，它只是表达关系特点的象征符号，"受教育者"和"受管理者"的称呼不影响人的尊严和地位，更不影响学生在沟通中起举足轻重的作用。其次，沟通行为本身和沟通内容也有一种众所周知的确定性。前者表现为教育者的教育行为及其特有的呈现形式，如课堂教学、课外活动、师生对话等，后者主要是指教育内容，如培养计划、教学大纲、形势与政策要求等基本设定好的内容，即使是日常生活中的、社会工作上的师生沟通也是按照教育思想的指引而实现的。

3. 资源与权力的倾斜性

一般的人际沟通，主体之间的地位可能是平等的或者有差异的，两者所拥有的资源和权力可能是均衡的或者不均衡的，故两者的交往、沟通关系是对等的或者不对等的。而一般而言，教师是具有了教育能力与准入资格的人，大学生是有受教育需求的人，在宏观社会和文化环境的影响下，两者在资源和权力分配方面是不均衡的，也不可能做到均衡。在实际的沟通交流中，教师的经验视界和资源权力占有明显优势，大学生相对处于弱势，所以两者之间的交往一定不是对等的。要强调和理顺的一个关键问题是在师生的沟通中，双方实际地位的不平等和交往关系的不对等，这是客观因素造成的不便，不能将它简单地迁移到沟通双方的主观意识之中，成为权力泛滥和权威肆虐的堂皇理由。虽然交往关系不对等，但却可以是合理的，师生间的沟通不是要求权力和权威的消失，而是在权力和权威的合理存在下谋求伦理上的正当性，促成双方对话，尊重差异、探索真知、实现共赢。在沟通中，师生双方的人格尊严是平等的，人身自由是对等的，时间机会也是均等的，而且"沟通精神"这条水平线也一直试图令沟通者的地位平等。

4. 责任与精神的特殊性

教师，历来被社会公认为是"人类灵魂的工程师"；干部，历来被百姓视为"人民忠实的公仆"。高校教师，特别是辅导员教师，具有教师和干部的双重身份，可想而知，社会公众将对他们寄予多高的期盼。2015年教育部颁布的《普通高等学校辅导员队伍建设规定》中就已经明确指出辅导员教师应当努力成为大学生的人生导师和健康成长的知心朋友。对于专业课教师的要求亦是只高不低的。"成为大学生的人生导师和知心朋友"，这就是社会赋予高校教师们神圣而重大的使命。在普通的人际沟通中，很少有人需要肩负特殊而重大的使命，高校教师则不然，他们必须在全社会的高度信任和期盼中肩负起这份重任，以对每一个生命负责的"专一务实"精神，对有着独立思考能力和民事能力的学生因材施教，且要始终坚持，还要谨防和杜绝各种失误的发生，并将实现师生间的有效沟通视为快乐的事而全力以赴。

作为学生，我们要从意识上认识到和教师各自所处的位置，在心理上要接受彼此所扮演的角色，在与教师沟通中才能做到尊重而又自重，主动倾听但又积极表达，从而实现与教师的有效沟通。

二、大学师生沟通的障碍

由于师生在拥有知识的广度深度、社会生活的经验、看待处理问题的视角方法等方面都存在着一定差异，故而同样的一个问题师生间可能存在着一定的意见分歧，导致沟通有时无法顺利进行，甚至出现障碍。

（一）师生沟通障碍的类型

师生之间沟通的障碍可以从以下三个方面大致进行分类，大学生只有了解沟通中常见的障碍，才能因地制宜，运用各种策略和技巧提高沟通的质量。

1. 师生沟通的人为障碍

人为障碍主要分为两个方面，一方面来自学生，另一方面来自教师。

（1）来自学生的人为障碍。不少大学生不但没有跳出中学的学习方式，而且也很难消除对教师的刻板印象，尤其是那些在中学阶段受教师管束比较多的学生。进入大学以后，这些学生对大学教师（尤其是年长的教师）自然而然地产生身份地位、行事风格、个性特点等方面的认知偏见。而且哪怕年龄差距不大的年轻教师，也因为当前社会、网络的飞速发展，造成和大学生之间存在一定的"代沟"现象。所以，大学生不愿、也不经常和大学教师们沟通，生怕自己再像中学一样被干涉、被管束，这就人为地形成了沟通障碍，阻碍了彼此正常的沟通，这样大学生更没有机会深入了解大学教师们，也就很难改变对其的认知偏见。这就像是一个"恶性的死循环"，解决办法只能是大学生主动跳脱出来开启师生沟通良好的开端，才能消除认知偏见，客观地认识大学教师们，进而建立起有效沟通关系。

（2）来自教师的人为障碍。除了大学生刻板印象中大学教师的共性会影响师生沟通外，大学教师的个性对师生沟通也有着重要影响。教师的个人风格影响着学生沟通的意愿，开朗、幽默、个人魅力强的教师往往能吸引学生进行主动交流，而对于那些过于严肃、冷漠、爱摆架子的教师，相当多的学生对其会产生距离感和畏惧心理，不愿接近，而性格内向、保守、腼腆的学生更是对这类教师敬而远之。并且教师的思想、能力、信誉等因素都会影响沟通效果，思想浅薄、能力不足、信誉不良的教师很容易在师生沟通中失去地位，这类教师自然不值得大学生花太多时间去深入沟通，保持对教师的起码尊重即可。但这类教师毕竟是极少数，所以大学生也不能因此对师生沟通失去信心，而应该面对不同的教师，调整自己的心态，突破自己的弱点，采用不同的沟通方式和策略去主动和教师沟通。有效的师生沟通能够帮助大学生更好地获得知识、开阔眼界、完善性格，最终更好地成长成才。

2. 师生沟通的物理障碍

物理障碍是指人们所处的沟通环境中所存在的影响彼此沟通的障碍因素，沟通过程中除了沟通主体之外的任何环节都可能出现物理障碍，在大学师生沟通中最突出、最显著的物理障碍是沟通渠道障碍和沟通反馈障碍。

（1）渠道障碍。沟通渠道指的就是沟通过程中借助的媒介工具。沟通渠道是否通畅很大程度上影响最终的沟通效果。面对面沟通，受到许多因素的限制，并不能随时随地开始。由于当前信息领域的高速发展，网络已成为人们沟通的重要途径，网络不受空间和时间的限制，能够及时占领网络这一块沟通领地来补充面对面沟通，才能够最终实现沟通的及时、高效。21世纪的大学校园里，面对面沟通不再是唯一的，甚至不再是主要的沟通方式，也正是由于网络沟通的便利性、高效性，教师们尤其是年轻的辅导员教师们会更加依赖网络沟通，有时候甚至会忽略面对面沟通。但是网络沟通由于其较高的隐蔽性导致沟通双方很多时候是信息不对等的，也就容易引起理解偏差，造成误会，所以，网络沟通是必须结合面对面沟通使用的，面对面沟通有网络沟通无法替代的肢体及表情等现实信息的传递，而这些都会影响沟通方向和效果。

（2）反馈障碍。反馈指的是信息接收者对信息发送者所传递的信息的接受程度的反映，没有反馈的沟通很容易造成误解，影响沟通进程。当然，反馈是双向的，它存在于信息发送者和接收者沟通的来回之间，沟通中信息发送者和接收者的身份是互相转换的。在大学师生沟通中，大学生往往在沟通之初多处于信息接收者的位置，如教师教学、辅导员布置任务、行政教师发布通知时，大学生都是信息的接收者，并且大多数时候是作为众多信息接收者之一。在现实情况中，大学生很多时候对这样的沟通是缺乏反馈的，首先，在不少情况下这样的沟通是通过网络进行的，有的学生看到了，即使不理解也不反馈而选择跟同学讨论，有的学生没有及时看到，错过了也不反馈；其次，在某些情况下学生不愿意给予教师反馈，因为心理处于半成熟状态，大学生内心对独立性和私密性的要求相比中学时期要强，对教师传递的一些观点看法不赞同，甚至会有一些反感；最后，有部分大学生由于性格内向，是羞于表达的，也容易缺乏反馈。不管是哪一种情况，只要缺少反馈，都会严重影响大学生和教师就问题及时的沟通，也就很容易使得误解和偏见得不到解释和理解，影响沟通的效果。

3. 师生沟通的语义障碍

语义障碍是指沟通过程中因所使用的语言、符号、肢体动作等的局限性形成的障碍。其实，在过去，由语言和符号在大学师生沟通过程中产生的障碍基本可以忽略不计，因为双方都有较高的语言文化功底，对字词意义的理解能力基本一致。但是，在现在网络信息的时代，尤其是身为"网络原住民"的"00后"大学生，精通于网络词汇，也爱用网络词汇，这让"60后""70后"教师很多时候一脸疑惑，甚至是"80后""90后"中不那么紧跟潮流的一批年轻教师也似懂非懂。比如，"今天我很emo！"年长教师对此完全不知所谓，有些年轻教师理解学生有情绪了，却不知道学生要表达的是我今天很丧、很郁闷，是一种负性情绪的表达，而一旦这种信息不能被及时解读，就很有可能带来一些不可预计的后果。除了语言和符号，师生更大的语义障碍在于肢体形态等"体态语言"所传递的信息，双方对这类信息的不对等解读往往会产生误解，造成沟通障碍。体态语言主要包括面部表情、手势动作、体态姿势等。师生毕竟身份不同，经历不同，文化不同，不说年长的教师，哪怕是年轻教师跟学生之间都多少有些观念不同，一些体态语言，尤其是新流行的体态语言不互通是很正常的，这就引起了彼此沟通上的一些障碍，要解决这些障碍，一方面教师的不断学习很重要，另一方面大学生的主动沟通则更为重要，如果大学生可以在发现教师不理解的时候进行解释，作二次沟通，那么彼此的沟通障碍在很大程度上可以消除。

（二）师生沟通障碍的原因

了解师生沟通障碍产生的原因有助于双方有针对性地解决沟通障碍，提高沟通的效果。

1. 传统的师道观念

中国传统师道尊严观念认为，教师是"道"的代表、"礼"的化身，对学生来说具有至高无上的权威，学生不可以对教师的言行有任何不恭和异议。过去的教师，尤其是大学之前的教师，常常以高高在上的"大人"身份自居，较少体谅学生的情感，容易对学生过于严厉苛刻，使得学生产生畏惧感，自然对教师避而远之。虽然现在的教师受新教育思想的影响，更能以平等的心态对待学生，尤其是大学教师面对已是成人的大学生会更多给予一份尊重和自由，但是教师毕竟还是教师，多多少少还是有一些传统师道的影响使其和学生无形中处于一种"上下""高低"之位，学生也毕竟还是学生，总是内心对教师有一丝敬畏和惧怕。

2. 教师的修养觉悟

少数高校教师平时过分注重学术研究和学术教学，学究气相对较浓，讲课难免缺乏幽默感，不那么接地气，造成课堂气氛有些沉闷压抑，容易使人疲倦和郁闷，这是朝气蓬勃、求知欲强、喜欢新鲜事物的大学生不喜欢的学习氛围，在这种氛围下，大学生很容易不愿听课，更不愿产生课后及课外与教师合作交流的想法。另外，还有部分教师教书育人的思想觉悟不够高，以个人的发展和利益为先，过分忙于科研、晋升或各种社会兼职等，把教书育人的工作当作一种副业应付了事，与大学生交流和沟通的诚意、精力和时间等都十分有限，这会影响大学生的沟通意愿，影响师生沟通的效果。

3. 大学的运作体系

大学校园占地面积都比较大，所以现在的高校一般都设置在郊区，地理位置相对偏远，而专业教师实行的又是不坐班的制度，这就在客观上制约了大学师生之间沟通交流的时间和空间，即使是坐班制的辅导员教师及行政教辅教师，很多也因为家住市区，每天来回上班占用了大量时间，在一定程度上减少了与大学生交流的时间。而且，随着高校大幅扩招，高校学生人数激增，一名教师有时需要面对上百名学生进行授课，一名辅导员教师更是面对数百名学生进行管理，一名行政教辅教师很可能是面对全校学生进行某一教育管理事务，而人的时间、精力毕竟是有限的，因此也就不可能面面俱到地与每个大学生都充分沟通。

4. 师生的代沟差异

虽然当前教师队伍年轻化，年轻教师占比越来越高，但是教师队伍年龄阶梯化的现象是永远存在的，变化的只能是比例。所以，师生的年龄差存在是无法改变的客观事实，小则五六岁，大则十几岁甚至几十岁，年龄差小的师生在成长环境、文化底蕴、人生阅历、兴趣爱好等方面存在的差异会相对较小，年龄差越大在这些方面的差异就越大，客观上这就难免造成师生之间或大或小的代沟，使得师生双方因缺少共同点，难以主动开启沟通，在沟通中也很难做到推心置腹、心悦诚服，所以彼此的沟通频率和程度都受影响。

5. 学生的叛逆倾向

从学生心理发展的特点来看，成长中的大学生具有反抗权威的叛逆倾向，尤其现在的"00后"大学生大多是独生子女，从小在长辈聚焦的关爱中长大，有些本身也存在诸如懒惰任性、娇纵自私等弱点，有时会不自觉地流露出对教师不够尊重的消极情绪，比如对教师的批评不屑一顾，甚至尖锐回击，再比如对教师的授课态度散漫，或聊天，或做无关作业等，这些都容易引发教师的负面情绪，削弱其与学生沟通的意愿和热情。在这样的情况下，沟通的双方都缺少沟通的愿望，是很难开启沟通的，即使是必须的沟通，也会再次因为彼此消极的沟通态度而宣告失败，最终影响的是大学生当前的学习和生活，以及今后的成长和发展。

三、大学师生沟通的艺术

"沟通是一门艺术"，放在大学师生沟通中也一样。大学生要实现与教师的有效沟通，需要学习和掌握沟通的艺术，这对吸收教师教育教学内容，促进自我健康成长成才有重要作用。

（一）坚持师生沟通的基本原则

师生之间的沟通是老师和学生之间思想和情感传递与反馈的一个双向互动过程，在这个过程中大学生必须坚持一定的基本原则，来避免因为师生身份背景的差异而产生的一些分歧。

1. 尊重是第一要义

古语有云："师者，所以传道授业解惑也。"教师传授学生知识和道理，而学生在这个过程中学习和收获，从这个意义上来说，教师是输出者，付出时间和精力等来教育、指导学生，学生则是接收者，获得这些知识和道理，可以说这是一个付出和获取的过程，学生在这个过程中是获益的一方。所以，学生尊重教师是理所当然的。大学师生沟通往往会由于各种因素的影响而受到阻碍，在这种情况之下，作为学生，应该本着对教师的尊重，避免与教师发生冲突和争吵，而不是一味地逞强好胜，与其争论不休。学生自己再有道理，也不应该无礼冒犯老师，而应在控制好自我情绪的同时，在适当的时间、适当的场合慢慢地跟老师沟通，争取理解，达成共识。

2. 真诚是基本要求

想要建立良好的师生关系，有效的师生沟通少不了；想要获得有效的师生沟通，真诚之心少不了。真诚是对师生沟通的基本要求，并且这一点是不会因为时代的变迁而变化的，"以真心换真心"什么时候都不会错。大学生在师生沟通中只有抱着一颗"真诚的心"，以真诚的动机和态度跟教师沟通，才能信任教师、理解教师，把真正的自己展现在教师面前，这样教师也才能更加了解和理解学生，更好地帮助学生。很多大学生在与教师沟通中，往往会不自觉地将其放在对立面，不能做到以"真正的我"去沟通，容易将师生关系设想成上下级关系，导致出现"畏惧心理"，面对教师不想说、不敢说、不会说。其实，大学教师更希望学生把自己当成"朋友"，站在平等的位置，真诚地表达内心的想法，这样才能更了解学生的需求，也才能更好地与学生沟通，以此促进教育教学效果。当然，跟教师真诚而平等地沟通，绝不是"没有礼貌地想什么说什么"，基本的尊重一定是前提。

3. 同心是终极目标

任何事情"剃头挑子一头热"都是没有结果的，师生沟通也一样，沟通本来就是建立在双方基础上的，所以有效的师生沟通一定经过了教师与学生的共同努力，师生同心，方得始终。大学生与教师沟通是不可避免，也是必不可少的，它涉及日常学习和生活的方方面面，有效的师生沟通不仅可以促进教师的教育教学效果，而且也可以提高大学生自己的学习效率、生活质量和个人能力。与以往简单的中学校园不同，大学校园中的社交关系相对复杂，涵盖了学习、娱乐、生活、社交等各个方面，所以，大学校园也算是一个小型的社会缩影。因此，大学生和教师之间更应该加强沟通，建立和谐的关系，共同生活，相互学习，一同成长，将学校作为沟通的良好桥梁，互相尊重，互相帮助，同心协力，从而建立良好的校园环境，反过来促进师生有效沟通，实现沟通的良性循环。

（二）促进师生沟通的方式途径

大学生正处于最好的年纪，也正处于最关键的时期，大学阶段正是大学生心理发展、三观建立及个性重塑的重要时期，学会有效地与教师沟通，才能获取更多的成长助力。教师作为大学生思想的引领者、学习的指导者和发展的助力者，是大学生在学校最能够依靠的人，教师在距离上、年龄上比大学生的父母更近，在知识、阅历、经验等方面也比大学生的同学和朋友多，所以大学生应该学会如何与教师有效沟通，建立良好的师生关系，促进自我的健康成长。

1. 创造共性建好师生关系

大学生与教师有效沟通的前提是拥有良好的师生关系，所以提升师生沟通的第一步是构建良好的师生关系。良好的师生关系是需要学生和教师双方共同努力的，而实际状况是，很多时候，大学生是师生关系中的被动者和退缩者，当教师主动想建立关系时，不少大学生会因为不自信、不相信等原因拒绝沟通。其实，如果想要建立良好的师生关系，大学生也应该学会主动，主动创造有利条件来促进师生关系的建立，毕竟教师不可能跟每一个学生实现完全的"一对一"关系，"一对多"的教育教学模式使其难免有所疏忽，这个时候也只有大学生自己的积极主动才可以获得更多的沟通机会，取得更好的沟通效果。最好的师生关系是亦师亦友，所以拉近朋友间距离的方法同样适用于师生，其中最直接也是最有效的方式之一就是寻找共同点。而由于教师在身份、年龄上与大学生有差异，可能共同点相对并不是那么容易寻找，所以就需要大学生主动地去创造彼此认可的共同点。面对彼此认同的共同点，双方因为意见一致，不容易产生冲突，谈话气氛自然会变得友好而融洽，随着谈话的深入，在互相肯定中建立起良好的关系，这将为以后其他方面的沟通奠定良好的基础。在创造彼此认可的共同点上，大学生不妨主动地多去了解不同教师的处事风格、兴趣喜好等，调整自己去适应教师，哪怕有不同意见，也先从引起共鸣入手，等到合适的时候再提出问题。在关系融洽时听到不同的声音，教师也能够更理智、更客观地处理。

2. 协同父母做好家校沟通

大学生与教师的有效沟通离不开家长的配合。学校教育和家庭教育历来就是分不开的，是互为补充、相辅相成的关系。师生沟通作为学校教育的基础自然也离不开父母的协助。父母在师生沟通中扮演什么样的角色直接影响师生沟通的质量。如果父母扮演的是联合教师想要控制大学生的角色，那么势必会引起大学生的反感，影响师生沟通的氛围；如果父母扮演的是协助教师促进大学生成长的角色，那么自然会获得大学生的好感，形成良好的师生沟通氛围。虽然都是出于对大学生的关爱，但是扮演的角色不一样，效果也是不一样的。当然，父母在师生沟通中不作为的情况属于大多数，这种情况虽然并不太会引起学生的反感，但是当师生沟通遇到阻碍的时候也提供不了帮助。如果能认识到这一点，首先，如果教师或家长主动有所联系，大学生可以对这份关爱给予更多的理解和认识，减少产生反感的概率；其次，最好的做法是大学生自己主动，提前跟父母和老师做好沟通，告知自己喜欢的家校沟通方式，确保父母能够为教师提供更多关于自身信息的同时不引起反感。毕竟大学教师至多跟大学生相处四年，尤其是刚入学的时候相当于是新识的陌生人，熟悉和了解程度一定比不上一起生活了近20年的父母。不管是教育还是教学中，教师如果能够掌握学生的性格特点和思想心态，就能够选择更合适的沟通模式和方法，同时也会带给学生更多的亲切感，也更容易看出学生的问题所在，这些都会更有利于师生沟通的开展。所以，大学生协同父母助力师生沟通能够获得事半功倍的效果。

3. 配合教师营造沟通环境

良好的沟通环境能够促进师生有效沟通。师生沟通的环境主要包括课堂内的沟通环境和课堂外的沟通环境。沟通从来都是双向的，沟通环境需要沟通参与者一同创造。所以，在教师努力营造良好的课堂内外环境的同时，大学生也应该一起付出努力。课堂内，面对教师精心设计的课程，不分心，多参与，试着换位思考——如果自己用心准备的事情被别人忽视和怠慢会是什么样的感受，就能更好地体会教师的内心感受，就能更好地约束自己的课堂行为，有利于课堂内师生沟通的顺利进行。并且良好的教学互动能促进师生关系的建立，从而助益课堂外的师生沟通。课堂外，面对教师主动发起的沟通，大学生要尽量克服因为心理戒备或者紧张情绪而回避退缩的问题，保持"朋友心态"对待教师的主动沟通。当然在师生沟通中如果有任何不舒服的地方，也不要单方面中止沟通，而应该主动反馈给教师，让教师了解自己的想法和感受，跟教师一起做好换位思考这件事，一起努力做调整，共同营造好彼此沟通的环境。"你希望别人怎样对待你，你就先怎样对待别人"，这在人际交往和沟通中是永远不变的黄金法则。所以，如果大学生希望教师能够给予平等、安全、舒适、自在的沟通环境，那么自身在与教师沟通的过程中也要朝着这个方向去努力，多一些理解与友好，少一些误解和偏见。

（三）善用师生沟通的心理效应

熟知心理学效应，学会分析彼此的心理，尤其是在利用心理学效应的积极作用的同时，避免一些心理学效应的消极作用，对师生之间的有效沟通有很大的帮助。

1. 示弱效应——多多求助

独立意识的不断加强，尤其是越来越强烈的"成人感"，使得大学生往往喜欢逞强，认为自己的事情自己决定，自己解决，既不愿意跟远在天边的家长沟通，也不愿意跟近在眼前的教师沟通，哪怕有时候教师主动询问，大学生也闭口不谈。大学里遇到的困惑、困难，对于大学生来说可能是头一遭，教师却碰到过千万回，而且有很好的应对方法，因为他们经历过很多学生的共性问题，有很多的经验和方法。所以，大学生在学习和生活中碰到问题的时候，不要捂着问题逞强，单纯依靠自己的力量反而可能把事情搞砸，此时不妨向教师示弱求助，一方面可以获得成熟的经验帮助自己解决问题，另一方面可以让教师有一种被需要的感觉，这种感觉会让教师产生被信赖感，教师自然而然地会给予大学生更多的关注，更多的沟通，与此同时也给予其更多的支持和帮助。

2. 赞美效应——获得期待

大学的师生相处模式，相比中学时代，教师和学生的距离感更强，亲密感更弱，因此大学生赞美教师的机会和频率都要少很多。每个人都有被赞美的需要，大学教师自然也不例外。赞美是对其价值和付出的肯定，得到肯定评价后，教师往往会怀着一种潜在的快乐心情来满足学生对其的期待。所以，如果大学生能够在适当的时候对教师进行赞美，语言或者非语言的都行，比如，"老师，您今天课讲得很精彩，我很喜欢！""老师，您给的建议太好了，我那样去做成功了！"甚至是简单的"老师，您辛苦了！"及对教师的讲课点头表示听懂了、听明白了等，都能让教师感受到一种被赞美、被肯定的感觉，会让他们觉得自己的辛勤付出和努力没有白费，自然也更愿意对学生输出，跟学生有更多的沟通，与此同时大学生也就收获了更多期待中的事物，比如知识、关心等等。

3. 破窗效应——及时干预

破窗效应本质上是一种不好的现象，该理论出自犯罪心理学，指的是环境中的不良现象如果被放任存在，会诱使人们仿效，甚至变本加厉。现在它被扩展到生活中的其他方面，泛指生活中发现事情不好的地方没有及时干预，造成更大的不利影响。它在师生沟通中指的则是，如果师生之间出现了沟通方面的问题，而双方不及时解决的话，拖到后面不仅本身的沟通问题更难解决，而且会对师生关系造成很大的影响。但现实中大多数大学生遇到师生沟通问题时都是放任不管，顺其自然的。所以，大学生如果能对破窗效应这种现象及规律有事先的认识和充分的掌握，提前预判可能出现的后果，第一时间进行有力的干预，防止后续因放任不顾引起破窗效应的一系列后果，这对保持良好的师生关系及有效的师生沟通起到很大的作用。

4. 禁果效应——寻求理由

禁果效应其实是人的一种逆反心理，其根源在人们对于那些被禁止的事物，因为无法知晓反而激发了好奇心，想要一探究竟，并且越是被禁止，就越是想探究。这就说明，那些理由不充分的禁止，反而会激发人们更加强烈的探究欲望。这种心理现象在大学生中很是常见，面对大学里诸如逃课、睡懒觉、打游戏、追剧、购物及谈恋爱等诱惑，除了父母，大学教师也都会提前做出提醒，希望学生们可以约束和规范自己的行为。但是，不少大学生却滋生了"没逃过课、熬过夜、谈过恋爱的大学生活是不完整的"等一些想法和言论，并纷纷进行实践。对此，如果大学生能够明白禁果效应的原理，主动跟教师沟通，寻求善意提醒背后的原因和后果，不仅可以跟教师建立双向的沟通模式，同时也可以避免自己去触碰"禁果"及其带来的不良影响。

🔍 实验实训

一、七嘴八舌寻方案

目的：让学生认识到生活中总有问题可能是自己无法解决的，但这并不代表该问题就是死结，要学会求助，当然也要乐于帮助别人。

材料：纸条，中性笔。

步骤：

1. 所有同学分成 4 组，围坐成圈；

2. 每个人分一张纸条，写下自己目前遇到的最大的想要解决的困难（如身高体重、专业学习、异性交往等各方面都可）；

3. 小组长将纸条收起，叠在一起，然后抽出其中一张，大家讨论想出解决方案；

4. 依次抽出下一个问题，最后将每个问题解决；

5. 最后如果有问题是小组内无法解决的，将问题拿出来全班讨论，以便寻得解决方案；

6. 组内讨论在活动过程中都认识到什么，并进行组间分享。

二、奖励糖果

目的：通过聆听他人的经历和分享自己的经历，学会尊重他人，放开自己，体会分享和反馈的重要性。

材料：糖果若干。

步骤：

1. 所有同学围坐成一圈（如果人数过多可以分成两组），教师先给每位同学发×颗糖果（×等于参与的人数），并规定糖果现在不能吃，必须在活动结束后才能吃；

2. 随机指定其中一个同学开始，他/她必须讲述一个曾经做过的对他/她有特别意义的事情，或者是一个自己发现的小经验；

3. 其他同学可以对他/她的讲述进行反馈，教师在其中引导；

4. 当讲述和反馈结束后，其他同学觉得他/她讲述的内容让自己很有启示或者觉得很精彩，就必须将自己的糖果奖励给讲述者；

5. 所有同学都讲述结束后，大家分享在这一讲述和反馈过程中的收获。

 **体验感悟**

一、新媒介时代的师生沟通

随着网络技术的不断革新，微博、微信、论坛等新型沟通媒介得到了进一步普及应用，人们之间的交流方式和沟通行为也因此发生了巨大变化。数据显示，目前我国在校大学生人数已超 3700 万，在这个庞大的数字里，只有 1% 的学生每日从不接触新媒介。也就是说，新媒介已成为大学生人际沟通的重要工具，同时也是高校学生与老师沟通的必要载体，这也使得高校师生沟通面临着全新的机遇与挑战。

请说说在当前新媒介时代自己所遇到的师生沟通问题是什么，又应该怎么解决。

二、老师，我想对您说……

清华大学原校长梅贻琦曾说过："师生犹鱼，行动犹游泳，大鱼前导，小鱼尾随，从游既久，其濡染观摩之效，不求而至，不为而成。"这样一种"从游"关系，使教学活动成为一个美妙的生命互动过程。然而，"从游"关系近年却发生些许变化，出现反向"游离"。近些年高校师生关系似乎在走下坡路，师生之间不和谐的现象也越来越多。

请回忆自己跟老师之间因为沟通问题曾造成的不愉快，同时思考造成师生沟通问题的原因是什么，并以"老师，我想对您说……"为题，给老师写一封信，说出自己的心声。

📚 推荐书籍

屠荣生，唐思群. 师生沟通的艺术（修订版）. 北京：教育科学出版社，2007.

推荐理由：一位优秀教师感悟到："学生是先喜欢老师这个人，然后才会喜欢老师讲的课和提供的教育。"成功的教育，其中最重要的因素是师生之间的沟通质量。屠荣生、唐思群编著的《师生沟通的艺术（修订版）》不但增加了内容，更增强了训练型教材的特色。读后，读者不仅会了解和懂得师生沟通的意义，而且还能学会：师生沟通与教育效能关系的新理念；人际沟通规律及在师生沟通中的应用；克服沟通障碍、化解学生挫折的心理学方法；师生沟通中的口语和体态语艺术；批评和表扬学生的一些原则和策略；课堂纪律管理及课堂沟通策略。有人感悟："沟通就是构架心灵之间的桥梁，而不是建造只可容膝的碉堡。有了这桥，你就可拥有整个世界，甚至拥有一个宇宙。"不仅是广大教师，任何有兴趣探索人际沟通奥秘的朋友，都会从这本书中获得乐趣并有所受益。

第六章　架设沟通桥梁　朋辈多面沟通

> 与人言，宜和气从容。气忿则不平，色厉则取怨。
>
> ——薛瑄（明朝著名思想家）

 **心路历程**

一、校园故事

晓月是一名大一新生，一直以来她都是个性格慢热的典型宅女，再加上寝室其他三个人都是本地人，身为唯一一个外地人的她显得颇有些格格不入。"她们在寝室总爱讲方言，我完全听不懂，也根本融不进去。而且由于饮食习惯不同，当她们结伴一起去食堂一楼用餐时，我只能独自到二楼的清真窗口打饭。"晓月坦言，长时间的"落单"也让她与寝室其他人之间渐渐产生隔阂，甚至上课分三人小组讨论时，她也总是成为被"踢出局"的那个人。"之前只是关系不太亲密而已，互相还是客客气气的，直到有一次我和对面床铺的室友因晚上关灯时间发生争执后，她迅速拉拢其他两个人一起孤立我。"每天处在冷暴力的"高压"环境中，让晓月如今越来越讨厌待在寝室，她甚至在床铺前拉上一道帘子，每天一回去便躲进这个"与世隔绝"的小空间里。

二、朋辈沟通无极限

"夜猫子"碰上"老干部"、"话痨"遇到"闷葫芦"，或是"粗线条"撞上"小心眼"……当一群天南地北、性格迥异的陌生人被随机绑定在一个狭小的空间，大学寝室便成了一个相当微妙的存在，更有人戏称室友这种关系"处得好是《小时代》，玩掰了就成了《甄嬛传》"。不少大学生在寝室里都曾产生过被"孤立"的感觉，而冷暴力的导火索往往是些鸡毛蒜皮的小事。寝室是大学生生活的主要场所，他们几乎每天有一半左右的时间都是在此度过。在室友这种小集体中产生的矛盾，大多数都是因为生活习惯不同引起的一些小问题，这也与作息时间、价值观、生活、文化、地域等个体差异存在紧密联系。与中学时代不同，大学是个人自由意志萌发，个性得到充分张扬的时期，尤其如今的"00后"大学生基本都是独生子女，从小备受关注，自我意识较强，换位思考的观念有所欠缺，也难去主动包容别人，加上从小习惯网络交流，相对缺乏实际人际交往技巧，由此导致"寝室危机"频频出现。事实上，有矛盾并不是问题，怎样解决、调和矛盾才是关键。很多矛盾的产生是由于没有面对面沟通，其实把问题讲开了，矛盾也就慢慢化解了。比如因为作息时间、卫生清洁产生矛盾，那么几个室友可以相互讨论折中后拿出一个可操作的方案，共同制定寝室公约互相约束。只有学会包容、自省、沟通，多审视自己的不足，少讲一些带情绪的话，才能营造出和谐的寝室氛围。与此同时，多参加寝室集体活动，如聚餐、看电影等，可在轻松愉快的氛围中提高宿舍的凝聚力。

 心理视点

一、大学的朋辈沟通问题

朋辈有"朋友"和"同辈"的双重含义。"朋友"指有过交往并且值得信赖的人；"同辈"指同龄者或年龄相近者。同龄伙伴通常有共同的爱好、价值观和文化背景，彼此之间容易理解、沟通。由于大学生学习、生活和交往很大程度上都是在校园环境内完成的，其中与朋辈之间的交流最多，所以朋辈之间的交流和沟通是大学生在大学阶段获得各方面信息的一条重要渠道，朋辈沟通在大学生的价值观形成中发挥着重要的向导作用。然而，当前大学生朋辈之间存在不少沟通问题，不仅影响彼此的亲密关系，而且影响自身的人格完善。

（一）朋辈沟通的性格问题类型

大学校园汇集着来自不同地方的同学，他们的习惯、观点等难免不一样，正是这些不同，使得大学生的日常生活中总是充满着小摩擦，总是不能风平浪静。从性格角度出发，可以把大学生之间的沟通问题分为四类。

1. 自我中心型

当代大学生多数为独生子女，他们在成长过程中大多集父母及祖父母、外祖父母等多个长辈的宠爱于一身，一些长辈在家庭中无原则地退让与溺爱，让不少大学生从小就养成了以自我为中心的"心理优势"。这类大学生在与他人交往时，往往"我"字优先，较多地顾及自己的需要和利益，强调自己的感受，很少甚至不考虑别人；在与他人相处时，往往会不顾场合，不考虑别人的情绪，不太尊重他人，漠视他人的处境和利益。

2. 自我封闭型

这种类型有两种情况，一种是不愿让别人了解自己，凡事憋在心里，不愿与人沟通，总喜欢把自己的真实思想、情感和需要掩盖起来；另一种情况是虽然愿意与他人交往，甚至渴望被认可和结交更多的朋友，但由于过于敏感和脆弱等性格原因却无法让别人了解自己，遇到不顺心的事还可能自暴自弃。这两类大学生往往喜欢一个人独来独往，不喜欢与他人接触，很难融入大集体中。

3. 猜疑妒忌型

在高中时代，或许自己还是名列前茅的佼佼者，但是由同一分数线录取进入大学校园后，所有的优秀者云集在一起，这必然会形成一个新的先后排名，所以并不是每一个同学都能够像以前一样排名靠前，大部分的大学生能够通过自我调整，摆正心态，重新出发，但其中也不乏有部分善妒的大学生很容易产生妒忌心理。轻者出现内向、躲避等表现，重者出现精神妄想、自杀，甚至犯罪等状况。

4. 面子至上型

现在多数的独生子女大学生，从小生长环境优越，父母对其教养方式也更宽松，他们一直被宠爱，被放任，这使他们的自尊心更强，更在意面子问题。一次无意的碰撞、不经意的言语伤害……本来只要打个招呼、说声道歉，也就没事了，但双方都"赌气"，不打招呼，不道歉，甚至是逞一时口舌之快，出言不逊，结果就会引起争执。

每个大学生都有自己独有的性格，没有两个学生具有一模一样的性格，这也就导致了彼此之间的差异，当这种差异足够大并且表现在沟通方式上时，就很有可能导致彼此之间的沟通不畅，产生人际关系问题。

（二）朋辈沟通的认知问题类型

大学生之间的沟通问题还能够从认知上分为对自己或者对沟通的认知不足。比如，有的大学生真心诚意地想帮助别人，却不知道怎么付诸行动，找不到合适的切入点，不恰当的言行反而影响彼此的关系；有的大学生想交朋友，却不知如何有效沟通，导致其总是找不到志趣相投的好朋友；有的大学生明明想要与人和谐相处，却总是不能控制好自己冲动的情绪，说出一些伤害彼此关系的话。诸如此类的问题都是大学生对朋辈沟通认知不足的表现，严重影响其良好人际关系的建立。

1. 对自我认知不足

自我认知是自我结构的决定性因素，决定并且支配人们的心理活动和行为方式。大学生进入大学之后，相对于在中学时期，自我意识有了很大程度的提升，因而非常在意自我体验和自我探索。这就导致这类大学生看待问题和处理问题时，常常以自我为中心，不顾他人感受，甚至自私自利。同时，如果自身的想法与要求得不到满足时，这类大学生又特别容易自暴自弃，萎靡消极。这些都会导致沟通障碍或沟通失败。

2. 对沟通认知不足

朋辈沟通本身就是学生之间在人际交往中彼此交流思想、感情和知识等信息的过程，是信息在彼此间的双向流动。沟通的双方必须互相尊重和信任，真诚相待，才能保证沟通的顺畅，从而建立健康、良好的人际关系。如果在朋辈沟通的过程中过分以自我为中心，只关注自身需要的满足，追求自我情绪的抒发，忽视甚至是无视对方的需要和情绪，那么这样的沟通很大程度上是无效的，彼此间也不能建立平等、友好的朋友关系，严重的甚至会产生争吵和冲突，形成沟通障碍，违背沟通与交往的初衷。

大学生对自身及朋辈沟通本身的认知不足，都是影响其沟通能力养成和提升的原因，而朋辈沟通能力的欠缺则会影响人际关系的建立，甚至产生人际冲突。倘若每天都把大量的时间花在解决人际关系问题上，我们的大学生很难实现良好的自我发展。

（三）朋辈沟通的行为问题类型

大学朋辈之间的沟通问题更直观地表现在沟通行为上，通过调查研究，可以发现当前大学生在朋辈沟通中存在以下四大行为问题。

1. 沟通方式较为单一

在沟通方式的使用问题上，大约有三分之一的大学生只选择一种沟通方式，一半以上的大学生只选择两种及以下的沟通方式，不到三分之一的大学生会综合灵活地使用三种以上的沟通方式。这就说明，大部分的大学生的沟通方式比较单一。并且，随着社会经济的发展，网络媒介的使用愈加广泛，绝大多数的大学生倾向于选择使用网络这一媒介与同龄人进行沟通，微信、微博、QQ等都是当前大学生朋辈间沟通所选择的主流方式，因为彼此都能熟练使用，交流起来快捷方便。但是，网络交流毕竟是一种虚拟的空间，它给人们带来方便的同时也会带来不便，有些信息的传达可能通过网络这一媒介并不能完全表现出所要表达的意思，而要综合使用多种方式，才能表达得更彻底、更清晰。依靠网络这一看不见、摸不着的媒介进行沟通，很容易只根据文字的字面意思造成沟通误会，影响彼此的关系。

2. 选择沟通方式感性

在沟通方式的选择问题上，只有少部分大学生在选择沟通方式时会考虑信息传达和接收的完整性，绝大多数大学生在选择沟通方式时是随意的、不经过太多考虑的，只图方便，不理结果，比如觉得能用微信发信息说清楚的就懒得去打电话表达，这都反映出大学生在朋辈间沟通中选择方式的重感觉、轻理性，选择时往往不考虑沟通的作用和效果，只在乎自己是否表达出想要表达的内容，但是你所想要表达的和别人接收到的信息并不一定就是对等的，有效的沟通需要同样重视沟通信息接收的一方。另外，不同的大学生群体在选择沟通方式时有所差异。相比来自城镇的同学，来自农村的同学选择沟通方式时会更多地考虑信息传达和接收的完整性，想要避免沟通不畅带来的尴尬情况，这可能跟其以往所生活的环境不同有关；生活在城镇的同学生活满意度更高，自我概念更强，做事更偏向以"我"为考虑的出发点，较少考虑对方的问题。

3. 比较缺少二次沟通

正是由于现在的大学生在选择沟通方式时重感性，不考虑作用和效果，所以大学生在进行朋辈间沟通时很少会进行二次沟通。有调查显示，只有不到十分之一的学生认为自己的沟通完全达到了预期效果，但是这部分学生在这样的情况下选择二次沟通的人数仅有不到三分之一。朋辈沟通相比亲子沟通、师生沟通的时间和机会要多得多，大学生在校园里接触最多的就是朋辈群体，因此彼此之间产生误会和摩擦的机会也更多，如果不能够进行有效沟通，误会和摩擦只会越积越多，对生活、学习和工作都将带来不良影响。比如常见的寝室问题，如果两个室友因为生活习惯问题闹了矛盾，一次沟通失败后却又拒绝通过二次沟通去解决问题，那么两个抬头不见低头见的人天天相对难免影响心情，进而影响生活和学习等其他方面。再比如，社团人际问题，如果同一个部门的大学生彼此因为意见分歧僵持不下，一次沟通解决不了就放着问题不管，那么工作任务进行不下去必定会受批评，两个人在这种情况下关系一定会恶化。

4. 把握不准异性沟通

异性沟通是大学朋辈沟通中不可避免的，也是不可缺少的重要部分。异性沟通不仅可以规范大学生的行为方式，还可以促进大学生的自我意识发展及心理健康，因此对于其他对象的良好沟通也是有促进作用的。但由于独生子女家庭成为主流家庭模式，当代大学生对异性沟通的认知限于父母之间，缺少以往有兄弟姐妹的家庭模式带来的沟通认识，加之传统文化观念中"男性更主动，女性更被动"的思想与当前社会男女平等观念的冲突，很多大学生面对异性沟通时显得束手无策，表现出举止笨拙、害羞回避等问题，不能灵活地因人而异地选择恰当的异性沟通方式，在异性沟通过程中往往因不如期望而失望，甚至是挫败，使其在异性沟通中不能够较好地适应，这对发展正常的异性友谊及今后建立美好的爱情都是不利的。

大学生的朋辈群体主要包括同学、室友、社团成员及具有相同兴趣爱好的同性与异性朋友。进入大学远离父母后，来自朋辈群体的支持和认可对大学生发挥着主导性的影响。朋辈群体的力量是一种潜移默化的感染，很容易出现相互影响、相互学习的情况。当前存在于大学生朋辈群体中的沟通问题急需解决，处理不当会产生连锁反应，大面积影响大学生的有效沟通。

二、大学的朋辈沟通原则

有人曾说："沟通是人们和组织得以生存的手段。"大学生正处于生理和心理高度活跃的时期，内心渴望得到他人的理解。大学里朋辈之间通过有效的沟通，可以减少在生活中的摩擦与矛盾，增进朋辈之间的深厚友谊，对个人身心健康的发展具有重要的促进作用。因此，大学生需要抓住朋辈沟通的核心，实现朋辈沟通的顺利通畅。而由于生活经历和体验的不同，不同的大学生有不同的为人处世风格，相应的，拥有的沟通态度也不同，带有鲜明的个性特征。态度积极的同学，主张与人沟通交流要诚实、热情、大方等；而态度消极的同学则认为"逢人只说三分话，不可全抛一片心"。两种不同的沟通态度，所持的沟通原则就不一样，直接影响沟通的效果。大学生在朋辈沟通中出现问题是时常的，也是正常的，但只要持有积极的态度和原则，就能顺利解决沟通问题，建立良好的人际关系。当然，朋辈有同性和异性之分，两者有效沟通的原则有共通之处，也有特殊之处，毕竟男女之间在生理和心理上都存在巨大差异。为此，在此分为朋辈有效沟通的一般通用原则和异性特有原则。

（一）朋辈有效沟通的一般通用原则

无论是同性朋辈沟通，还是异性朋辈沟通，只要是朋辈间沟通就更有共同之处，这使得朋辈沟通相较亲子沟通和师生沟通更容易，但是容易不代表随意，也不代表简单，只要是人际沟通就要遵守一定的原则，朋辈沟通也有它自己的原则，有它自己的内涵。

1. 平等待人、相互尊重

平等待人、相互尊重是朋辈间有效沟通的前提，也是朋辈沟通中最重要的原则。所谓平等，即人格的平等，也就是相互尊重。尊重主要包括尊重自己和尊重他人两个方面。尊重自己即自尊，就是在各种场合不卑不亢，自重自爱，维护自己的人格、权利和名誉等，不容他人在沟通中歧视和侮辱；尊重他人就是尊重他人的人格，承认他人在交往中的平等地位，以平等的沟通态度去跟对方对话，尊重对方的兴趣爱好，尊重对方的行为习惯，礼貌待人，不恶语相向。然而，进入大学阶段，大学生更加关注自我，尤其是一些独生子女，一直是父母的掌中宝，如果再有良好的学习表现，往往还是学校老师的宠儿，这类大学生在朋辈沟通中表现出的优越感和自尊心较一般学生更甚，更容易肯定自己、否定他人，在沟通交流中往往表现出傲慢的态度。这样是很难进行有效沟通，并形成良好的人际关系的。

如前所述，尊重是相互的。心理学研究表明，人们只接纳那些喜欢自己、支持自己、与自己合得来的人，即尊重自己的人，而对于否定自己即不尊重自己的人则倾向于排斥。尤其是朋辈之间，不像亲子、师生有传统意义上的地位、层级之分，彼此交往中往往更加追求平等和尊重。因此，大学生在与朋辈同学或朋友交往和沟通中尤其要注意平等和尊重的原则，相互之间的尊重是有效沟通、良好关系建立的前提条件。要懂得尽管不同的朋辈之间在年龄、气质、性格、能力和经济状况等方面存在差异，但在人格上是平等的，只有尊重他人，对所有的同学、朋友一视同仁才能得到他人的尊重，才可能有顺畅的沟通和持久的友谊。

需要注意的是，首先，尊重他人并不以彼此的某种共性为前提，对于那些我们不太喜欢的朋辈，我们有权利选择是否与其沟通，但是不可以不尊重对方。其次，俗话说"打人不打脸，揭人不揭短"，平时说话、开玩笑时不能触及对方的隐私、尊严，有时候熟悉的朋辈之间开玩笑本来无可厚非，但是开玩笑过头了触及他人隐私或尊严，就很容易引发冲突，把气氛和关系搞僵。最后，在尊重他人的同时要注意维护自己的尊严，虽然自身在某些地方可能不如别人，但是千万别因此而产生自卑心理，轻视自己，如果你自己都看轻自己，别人更不会看重你，只有维持自尊，才能获得他人的尊重，才能够在沟通和交往中保持平等的地位，维持有效的沟通和良好的友谊。

2. 真诚相待、以心交心

真诚相待、以心交心是朋辈有效沟通的基础。朋辈沟通中的真诚主要是指交往以诚，以心交心，就是对朋辈要敞开心扉，说心里话，不要口是心非，言不由衷。真正做到言为心声，对方也会以诚相待。真诚是人与人之间沟通的桥梁，自然也是朋辈间沟通的纽带，只有以心换心，以诚相待，才能使双方相互理解、相互信任，进而结成深厚的友谊。美国心理学家安德森（Anderson）曾对大学生做过测验，列出 555 个描述人的个性特点的形容词，让大学生指出在多大程度上喜欢有这些特点的人。结果表明，大学生评价最高的品质是真诚，评价最低的品质是装假和说谎。这就说明，真诚是大学生最期待、最看重的品质，这也是做人的根本，谁都不愿意和对自己不诚实的人沟通和交流。有了真诚，朋辈之间才会觉得轻松、安全、没有距离，心情才会舒畅，也才有了相互交心的渴望。朋辈沟通中的以诚相待还包括说话不投其所好，中肯地指出对方的缺点和错误，这不是揭短，而是帮助对方进步，所以在说话用词上得注意慎重。虽然这样的行为可能会一时引起对方的不快，但是只要是真诚的，随着交往的深入，对方一定能够体会到，这种不快也就会随之消失。

需要注意的是：真诚有时并不排除含蓄。朋辈之间说话办事要考虑场合，讲究方式。同时，一个人的真诚要得到沟通对象的认可、接受并引起相应的互动，常常需要一个过程，在这个过程中，暂时的不被理解甚至被误会的情况是会经常发生的。"路遥知马力，日久见人心"，大家相处时间久了，相互也就清楚了。当然，真诚不是装出来的，那种当面一套，背后一套，口是心非的人，一旦真相被人识破，将失去朋友。

3. 宽容待人、求同存异

宽容待人、求同存异是朋辈有效沟通的保证。朋辈之间尽管是同龄人，相同之处多，但是不同之处更多。每个人身上都有自己特有的小毛病或者缺点，会在沟通交往中引起一些摩擦，这是难免的。承认彼此之间这种差异的存在，遇到问题多沟通，并且以宽容的心态进行沟通，站在对方的角度去理解，就会使沟通更顺畅，从而避免彼此矛盾的产生。比如：同一寝室的同学，有的习惯中午不休息、晚上睡得晚，或开灯学习、听音乐，或大声说笑等，面对他们正确的做法是可以在适当的时候委婉地提出意见，同时也可对自己的生活习惯做适当的调整或改变，或推迟上床的时间，或听听英语磁带，这并不代表自己软弱，反而容易避免冲突的发生，同学之间的关系也就会更和谐、融洽。需要注意的是，给别人提意见一定不能当着众人的面。如果当面指责，对方很可能会产生逆反心理而拒绝接受，因为人一般不大愿意接受尖锐的批评，会觉得很没面子。心理学有一个说法叫作"汉堡法"，就是要打别人，先给别人吃个枣。所以要给别人提意见，也要先说一下别人的好，然后再委婉地说出想要表达的内容，以免使对方难堪、丢面子。

概括来说，宽以待人就是对别人的不足，不要求全责备，要宽恕、原谅别人。朋辈在大学生活中是接触最多的，产生摩擦和矛盾是不可避免的，不要因为一点小碰撞、小摩擦就耿耿于怀、抓住不放或伺机报复，而应有一点宽容之心。只有设身处地地去理解对方、宽容对方，才能交到更多的朋友。否则，因为一句话、一件事而小肚鸡肠、斤斤计较，就很难交到朋友。尤其是当发现别人错了的时候，不要得理不饶人，而应得饶人处且饶人。俗话说，"忍一时风平浪静，退一步海阔天空"，其实，宽容别人的过失或错误并不等于软弱、没面子或降低身份，反而说明自己大度，更能赢得别人的好感。

当然，宽容不等于不分是非，宽容也不是没有限度的，小事一般不计较，但当别人做出违反原则的事情或严重侵犯你的人格时，也应该选择恰当的形式做出反应，否则，不反应、不坚持原则，反而降低了自己的身份，别人也可能因此而轻视你。需要指出的是，不管是哪种情况，委婉的态度是非常重要的，它会产生完全不同的效果。

（二）朋辈有效沟通的异性特有原则

异性沟通一直都是大学生们关注的问题，异性朋辈相比同性朋辈在生理和心理上都具有更大的差异，这种差异吸引了异性相互沟通交往的欲望，女生喜爱男生的豁达、坚毅和粗犷，男生则喜爱女生的优雅、温柔和细腻。异性之间合理的沟通和交流是有益的，纯真的异性友谊是有助于心理健康的。但是，正是因为同龄异性之间有更多的差异，大学生在与异性朋辈交往时要注意遵守一些特有原则，避免产生一些误解，以致产生一些不愉快，制造一些麻烦。

1. 保持必要距离是朋辈异性沟通的先决条件

"男女授受不亲"的传统观念虽然在现代社会已经不是限制异性交往的教条，但是男女有别的事实是客观存在的。所以，大学朋辈异性之间可以有纯洁、纯粹的友谊，但是一定要把握好亲密度，保持必要的距离，遵守一些交往禁忌，这样才能使彼此感觉舒适、自然，不会让人觉得太过轻浮和随意，在此基础上的沟通才能顺利。跨越界限的交往只会让彼此感觉尴尬，势必会影响正常的沟通。

2. 相互信任尊重是朋辈异性沟通的基本保证

正是由于男女在气质、性格、身体、爱好等方面都有着较大的差异，所以朋辈异性之间的交往是较为敏感的，这就要求大学生在朋辈异性沟通中要注意自己的一言一行，要相互信任和相互尊重，相信对方抱着一颗真诚的心跟你交往，做到本着一份尊重的心去回馈对方，只有做到互信互重，才能在异性朋辈间建立起真挚的友谊，也才能保证彼此顺利地沟通。

3. 分清友情、爱情是朋辈异性沟通的重要保障

异性友情和爱情是有本质区别的，涉及沟通和交往时用词用语、行为举止等的不同，友情就是友情，爱情就是爱情，如果混淆两者，会让异性朋辈陷入进退两难的境地，增加彼此沟通的障碍。所以，大学生男女要从思想上、行为上分清友情和爱情的界限。不要随意试图去跨越这条鸿沟，超越一定的界限，兴许自己也分不清哪些是友情，哪些是爱情，这个时候将以什么样的沟通方式去和对方相处就会成为一大难题。

4. 参加集体活动是朋辈异性沟通的重要途径

鉴于异性交往的敏感性，大学朋辈异性之间可以选择参加集体活动，来增加彼此之间的沟通，增进彼此之间的友谊。集体活动一方面可以接触不同类型的异性，增加了解异性的特点和差异的机会，帮助后期更好地与之进行有效沟通；另一方面也可以避免一些误会而影响彼此的正常交往，影响顺利地沟通。当然，异性朋辈之间的独处有时候是不可避免的，这种时候就要留意挑选合适的环境和场所，尽量不要在偏远、昏暗处长谈，这将更有利于彼此的沟通交流。

三、大学的朋辈沟通方略

朋辈之间可以就思想、学业、情感、就业和人际等方面面临的诸多新问题和新挑战进行沟通和交流，相互在思想、学习、生活和工作等方面提供帮助，使彼此各方面能力得到有效提升。

（一）大学生朋辈沟通的策略

针对朋辈沟通的问题，可以遵循朋辈沟通的原则，采用一些有效的朋辈沟通策略来促进更有效的朋辈沟通，建立良好的人际关系。

1. 巧妙使用多种沟通方式，提高沟通的有效性

不同的沟通方式具有不同的沟通功能，所以即使是同一沟通主体面对同一沟通对象时也要进行各种沟通方式的灵活组合，这样才能达到良好的沟通效果。尤其是我们的大学朋辈之间，由于时间和空间的便利性，可以选择面对面沟通、网络沟通及书信沟通等多种方式来达到不同情况、不同场景下想要达到的沟通目的。比如，早晨临时有事需要独自离开寝室，不方便直接告知，又怕发信息吵醒室友时，可以留小纸条给还在睡梦中的室友们告知情况，以免不告而别引起担心，甚至误会。再比如，彼此之间闹矛盾，如果抹不开面子当面道歉，不妨通过短信、微信或者 QQ 等聊天工具传达自己的歉意，虽然文字没有语言来得直观有力，但是说出"对不起"总比没有说要好，当对方接受道歉之后，不妨再约出来面对面地进一步沟通，彻底消除误会。大学生在朋辈沟通中要抛弃定式思维，学会转换角度，学会灵活变通，这种沟通方式不行就换另一种，一种方式不行就综合几种，走出沟通方式单一的困境，运用多种沟通方式尝试表达，趋利避害，使用一种方式弥补另一种方式的不足之处，使表达尽善尽美，沟通双方无障碍，实现有效沟通。当然，无论使用哪种沟通方式，都要尽量使用简单的语言，因为语言有时是沟通的障碍，大学生应该谨慎用词，用语应该与接收方相协调，把想表达的意思组织得更清晰且容易理解。

2. 理性地选择沟通方式，多层次地考虑问题

在选择沟通方式时，要对所要沟通的信息进行多方面研究，研究它的内容、文化层次，还要研究信息接收对象的特点，更深入地对问题了解透彻，在选用沟通方式时尽量使自己处于理智状态，做到情感与理性的相互协调。虽然大学生朋辈拥有很多共同之处，但是毕竟个体与个体之间还是存在很大差异的，所以在和不同的对象沟通时应该选择不同的，并且是适合对方的沟通方式。比如，跟男生沟通可以直接点，语气可能重一点也没有关系，但是跟女生沟通就得委婉点，语气也相对要柔和，因为男生大多神经大条一些，不会计较一些细枝末节，而女生则大多敏感一些，有时用词用语不当可能就触碰到对方的某个点，引发误解，尤其是有些"玻璃心"的女生，在与之沟通说话时更是得注意。再比如，大学寝室的同学来自五湖四海，沟通时就不能像以前上初高中时一样用地方独有的一些说法来沟通，那样对方可能不理解，甚至产生误会、闹出笑话也不一定。当然，总有同学有时候会习惯性地进行这样的表达，那么在对方不理解的时候不要着急，平心静气地用对方能够理解的说法再表达一次，而当遇到不理解对方的情况时，也别认为对方是在欺负自己听不懂而生气，可以诚心地请对方用自己听得懂的表达再说一次。情绪是能严重阻碍并曲解传递的信息的，如果情绪化地厌恶某样东西，将倾向于不理解即将到来的信息，同时也不能有效地表达原有的意思。

3. 注重沟通信息的反馈，及时进行二次沟通

许多沟通问题主要是由于误解和信息不准确造成的。评判沟通是否有效的一大要素就是根据沟通对象的反馈信息，看其是否与自身所传达的意思相一致。如果反馈者的信息与自身传达的相一致，那么沟通有效，反之则需要再进行二次沟通，这些反馈包括口头的、书面的和非语言的。比如跟某个室友或者某个同学兴高采烈地描述着一件复杂的事，可能原来想表达的是 A，但是对方理解成了 B，当继续表述的时候会发现对方理解的可能跟自己想要表达的有所出入，一旦发现这个问题存在，就需要进行二次表达，跟对方沟通清楚自己到底想表达的是什么。需要注意的是，二次沟通时需要对存在的问题对症下药，首先需要弄清楚存在的问题出现在什么地方，从什么时候开始对方理解错自己的意思，然后再具体问题具体分析，根据问题的特点采用合适的沟通方式，并辅以其他沟通方式的配合，继续沟通直到问题解决为止。也可以通过让接收者复述自己的内容来确定信息是否被准确理解。世界上没

有两个完全一模一样的人，所以不同的人对事情的理解是有差异的，在沟通过程中想让对方完完全全理解自己所要表达的内容，就要注意及时接收或寻求反馈信息，确认彼此是否信息一致，这样才能保证整个沟通过程的准确、顺利。

（二）大学生朋辈沟通的方法

大学生活相比以往的中学生活，最大的特点就是自由时间更多，可以选择学习，也可以选择娱乐，但是不管选择的是什么，都避免不了与人沟通，尤其是与朋辈同学及朋友的沟通，因为大学生活大部分的时间身边围绕和接触的就是他们，比如同寝室的室友、同班的同学、同社团的朋友及校外接触的同龄朋友等，如果不和他们沟通，恐怕真的会是寸步难行。但是从原来的环境踏入大学全新的环境，这些大学生有的可能是第一次远离家乡，有的可能是第一次集体生活，对大学所在的城市及身边的同学或朋友感到陌生是很正常的，如何开启彼此的沟通之旅或许可以从以下这些方面入手：

1. 担任班委

担任班委是促进朋辈沟通一个很好的途径。班委相比一般普通同学参与处理班级的事务较多，自然接触班里同学的机会也相对多一些。见面次数多了，班里同学在不知不觉中对其建立了较深的印象，有些热情点儿的同学在校园里见到班委还会主动与其打招呼。大学里的班委跟中学时期一样是要进行竞选的，竞选的演讲其实也是一种朋辈沟通，如果想在大学期间认识、了解更多的同班同学，与其进行良好沟通，建立友谊，不妨参与班委竞选，即使是选不上，也可以给大家留下很深的印象，或许就此也获得了更多的沟通机会。当然，以担任班委这个方法去结交更多的朋辈同学和朋友的前提是要有把握当好这个班委，如果担任班委以后做不好事情反而遭到同学们的排斥的话，那就适得其反了。当然并不是必须要做好每一件事，只要是尽心尽力地去做每一件事，偶尔做得不好，也可以跟同学们好好沟通，争取他们的理解，相信大家会因为你之前的努力而原谅你，这也是一种沟通机会，也是对沟通能力的锻炼。所以，通过担任班委这个方法促进朋辈沟通，也得进行权衡，在自己有能力、有自信可以全心全意为大家服务的情况下才去担任这个班委，以便利用大学四年时间跟大家好好沟通，建立真挚的友谊。

2. 进学生会

进学生会是促进朋辈沟通另一个很好的途径。有的同学可能认为学生会事情很多可能会耽误学习，就此退缩；有的同学可能担心学生会人员众多关系比较复杂，进而望而却步。但是正是因为学生会的事多、人多，才让它成为一个小型社会，成为大学里一个锻炼朋辈沟通能力很好的场所。进入学生会，面对的将是各种事物和各种上下级关系，虽然很纷繁复杂，但是不管好的坏的都可以让人从中得到锻炼，锻炼的不仅是做事的能力，更是做人的能力，也就是与人沟通的能力。当然，进入偌大的学生会，并非要求大学生跟每一个学生会的人都变得熟络，而是按照自己的能力去尽可能多地沟通，这个过程就是对自身朋辈沟通能力很好的锻炼，当朋辈沟通能力提升以后，与人沟通并结交成朋友的可能性也就大大提高了。

3. 学会搭话

学会搭话是促进朋辈沟通需要掌握的一大方法。与人沟通最重要的就是说话能力，只要能说、会说，那么把一个陌生人变成好朋友的可能性就越大。进入大学，一开始并不认识任何朋辈同学或者朋友，大家来自五湖四海，各不相识，因为缘分才聚到了一起。这个时候，如果能够主动搭话，并且善于搭话，那么很快就能拉近彼此的距离，进行进一步的沟通和交往，慢慢成为好同学或者好朋友。值得注意的是，在搭话过程中要注意以下三点：不要说大话，不要说谎话，不要轻易做出承诺。第一，说大话被识破后会很尴尬；第二，说谎话是一种比较可耻的行为；第三，轻易承诺一旦实现不了，对方会失去信任，不再愿意深交做朋友。所以，如果想跟同学或者朋友成为好友，进行良好的沟通的话，就得学会和人搭话，一个不会说话的人，很难和人进行顺利的沟通，又何谈成为朋友。

4. 露出笑容

如果因为性格比较内向，一直都不善言语，一下子也改变不了，那么请多露出笑容，笑容是很好的一个沟通表情，它能给人亲切、温暖和美好的感觉。当然，这里所说的笑容指的是微笑，而不是猥琐的笑或者邪恶的笑，那样的笑恐怕会适得其反，让人觉得反感，因为那些笑容传达的是一种"不友好"的信息，不适合建立良好的沟通和关系，自然不适合用于结交朋辈同学和朋友。所以，请在做任何事情的时候都保持微笑，这样别人会感受到"友好"，觉得没有敌意，放下心理防备，愿意进行交谈，一来二去两个人就认识和了解了，随着沟通进程的推进，彼此或许就成为好同学或者好朋友，自己朋辈沟通的能力自然也在这个过程中提升了。这个过程其实并没有想象中那么难，毕竟是同龄人，虽然有差异，但是相比亲子、师生，彼此间的共同话题还是很多的，只要愿意露出笑容，良好的沟通也就开始了。

5. 调适性格

"江山易改，本性难移"，或许内向、沉默寡言的性格一时很难改变，但是想要获得良好的朋辈沟通，还是离不开会说话，所以学会改变原来的自己是必要的。虽然性格很难改变，但是做一定的调适还是不那么难的。树立改变的自信，就一定能有所行动和改变，也就一定能更好地与朋辈同学或朋友沟通，进而建立良好的友谊。具体怎么来努力调适，需要注意三个方面：首先，不能易怒，千万不要以为沉默寡言别人就看不出你的怒气，表情、肢体语言都会出卖你，所以不要动不动就生气，这样很容易让别人误解你脾气比较暴躁，导致别人不愿意靠近你，也就没有了沟通，谁都喜欢情绪稳定、亲切和善的人；其次，别人问话的时候千万别不理人，这是一种很不礼貌的表现，无疑像给主动沟通的人泼了一盆冷水，这样下次很难有人愿意主动沟通，加上自己又少言寡语，那么跟朋辈的沟通就更难顺利了；最后，尝试着多去了解别人，虽然自己少说话，但是可以多观察，当通过观察了解对方越多，或许就能发现彼此的共同之处，也就有了可以沟通的话题，一个很简单的办法就是去记住别人的名字，如果可以在第一次见面的时候就喊出别人的名字，对方会产生好感，因为每一个人对自己的名字都是最重视和敏感的，如果对一个连续见过三次面的人还喊不出名字的话，那么彼此成为好朋友的可能性就降低了。

（三）大学生异性沟通的策略

异性沟通是朋辈沟通的重要组成部分，因为性别差异，较之同性朋辈沟通，需要有针对性地依照异性沟通原则，采用异性沟通策略来实现有效的异性沟通，建立良好的异性友谊。

1. 建立健康的异性沟通观念，形成合理认知

良好的异性沟通建立在大学生健康的异性沟通观念上。具体而言，第一，有效的异性沟通首先基于大学生对自己的合理认知。大学生应客观地分析和评价自己的性格特征，认识到自己在行为表现和情绪方面的不足，然后学会悦纳自己的缺点，这样才能够有勇气平等地面对异性沟通。第二，将异性沟通的出发点定位于通过沟通向异性学习，从而促进自我发展。大学生在与异性沟通的过程中，应注意发现异性不同于自身性别的个性特征和优势之处，从而弥补自身的弱点，同时不同的个体本身的背景和经验就不同，所传递的沟通信息自然也不同，从接触中了解更多的知识经验应当是大学生异性沟通的根本出发点。第三，大学生在异性沟通过程中应做好接纳他人的心理准备，认识到对方必然存在自己不认可的个性特征和观点等。来自不同生活背景的大学生拥有不同的人生观和价值观是必然的，尤其是异性，本身由于性别差异就容易产生不同的观点和想法，如果一味地坚持己见而排斥对方，势必会引起沟通的失败，因此，提前了解和认识这一情况，并做好求同存异的心理准备就能够缓解异性沟通过程中双方因不同而产生的冲突。

2. 养成换位思考的沟通思维，提高异性情商

良好的异性沟通还需要大学生拥有换位思考的沟通思维。这是一种沟通高情商的表现，具有较好情感能力的大学生常常更容易获得异性沟通的成功，情商教育已经成为目前大学生成长发展教育中的重点。具体表现在三个方面：首先，大学生需要具备情感表达的能力。表达自己的情绪、情感体验是让对方了解自己的基本保证，大学生可以通过语言、表情、姿势等沟通信息让对方了解自己对事物所持有的态度，从而使异性沟通能够深入到个体的深层兴趣和喜好等方面。其次，能够感受到对方的情感变化。大学生不仅仅需要让对方了解自己的情感，更应该有能力感受对方的情感体验，这种情感能力需要在多次异性人际沟通的过程中发展，尝试将自己假设为对方所扮演的角色和所处的情景，便能够较容易体验对方的情绪情感变化。最后，根据对方的情感体验能够引发自身的情感共鸣。在了解异性情感体验的基础上，引发自身类似的情感体验便是情感共鸣，这种情感能力能够使异性沟通中彼此产生

更多的认同感，从而使异性沟通对象更容易接纳自己。①

3. 学习良好的异性沟通榜样，发展沟通行为

良好的异性沟通还可以通过学习良好的异性沟通榜样，养成良好的沟通行为。具体可以从三个方面入手：首先是学会倾听。在人际沟通中异性沟通是最特殊的，因为沟通双方在性别上存在着显著差异，而不同的性别角色使得沟通双方具有大相径庭的特征，如个性、思维方式、价值观念等，如何有效避免这种差异带来的沟通障碍，最有效的方法便是倾听。通过倾听可以了解对方的思想、态度等信息，同时倾听的过程也能够让对方感到被尊重和接纳，使得异性沟通的双方建立初步的认同感，消除异性沟通中对方不接受自己的顾虑。其次要善用语言。语言是沟通的主要工具，是否能够将话说到对方心坎上将直接影响沟通的效果。男女由于各方面的不同在语言表达上也是存在很大差异的，如何做到在异性沟通中善用语言？一方面，在异性沟通中应当尽量准确地表达自己的意图，做到词能达意，避免含糊其词，减少由性别差异引起的语言理解偏差；另一方面，要选择恰当的语言表达方式使对方能够更容易接受自己的思想和观点，多采用通俗易懂的语言，贴近生活，并加入幽默的色彩，消除个体对不同思想观点的天然抵触心理，自然能够达到较好的沟通效果。最后应使用多元化的沟通方式。采用多种沟通形式，有利于从不同的侧面深入了解对方，可以进行正式的面对面沟通，也可以采用间接的非正式沟通等，如电话、便条、信息化工具（短信、微信、QQ、微博……）聊天等。不同的沟通方式常常因为沟通情景的不同而导致沟通内容的不同，不同的沟通方式也可以消除异性沟通中的心理障碍，建立熟悉感，使沟通更深入。

（四）大学生异性沟通的技巧

沟通的过程更多的是一种情感上的互动，而沟通的目的是给双方带来愉悦的身心感受，特别是和异性沟通交往，更应该以轻松愉悦为目的，加强彼此间的情感互动。要做到这一点，关键是如何找到感兴趣的共同话题，如何

---

① 崔璎，夏拥军. 大学生异性沟通的心理学角度探析［J］. 中国电力教育，2008（15）：180-181.

含蓄地赞美对方，如何营造良好氛围等，让情感在彼此的内心流转，让对方加深对自己的认同感。和异性沟通时，切忌过于严肃，或只顾自己夸夸其谈，不顾对方的内心感受。否则，不仅会使谈话陷入僵局，还会直接影响对方对自己的印象与评价。所以大学生应该学会以下几点异性沟通的技巧，从容地面对异性。

1. 话语投机的技巧

在异性沟通中，很多人都希望能像同性沟通一样顺利，你一言，我一语，双方配合默契，谈兴不减，其乐融融。要做到这些，需要融心理、社交、口才等知识技巧于一体。否则，与异性交流，就很容易羞怯局促，紧张失措，连说两句应酬话也显得生涩，平日的伶牙俐齿、妙语连珠也不知都躲到哪里去了。当然，只要掌握一些基本的技巧，就能够在和异性沟通时应对自如。

（1）以对方感兴趣的为题材。在与异性谈话时恰到好处地选择那些生活中的趣事作话题，可以消除彼此之间的距离，使双方更容易产生共鸣，增加亲切感，比如选择一些比较轻松的话题：美食、旅行及校园生活的诗情画意等。这些话题不但可以一下子就激起彼此的谈话兴趣，而且话题的外延广、内涵深，不至于大家刚聊两句就没话说了。

（2）激发异性对象交谈的兴趣。在异性沟通中，往往会遇到一些说话比较被动的人。当别人开口与之说话时，其往往惜字如金似的仅用"是"与"不是"作答，无论对方如何发问，总是简单作答。如果遇到的是性格外向且有一定沟通经验的异性，那么对方还会锲而不舍，耐着性子寻找话题继续说下去，因为他们相信时间能慢慢地使陌生者变得亲切起来，甚至引出被动者感兴趣的话题，逐步改变"话不投机"的局面。但是如果遇到性格同样内向又没什么沟通经验的异性，可能彼此的交谈也就到此为止，相对无语了，那么也就没有后续的沟通。所以，当遇到说话被动的沟通对象时，如果自己性格外向那么就努力激发对方谈话的兴趣，使沟通得以继续；而如果自己性格同样内向那么尽量不要用简单的话语作答，避免沟通的中断，可以的话，要稍微主动一点去寻找彼此感兴趣的话题，激发对方的兴趣，让谈话进程持续得久一些，这样才有可能有后续的沟通。

（3）女生主动引起话题。在异性沟通中，我们常常会发现这样一个现象，在男女初识或者是彼此不熟的情况下，大多数女生都显得比较矜持，她们不光举止小心谨慎，而且都练就了保持沉默的功夫，将主动搭话的"活儿"留给男生去做。而沟通经验不太丰富的男生碰到这种情况往往会望而却步，他们会想这个女生是不是讨厌我，不想和我说话啊，有时候话到嘴边了口却难开。相反，如果女生主动与男生交谈，那情况就会迥然不同了，这会让男生感受到女生的谈话意愿，从而放松心情，愿意交谈。所以，异性之间相互交谈，女生可以相对主动些，而男生也应该克服心理障碍设法让女生主动地引出话题。与异性沟通其实并不是一件很难的事情，只要积极行动，就能挥洒自如。

2. 缩短心灵距离的技巧

异性由于彼此之间的巨大差异，往往从心理上建立起"距离感"，表现得紧张、羞涩，不愿意主动沟通，在这样的情况下谈何建立熟悉感，加深彼此的交流。所以，想要建立良好的异性沟通，应该从"心"这个源头下手，拉近彼此心灵的距离，那么后续的沟通也就自然而然了。究竟如何"近距离"沟通，可以从以下几个方面考虑：

（1）寻找共同的话题。俗话说："物以类聚，人以群分。"每个人的社交圈，实际上都是以自己为圆心，以年龄、爱好、经历、知识层次等共同点为半径构成的无数同心圆。共同点越多，圆与圆之间交叉的面积就越大，也最容易引起对方的共鸣。男女之间本身因为性别差异，少了很多共同点，所以，建立共同点就是拉近彼此心灵距离，促进沟通的关键，其中很有效的一个做法就是在沟通过程中选择彼此的共同话题，这能够让彼此都有话说，随着交谈的深入能够发现彼此的共同观点，从而建立起心灵互通的桥梁。

（2）多谈对方关心的事。人们最关心的是自己，这是人类最普遍的心理现象。所以在异性沟通过程中，切忌大肆吹嘘自己，这只会令对方反感，应该多谈谈对方关心的事，这会让对方感受到你的关心，从而拉近彼此心灵的距离，让对方愿意跟你继续沟通下去。另外，在碰到陌生异性时，不要过于一本正经，态度严肃，摆出一副臭架子，而要有幽默感。幽默感是人际关系的润滑剂，是智慧的结晶，它带给别人的是快乐，没有人会拒绝这种让人心情愉悦的交流方式的。

（3）巧妙地赞美异性。赞美是缩短异性心灵距离最好的方法，不管是谁，都喜欢受到夸奖，这是人的自然需要。所以无论男女，在与异性沟通交往时，都应该学会巧妙地运用赞美之言，这样就可以温暖对方的心灵，拉近彼此的距离。当然赞美异性要有技巧，不恰当的赞美之词会让人觉得没有真实感或者让人不觉得是一种赞美，这样就达不到赞美的效果了。一般来说，男性希望得到感谢，女性希望得到爱慕；赞美男性要含蓄，赞美女性要直接。

（4）保持适当的神秘感。有人认为，与人沟通交往应当真诚、直率，说话直截了当。这句话本来没错，但在与异性沟通交往中往往收效不佳。其实，保持适度的神秘感有利于异性沟通，神秘感会激起对方希望更加了解你的决心，因此，将自己开放80%的程度就好，剩下的20%不需要让对方知道，这种程度的开放既拉近了彼此的心灵距离，又可以进一步引起大多数异性的兴趣。

实验实训

一、超级比一比

目的：让学生初步体会在没有言语交流时的困难，认识到沟通交流的重要性。

材料：写有题目的纸条。

步骤：

1. 将全体学生分为四组；

2. 小组成员一字排开，除了第一人，其余的人皆面向相反的一边；

3. 教师把写着题目的纸条拿给第一人看；

4. 当第一人准备好后，计时每人十到十五秒的时间，小组成员做动作给下一人看（要传前，先拍打下一人的背。好让那人转身面向自己；做动作的人不可用写或出声来表达题目）；

5. 比画到最后一人时，教师向前询问答案，如果多于半数的人答错，可叫第一个比画的人再比画一次；

6. 每组轮流上去比不同的题目（每组 3 个题）；

7. 小组成员分享自己的感受。

二、坚守界限

目的：通过行为训练，学生初步学会一种四级界限的设置模式，能自信地向他人表明自己的原则立场，同时也能在沟通中维护他人的原则。

材料：制作投影片——四级自信模式。

第一级：通过有礼貌地提出请求，设定你个人的界限。（这不是宣称道德高尚，只是对你的需要进行简单、诚实的表达。为了使它能得到尊重，使用下面的表述："你介意吗？我觉得……"）

第二级：有礼貌地再重申一次你的界限或边界。（你可以不得罪任何人坚持你的需要。事实上，你不必出言不逊就可以做到。你可以考虑这么说："很抱歉，我真的需要……"提示：你第一次请求时没有退让的事实，将会给第二次请求增加许多力量，尽管它还是以和善的方式展开。）

第三级：描述不尊重你的界限的后果。"这是一件很重要的事。如果你不能……我就不得不……"（后果也许只是你简单地走开，否则将会更难堪。但要注意：大多数人在这个时候通常会放弃。我们大多数人害怕采取坚持的态度，然而，有时我们必须保护我们的界限，这是事实。）

第四级：坚持并实施自己的容忍底线。（"我明白，你选择不接受我的感受。正如我刚刚所说的，这意味着我将采取行动……"）

步骤：

1. 第一轮训练：

（1）把全班学生按性别分成两人一组，一人为 A（男），一人为 B（女）。请他们面对面站着，间隔 1.5 米左右。

（2）请每个小组的 A 主动向 B 靠拢，一次一小步，直到 A 觉得他们够近了。现在 A 说"我只想这么近"，并停下来不动。

（3）此时，请 B 继续向前走，一次一小步，直到达到他们自己的舒适限度。（这会引起不舒适的笑声，那没什么。教师可告诉学生，有时探索本身就是不舒适的，并请他们再忍受一小会儿。）

（4）当各组的 B 都不再向前走了的时候，教师说："我们现在有一屋子的组合，每组的两个人中至少有一人觉得不舒适。为什么？""事实上，现在，每组的两个人可能都有点不舒服，因为 B 确切地知道，自己已经擅自闯入 A 的舒适区了。没有人会愿意这样。请 B 向你们的搭档友好地道歉，然后请大家都回到原来的位置上去。"

2. 第二轮训练：

（1）教师展示投影片，讲解"四级自信模式"。

（2）请各组的 A 先向 B 走近，直到 B 已经感到不太自在时为止。

（3）告诉 B 进入自信模式的第一级。B 可以很有礼貌地要求他们的搭档退后一点儿，例如："对不起，我们站得再远一些，你不会介意吧？我不习惯和人靠得很近。这使我不自在。"

（4）请 A 对自己的搭档笑笑，但要站在原地不动。

（5）教师询问："B，现在，你们有多少人对自己的搭档有点儿恼火？"请他们举手示意，然后继续告诉他们："如果你们确实恼火，那你们需要进入第二级训练——坚持你们的界限。有礼貌地重复你们刚刚的请求，请你们的搭档退后一点儿，并保持尊重和坚定的态度。"（如："很抱歉，我真的需要远一点的距离。"）

（6）让 B 这么做。然后让 A 有礼貌地回答或微笑，但仍待在原处。

（7）告诉每个小组："现在你们可以根据自己的情绪控制能力，自由选择四级自信模式的步骤继续这个过程，也就是按照我们刚才提出的要求来进行下面的第三级、第四级训练。但我要提醒你们的是，请一定要尽量控制自己的不快甚至不满，尽量做到互相谅解。如果你们已经完成整个过程，请握握手，请求互相谅解并坐下。"

3. 分享：

（1）对 B 来说，设定自己的最后底线是困难还是容易？

（2）A 不答应 B 的请求，B 有什么感受？

（3）当他人不接受我们的请求时，我们会有什么想法和感受？这些想法和感受对我们寻求一种必胜的解决办法有什么影响？

（4）在"站多远"这个问题上，是否有 B 发现，自己是愿意让步的？你们看到了不喜欢和不能忍受之间的不同吗？

（5）当你们设定界限时，有多少人使用了自信模式的全部等级？有人只采用了一级，然后就让步了吗？有人甚至忽视了一级到三级，直接跳到了第四级，那样做合适吗？

体验感悟

一、为"沟通"支招

王萍是个喜欢交朋友的女孩。刚进大学不久，她就和班上一个女同学关系很好。可是，这个女同学老是喜欢说别的同学的坏话，甚至说王萍室友的坏话，还让王萍表态，王萍很不喜欢这种行为，她该怎么办才能既不伤害朋友又能把自己的想法说给她听？运用所学的方法给王萍支招。

二、我想对你说……

找一件你感兴趣的事，分别说给你身边的三个人听，注意观察对方的各种回应。比较不同的人对相同事件的反应，并写下你的收获和心得。

推荐书籍

[美] 罗纳德·B. 阿德勒，拉塞尔·F. 普罗科特. 沟通的艺术：看入人里，看出人外（插图修订第 14 版·简明版）. 北京：北京联合出版有限公司，2018.

推荐理由：《沟通的艺术：看入人里，看出人外》的作者投入多年的专业经验，深入探讨人际关系的理论与实践。全书分为"看入人里""看出人外""看人之间"三个部分："看入人里"主要探讨了与沟通者有关的因素，说明了人际关系的本质，强调自我在沟通中的角色，并分析了知觉与情绪在沟通中的重要性；"看出人外"聚焦于沟通者之外的信息的传送与接收，分析了语言的运用和非语言线索的特征，强调了倾听的重要性；"看人之间"则主要讨论了关系的演变过程，侧重于亲密关系的区辨，提出了改善沟通氛围、处理人际冲突的各种沟通方法。《沟通的艺术：看入人里，看出人外》既关注有关人际沟通的理论介绍，也加入了丰富实用的阅读材料。"技巧构建"板块有助于读者将习得的知识与技巧进行实际应用。对超过50部热门美剧、电影和真人秀的分析，可以让读者轻松印证每一章的沟通准则，增加阅读的趣味性。

第七章　锻炼沟通技能　职场灵活沟通

> 有效的沟通取决于沟通者对话题的充分掌握，而非措辞的甜美。
>
> ——葛洛夫（美国著名企业家）

 **心路历程**

一、职场故事

乔馨从某大学的人力资源管理专业毕业，在经过将近一个月的反复投简历和面试后，她最终选定了某一线城市的一家研究生产食品添加剂的公司。她之所以选择这家公司是因为该公司规模适中、发展速度很快，最重要的是该公司的人力资源管理工作刚起步，如果她加入，将是人力资源部的第一个人，她认为自己在该公司施展能力的空间很大。但是到公司实习一个星期后，乔馨就陷入了困境。原来该公司是一个典型的小型家族企业，企业中的关键职位基本上都由老板的亲属担任，其中充满了各种裙带关系。尤其是老板给乔馨安排了他的大儿子做临时上级，而这个人主要负责公司研发工作，根本没有管理理念更不用说人力资源管理理念，在他的眼里，只有技术最重要，公司只要能赚钱其他的一切都无所谓。乔馨认为越是这样就越有自己发挥能力的空间，因此在到公司的第五天乔馨拿着自己的建议书走向了这个临时上级的办公室，按照自己事先所列的提纲开始逐条向上级报告，直接指出了公司在人事管理上的问题，还直言"许多家族企业都是败在管理上！"结果上级让她拿出具体方案她又没有，她表示目前这只是她的一点想法，如果得到上级的支持，方案只是时间问题。最终上级让她回去做方案，把资料放在他那儿他稍后看了给乔馨回复，然后转头就忙自己的研究报告去了。乔馨通过此事真切地感受到了不被认可的失落，她似乎已经预测到了自己第一次提建议的结局。果然，乔馨的建议书石沉大海，上级好像完全不记得建议书的事。乔馨陷入了困惑之中，她不知道自己是应该继续和上级沟通还是干脆放弃这份工作，另找一个发展空间。

二、职场沟通无压力

沟通能力是评价一个人素质高低的重要指标，而它当前已经成了大学生求职就业及职业发展路上的"拦路虎"。很多大学生无法找到满意的工作、没有良好的职业发展并不是因为硬技能缺乏，而是忽略了对于自己软技能的训练。包括团队合作、创新精神、时间管理、沟通能力等在内的软技能恰恰是大学生提升就业力必须要掌握的。沟通技能是现在的大学生普遍缺乏的软能力，尤其是许多理工科的学生，觉得找工作、做工作都只需要过硬的专业技术能力就可以了，不需要专门学习沟通技能去做好与面试官、今后的上司及同事沟通的准备。其实，沟通是人与人交往的一个基本的技能，良好的沟通能力是求职的加分项。尤其在面试的过程中，与面试官的交流非常重要，有的人在面试中不知道怎样跟面试官沟通，甚至不敢看面试官的眼睛，这样面试官无法知其真实想法。还有甚者在面试中表现木讷，或者不知如何保持声调和语速，这样对应聘面试是相当不利的。就算是侥幸通过了面试进入工作岗位，缺乏沟通交流能力，同样会阻碍工作顺利地进行，有碍职业顺利地发展。在一个电视台的对话栏目中，一位家电企业的副总裁就曾经现身说法："我曾是个内向、怯懦的工程师，但后来却一路顺风，屡获提升。当我担任公司副总裁的时候，回头看到与我一起进公司的同事仍在原地踏步时，不禁感慨'他们比我聪明，也比我努力，唯一欠缺的是沟通'。"由此可见职场沟通的力量。据调查显示，造成办公室问题的一大原因即沟通不良，为此同事间产生许多纠纷，而离职也往往是因为沟通不畅。事实上，如何处理好与上司、同事、下属的沟通已经成为职场凸显的首要问题，对于我们的大学生而言，作为职场小白更应该尽早培养自己的职场沟通能力，避免后续问题的产生。

 **心理视点**

一、大学生求职面试的沟通技巧

大学生在求职就业过程中需要与用人单位进行有效沟通才能保证自己顺利通过面试环节，获得就业机会。而沟通无处不在，每一个细节都传递着信息，因此，大学生求职面试时要注意每一个环节，不光面试时的表现重要，面试前后的准备都很重要。

（一）面试沟通的四不要

面试沟通从想要找一份工作的时候就开始了，时间广度涉及面试前后，内容广度包括语言和非语言、口头和书面等各种形式，在整个面试沟通中有"四不要"是刚毕业的大学生最不容易做到的，需要引起注意。

1. 应聘不要"成群结队"

结伴求职、情侣求职等成群结队的应聘方式会使大学生在求职中的胜算大打折扣。一是同一学校、同一专业的同学扎堆，人为加剧竞争态势，造成无谓的内部竞争。二是情侣结伴找工作，有些企业不喜欢，当事人也易受牵制。此外，家长陪同求职也不一定是好事，由于家长对就业形势并不那么了解，往往出的主意或提的建议可能不是很符合市场需要，反而影响孩子就业。一些用人单位还表示，如今人才市场中信息多而杂，需要学生按自己的实际情况，独立思考。与人结伴同行，易让用人单位产生此人"性格不独立，依赖性强"的印象，从而导致对其能力的怀疑。

2. 面试不要"盛气凌人"

有的大学生想当然地认为，只有"摆酷"才能凸显个性，于是面试时谈吐张扬甚至盛气凌人，殊不知这样反而暴露了自己的幼稚及修养的欠缺。也有的大学生一看面试官就怯场、心虚、紧张，因此不免显得举止畏畏缩缩，难讨招聘人员喜欢。真正"个性化"的面试态度，是用落落大方的举止、衣着、谈吐等，实实在在地体现自己的内在个性。首先，要做到文明有礼、态度诚恳、沉着自信。其次，要做到注意倾听、仔细观察、机智应变。这既是对考官的尊敬，更是推销自己的重要手段。最后，要扬长避短，显示潜能。常言道，尺有所短，寸有所长。每个人都有自己的优势与不足，求职的大学生要根据应聘岗位的要求，充分显示自己的潜能，消除求职的不利因素。

3. 解读不要"望文生义"

解读招聘信息是求职的重要环节。如今，"个性化"的招聘广告层出不穷，有的头衔很新，还有的是岗位描述十分独特。而很多大学生对职位一知半解，甚至还在"云里雾里"就急急忙忙上前应聘，结果只能是失败。拿校园招聘会来说，《中国青年报》的一项调查结果显示，1986 名参加过校园招聘的受访者中，有 53.1% 的受访者反映企业招聘信息与实际工作内容相差大。首先，对于所有参加校招的企业来说，录用毕业生只是他们工作的目的之一，他们另一个目的则是做宣传。所以，在大学进行校招时，企业一般都会展示出最好的形象，也会拿出看起来最闪亮的岗位来做招聘，以达到引发最大关注、收集最多简历、形成最大传播的目的。其次，这个问题的根源可能更多在大学生本身，一些应届毕业生实际处于眼高手低的情况，对自己的能力盲目自信，对招聘启事里的词语含义理解不到位。两方面的原因导致最终的落差。

4. 简历不要"千人一面"

有的大学生"一份简历走天下"，不论职位不看行业，统统是网上下载的标准简历格式外加一张标准照。一份个性化简历首先需量体裁衣，要针对不同企业、不同职位撰写不同的简历，对症下药，投其所好。每一份简历只适用于一个单位或者一个职位，根据职位的要求取舍素材，确定重点。针对职位突出自己的优势，淡化不足，在内容的分布顺序上可以突破时间上的倒叙等常规做法，要先重后轻，突出与别的竞争者的不同，重要内容可加黑突出关键词等。此外在简历形式上也要做文章，突出个性化色彩。

（二）面试沟通的技巧

掌握一些基本的面试沟通技巧，有助于我们提升面试自信，助力我们面试成功，具体来说，有以下五个方面：

1. 到达时间的把握

大学生参加招聘面试时最好提前 3~5 分钟到。面试如果迟到，很可能会被看作不会安排时间、缺乏条理；提前 15 分钟以上到，有时似乎显得无所事事。因此，提前 3~5 分钟到达最适宜。在等待的过程中，即便是超过了预约的时间，也不宜表现出不耐烦的情绪，否则容易被当作易怒、暴躁的人。同时在等待过程中没有特殊情况不要用手机打电话，这不仅会打乱你的准备节奏，也是一种不专注、不重视的表现，会给招聘者留下不好的印象，对此，可以提前将手机静音或者关机以免突如其来的电话的打扰。

2. 自我介绍的要点

"请你做个自我介绍"这道题 90% 以上的用人单位都会问，参加面试的大学生事先最好以文字的形式写好自我介绍词并背熟。其实你的基本情况用人单位已掌握，考这道题的目的更多是考核你的语言表达能力、逻辑能力及诚信度。所以，在口头自我介绍时内容要与个人简历相一致，表述方式上尽量口语化，注意内容简洁，切中要害，不谈无关、无用的内容，条理要清晰，层次要分明。并且，自我介绍不宜超过 2 分钟，最好把握在 1 分钟左右。

3. 举止表现得自然

当招聘者招呼你时，伸手不要过于生硬，握手不要有气无力。假如对方让你先进门，有可能是想从身后观察你。面试开始时，招聘者对你实际上已经有了第一印象，假如对方的目光让你感到不自在，你可以望着对方的眉毛或鼻尖，一味直勾勾地盯着对方的眼睛也会让对方觉得突兀。做出具体答复前，可以把视线投在对方背景上（如墙上）约两三秒钟做思考，不宜过长，开口回答问题时，应该把视线收回来，尽可能表现得自然。

4. 经历忌夸张描述

当向招聘者谈及自己的经历时，要尽可能突出个人优势和实际能力，但注意不要过分夸张地推销自己。有经验的招聘者很容易识破其中的水分，他们还很善于了解应聘者的求职动机。所以，不宜反复强调自己的应聘动机，也不要让招聘者感到无论什么条件你都要获得这个职位，这些都不利于面试成功。

5. 过程中集中注意力

无论谈话投机与否，或者招聘者有其他的一些活动，如暂时处理一下文件，接个电话等，你都不要因此分散注意力，不要四处看，显出似听非听的样子。如果你对对方的提问漫不经心，言论空洞，或是随便解释某种现象，轻率下断语，借以表现自己的高明，或是连珠炮似的发问，会让对方觉得你过分热心和要求太高，以至于难以对付，这都容易破坏交谈，是不好的交谈习惯。

二、大学生初入职场的沟通法则

对每个社会人而言，职业是个体安身立命的依托。在职业生涯中，良好的人际沟通有助于初入职场的大学生调整就业心态，增强从业志趣，实现职业梦想。在职场中，沟通就好比人的血脉，假如沟通不畅，就像血管栓塞，最后会导致严重的后果。因此，要学会职场的人际沟通，了解沟通的障碍和误区，同时掌握沟通的方法和途径，沟通不只是语言沟通，还包括动作、姿态、眼神、表情等非语言沟通。有时，一个肯定的眼神，抱一下肩膀，笑一笑……都会有很大的作用，让自己工作开心、事业有成；而一个冷淡的表情，一个拒绝，一个白眼，就会让自己备受打击，工作受阻，发展受限。

（一）职场沟通的心理障碍

每个人不同的心理素质加上社会环境等的影响，造成了一些大学毕业生沟通困难的问题，导致其在职场中无法融入同事，难以对接领导工作，这是当前大学生频频发生离职现象的首要原因。

1. 角色障碍

一个人在不同时期所扮演的角色是不同的，而不一样的角色承担的角色内容也不相同。初入职场的大学生由学生转变为职员，工作前他们都处于校园环境中，接触社会工作的机会较少，甚至有的大学生丝毫没有接触过社会工作，所以对它的认知有限或是有认知上的偏差，他们意识不到对自我本身的定位与社会所需的要求之间有着较大的差距。当走进全新的工作领域后，他们才发现真实情况并非自己所想，以至于低落失意，因理想与现实的差距而退行，甚至采取躲避等行为拒绝成长。比如，曾经有一个大学生在刚参加工作时，在公开会议上直接指出顶头上司工作上的失误，自认为当面直接指出问题是真诚、坦率的表现，哪晓得这样既伤害了上司的面子，也影响了问题的解决，更破坏了彼此之间的和谐关系，影响了后续的正常沟通。由此可以看出，不少大学生新员工身处复杂的社会工作环境中，自己的认知与观点却相当稚嫩不成熟，即使离开了单纯的校园，很多大学生也还是习惯用学生的思考模式面对问题。因此，在角色还没有转变成功时，大学生对本身的认知和对工作角色的期望往往会出现偏差，以至于和领导、同事之间关注问题的重点与对待心态有所差异，导致沟通障碍的形成。

2. 倾听障碍

"少说话多做事"一直被奉为职场金律，少说话的潜台词是多倾听，足见"倾听"在职场沟通中的重要性。而大学生作为职场新人，没有社会工作经验，往往会产生倾听障碍。倾听障碍一般可分为环境障碍和倾听者障碍。首先，环境障碍直接影响着倾听的较好展开，这种影响一般通过干扰信息传递过程、影响沟通者心境两方面实现。在干扰信息传递过程方面，嘈杂的环境是引发这一障碍的主要因素，在嘈杂的环境中倾听者自然不能够较好地完成具体信息内容的倾听；而在影响沟通者心境方面，它不同于嘈杂环境所带来的客观影响，其主要问题是在主观上影响倾听者的心绪，这种影响会在不同的环境中引发不同的效果，这主要是由于不同场合会给人们带来不同的心理压力、氛围影响及情绪。[①] 对身为职场新手的大学生来说，尤其容易发生倾听障碍，面对领导内心胆怯，本来想表达的内容表达不清楚，本来能做好的事搞砸了，就是这样的情况。其次，倾听者在职场沟通中占据着极为重要的位置，但如果倾听者本人存在倾听相关障碍，那么职场沟通自然不能实现较好地展开，而作为职场新手的大学生相对更容易陷入这一障碍。这一障碍具体可以细分为急于发言、排斥异议、心理定式、厌倦、消极的身体语言、生理差异、选择倾向、过分关注、武断、过于注重说话方式与外表等 10 个方面，表 7-1 对这 10 个方面的职场沟通倾听者障碍进行了详细表述，由此大学生能够认识到这一问题对职场沟通带来的负面影响。[②]

---

① 许权耀. 新进员工如何提高职场的人际有效沟通 [J]. 企业导报，2014 (20)：195, 121.

② 杨从杰，董晓晨. 初入职场大学生沟通障碍管理研究 [J]. 高等财经教育研究，2015, 18 (4)：61-64.

表 7-1　职场沟通倾听者障碍

障碍	内容
急于发言	在他人话没说完时打断对方，或没有打断但心里不耐烦
排斥异议	拒绝倾听自己不喜欢、和自己意见不一致的意见，对逆耳之言注意力不能集中
心理定式	无法在客观角度冷静接受他人所传达的沟通信息
厌倦	在倾听过程中想要打断去做其他事情
消极的身体语言	东张西望、跷二郎腿、用手不停地敲打桌面
生理差异	听觉器官存在缺陷，影响倾听效果
选择倾向	选择自身感兴趣的信息，漏掉其他信息
过分关注	过分注重沟通中的名字、日期、地址等细节，忽视沟通中传达的大方向内容
武断	觉得他人的话没有价值，忽略其语言信息
过于注重说话方式与外表	受对方外貌与口音影响，最终降低倾听质量

3. 情绪障碍

在职场中因冲动得罪别人，导致人际关系恶化的例子比比皆是。大学生从象牙塔里刚刚跳脱出来，作为刚入职的新人，刚开始很可能不适应职场的工作节奏和为人处世的方式，对很多人或者事情非常看不惯，比如尽管认真地遵守着单位的规章制度，但是某些不认真遵守的人却一直得到领导的认可，于是自己心里非常不平衡，再比如明明是领导安排给同事做的事情，同事却推给自己，最后出了问题，同事非但不帮忙解释，还要把所有的责任都推到自己身上，等等。对于这种全新的职场环境，大学生难以很快适应，情绪波动比较大，加上缺乏人生阅历和工作经验，很难及时调节自己的负面情绪，从而影响自己的工作效率，严重地与同事、领导发生冲突，影响人际关系，甚至导致离职的也不在少数。作为职场新人，产生情绪障碍是难免的，但是要学会控制自己的情绪，如果一遇到不顺利的事情就浮躁，甚至开始打退堂鼓，那么不管到哪里工作都会遇到同样的事情，因为职场环境都是大同小异的，面临的问题都是类似的，所以，还是要靠自己来控制情绪，这才是适应职场的硬道理。

（二）职场沟通的心理误区

大学生初入职场，因为接触的是全新的环境，很容易因不适应而产生一些沟通问题上的心理误区，如果不及时调整，定会影响后续工作上的顺利沟通。所以，大学生有必要清楚了解职场沟通的心理误区，减少或避免这些情况的发生。

1. 陷入作战的状态

职场并不都是和谐一片，相安无事的，比如我们在电视剧职场场景中可以经常看到同事之间激烈开火，唇枪舌剑，到最后两败俱伤的情形。大部分大学生毫无职场经验，很容易就激动得陷入口舌战当中。其实，双方谈话火药味十足而无法再继续，通常是因为沟通双方犯了一个很严重的错误：彼此已经陷入了一种作战状态。此时的谈话变成了一场零和游戏，只有胜者和败者之分。但实际上，如果双方都提高说话的声调，特别是在办公室里，那么彼此都会很尴尬，双方皆输，没有赢者。真正的敌人不是与之谈话的对象，是作战状态本身。为了避免进入作战状态，需要做些努力尊重谈话的对象，当然也要尊重自己。如果谈话对象公开挑衅，那么要确保回应的方式不会让自己失态，如果失态了，那么彼此就陷入了作战状态，如果可以把握分寸不失态，那么事后可以为自己的表现感到骄傲。

2. 欲将问题简单化

职场沟通很大的一个问题就是双方讨论的主题不明确，这样就很容易各执己见，发生争论。如果双方讨论的主题很明确，争论的可能性就不大。在职场，遇到的问题往往不是单一的，可能一个问题的出现就会引发一系列的问题，但由于同时解决所有问题的挑战性比较大，所以往往可能会把这些问题变成一个相对简单的大问题。尤其是大学生作为职场新人往往理不清头绪，容易犯这样的错误。但是，这样一个"相对简单的"大问题的出现通常让人产生一种它容易解决的错觉，可实际上它并不容易解决。所以，如果问题本身不太复杂，为了避免将问题过于简单化，请提醒自己或许这个问题谈论起来并不会很困难。值得注意的是，避免将问题过于简单化的关键是尊重要解决的问题。

3. 猛烈地抨击对方

在职场沟通过程中，其实沟通双方都不想表现出不悦、恐惧、气愤、尴尬和防卫等这些负面情绪，尤其是大学生作为职场新人总希望能建立一个和谐的人际关系。但由于沟通能力欠缺，加上性格等一些方面的原因，总会有大学生在面对职场沟通对象时表现得过于激烈，最后甚至可能发展到双方针锋相对的情况。这时，当事人其实需要缓和一下：说出自己真正想说的东西。虽然这么做坏情绪并不会立刻消失，但是通过实践，当事人会发现自己能忽略这种情绪而开始关注讨论的结果。

4. 故意耍阴谋诡计

像撒谎、威胁、敷衍、哭喊、挖苦、吵闹、指责和冒犯等类似的情况，都会出现在职场沟通谈话中。毫无职场沟通经验的大学生碰到这样的问题时往往会手足无措，甚至有些情况下他们也会出现这样的问题，但只要掌握了应对办法，化解这类沟通问题不是难事。应对的办法多种多样，归纳起来包括被动的反攻和主动的出击两种。需要指出的是，最有效的沟通是双方都保持中立，声明谈话过程中不能耍花招。比如，如果沟通对象在谎言被拆穿后沉默不语，大学生可以直接问："我不知道该如何理解你的沉默？请以实事求是的态度就事论事。"

5. 无法冷静对弱点

大学生职场新手不可能完美到无懈可击，他们或多或少都存在这样那样的弱点，而如果有些人发现这些弱点（不管是不是偶然发现的），并想用此给予伤害，这时双方的沟通就不可能在一个良好的氛围中进行，一场争吵往往不可避免。这个弱点或许跟工作有关，会让人觉得自己的工作没有得到应有的尊重。这个弱点又或许是极为私密的，比如某种身体上的小缺陷或者隐疾等。但不管怎样，找时间想想是什么让自己产生困扰。如果清楚自己的弱点，那么在别人刺到痛处时就可以冷静面对。

6. 猜测对方的意图

乐观的人会认为，沟通过程中的每一次分歧都是两个充满善意的人之间的误解，而悲观的人或许认为意见分歧实际上是一种恶意的攻击。在沟通遇到阻碍的情况下，人们往往忘记其实不必去猜测任何人的意图，只要清楚自己的意图就好。尤其是作为职场新人的大学生，不要被以往所见所闻的那些职场钩心斗角的可怕故事限定思维，总觉得别人不怀好意。这反而会影响我们的沟通意愿。其实不管对方的意图如何，沟通总是不可避免遇到困难。记住沟通对象对彼此的意图都模棱两可。而如果遇到困难，只要记住并坚持这句话就不难化解："在我们沟通的过程中，我意识到我没有充分理解你对这个问题的看法。"大胆地承认自己不知道的东西，这会让彼此之间的沟通回到正轨。

7. 未主动反复排练

如果认为某次或某种沟通注定是艰难的，那么就应该主动练习要说的内容。但是，艰难的沟通不是"演员"和"观众"之间的一出戏。一旦沟通开始，对方的脑海里会浮现一个"剧本"，并会在沟通过程中做出各种反应，这些都会影响对对方的理解和自己的应变能力。所以，应该准备几个问题：（1）问题出在哪？（2）沟通对象对这个问题会说些什么？（3）我希望得到的沟通结果是什么？（4）我希望和沟通对象保持一种怎样的工作关系？

大学生刚参加工作，对职场沟通毫无经验，更应该主动提前反复排练，这样有助于职场沟通的顺利进行。

8. 迷失了沟通方向

任何一场艰难的沟通的关键是明确沟通的目标，这是大学生职场新人要牢记的一个沟通要点，否则很容易在沟通中迷失自己的方向。目标有助于双方达成一个清晰、现实、乐于接受的沟通结果。希望自己与沟通对象保持怎样的工作关系，有必要仔细思考一下可能对双方造成沟通障碍的问题。沟通中，争个"谁输谁赢"不是目标，能够达成一致才是"双赢"的结果。如果能够主动练习要说的内容，沟通中明确目标就应该会更容易。这样，就不会因为对方的"阴谋诡计"或自己的情绪而失态。

（三）职场沟通的基本原则

职场不同于校园，有它独有的沟通背景和环境，刚毕业的大学生初入职场有必要了解职场沟通的基本原则，尤其是与在校园中沟通不一样的地方，这将有助于其尽快适应职场，建立良好的同事关系和上下级关系，从而助益于职业发展。

1. 适者生存

"适者生存"是自然界的基本法则，也是职场人际沟通的实践要领。每个单位都有其独特的文化理念和管理方式，它们是其员工集体生活的文化基础和行为准则。这是由该单位的社会分工、人员素质、目标追求和现实状况所决定的。新入职的大学生，要想站稳脚跟，有所作为，必须先从心态上将自己从学生转变成职业人，接受和适应这种职业的生活方式。职场人际沟通须从认同单位文化、尊重单位同事、做好本职工作开始。只有适应了职业角色，融入了所在集体，才可能与身边的同事，建立和发展良好的人际关系，从而赢得适宜的生存发展空间。

2. 换位思考

学会换位思考是人际沟通达成一致的重要策略。无论是与单位的领导、同事还是与工作服务对象交往，都要立足当前职业角色，摆脱在校园中与同学、老师轻松、随意相处的氛围感，以一个职业人的眼光，与领导、同事、客户甚至竞争对手友善合作相处。在遇到分歧或者冲突时，不要轻易否定他人的意见，既要坚持依规办事，认真履行职责，又要换位思考问题，体谅对方难处。要在倾听对方的真实意见和立场之后，再冷静客观地表述自己的意见。要善于发现矛盾双方的契合点，扩大人际沟通的一致性。

3. 情绪管理

校园自由松散的氛围及大学生本身所具有的自我性，使得很多大学毕业生很难适应职场复杂的人际与社交，而关键在于他们没有科学控制自己的情绪。情绪管理是人际沟通的基本要求，人们通常都不乐意接受恶劣的态度。在出现人际沟通障碍时，情绪的不良反应往往会比理智反应来得快，这就需要管控好可能影响沟通目的的不良情绪。平时，要养成礼貌待人、平和处事的习惯。在人际交流沟通不畅，发生意见分歧，受到对方情绪化言语、行为的不良刺激时，要沉着冷静应对。以非对非，不仅无助于分歧的弥合，反而增加沟通的难度。不良情绪难以控制时，应当暂停表达，或者及时为自己的不当之处向对方道歉，或者转移话题，缓和情绪，待双方都冷静下来之后，再转换角度，降低声音、放慢语速、调整语气说话。这样才有助于理智的恢复和人际沟通的继续。

（四）职场沟通的策略技巧

职场人每天都要面对不同的沟通问题，在少说多做的同时，如何把"说"做到令人不生厌是有技巧的。人们说话，其实是发表个人想法和意见，根本目的是想说服对方，获得认同。所以从本质上讲，对于听者而言，说者像是在"讲道理"，接受与不接受势必影响双方继续对话，也就是继续沟通的可能，对于"讲道理"可以参照以下几点：

1. 只讲自己真正相信的道理

"有些人整天讲一些自己都不相信的话，希望别人相信"——台湾著名作家、评论家和历史学家李敖先生把这种人称为"放屁狗"。这种人这么做的成功概率事实上并不低，甚至可能很高。但是，万一被揭穿了的话，风险也很大，名誉扫地只是起点而已，往下还可能有万劫不复的各种可能性。尽管"自己真正相信"与"事实上真正正确"并不总是一回事儿，但毕竟因为"自己真正相信"，所以必然身体力行。于是，那些自己真正相信的道理会因为自己已经反复实践过而更可能是正确的或起码真的有一定道理。好比自己写一手烂字却反复告诉孩子"一定要练好字"的父母，这看起来就很滑稽，尽管写一手好字确确实实好处多多。职场沟通亦是如此，一旦沟通对象发现你讲一些自己都不相信的话，轻则认为你乱说话，重则不再信任你。

2. 实事求是好过打肿脸去装

自以为是的人已经很令人生厌，在各个方面任何时候都总是自以为是的人基本上是个"讨厌鬼"。没有人完美无缺，说服他人之时，"自身完美"原本并不是必要条件。"装"的人迟早会露馅——真本事是装不出来的。只要是正常人，就必定有这样那样的缺点，或犯过这样那样的错误，也可能经常被命运折磨得手足无措、沮丧无奈，没什么不能承认的。尤其是大学生初入职场，不要为了想给大家留下良好的印象而打肿脸去装，对任何人、任何事都以实事求是的态度和行动去对待，这会让彼此的沟通更顺畅。

3. 跟前辈讲话提前做好功课

其实无论做什么，都要提前做功课，讲道理更是如此——这原本就是赢得尊重的体力活。给不同的人讲道理，很可能要用不同的方式，不演练好就出手很可能搞砸；给不同层面、不同领域的人讲道理，很可能需要不同的素材、不同的深度，不把功课做足，就很可能反过来被教训一通。尤其是大学生作为新人如果要讲道理必须做足准备，否则很容易搞砸。当然，在职场上也会碰到这样的情况，很多人以为自己是前辈或者是上司就自动拥有了"权威"，殊不知恰恰因为自己是前辈或者是上司，自己赢得尊重的成本才更高，弄不好颜面尽失的风险更大。因此与前辈或者上司沟通时，大学生要谨慎说话，以免影响沟通。

4. 万事要以帮助他人为目标

要是帮不上别人，起码不要添乱，否则会被讨厌进而影响彼此的后续沟通。不帮忙反而带着私人目的更会破坏沟通，所有想通过各种手段抬高自己或者变相抬高自己的企图最终都会被识破，都会"偷鸡不成反蚀米"。要是自我审视之后发现自己沟通的目的本质上只不过是想抬高自己、证明自己正确，那就请三思而后言，不是真心帮助他人的事到最后往往是不会成功的。对于作为职场新人的大学生更是如此，没有人喜欢一个高傲不谦虚的晚辈。

5. 说话需要选择对象和时机

所谓"可与言而不与之言，失人；不可与言而与之言，失言。"有些人不懂道理，那与之讲道理无异于对牛弹琴。事实上，对牛弹琴还可能提高牛的产奶量，可是非要跟听不懂道理的人讲道理，不仅讲不通，还会严重破坏自己的情绪。作为职场新人的大学生本来就是晚辈或是下属，说话更要注意，尤其是想要或必须讲道理的时候一定要选择对象和时机，老前辈和上司不是随意能去讲道理的，就算是平级的同龄同事，毕竟也先入职了，在对方的观念里你要尊重他们，所以讲话也需要慎重考虑。

6. 说理奉行简洁至上的原则

职场中，跟同事、跟领导讲道理的机会不在少数，而讲道理和写文章其实区别不大，都要简洁、朴素、有效、准确、全面、生动才好。这些基本风格中最重要的是简洁。除非万不得已，千万不要啰唆。比如，很多孩子之所以"叛逆"，其实倒不是他们喜欢叛逆，只不过是受不了父母没完没了地唠叨。很多人之所以做不到讲道理时简单明了，归根究底还是因为未养成做事提前做功课的习惯。作为职场新人，如果讲话啰里啰唆、又臭又长，会降低同事及上司对你的印象，影响以后彼此沟通的良好氛围。

7. 说理时应该坚持不讲空话

无论什么道理，很难"放之四海皆准"。有用的道理，通常必然存在一个"适用范围"。更多的时候，说清楚道理很可能并无必要，因为那是大家都知道的显而易见的道理。真正能够帮助别人的是讲清楚道理的适用范围。最令人生厌的大道理经常披着这样的外衣："……应该……"。谁都知道什么事应该怎样（除了那些极端缺乏常识的人之外），人们需要的往往不是"什么"（What），而是"为什么"（Why）和"怎么"（How）。只讲显而易见的道理，却不说清楚适用范围，不仅偷懒，且不厚道，又让人觉得莫名其妙。大学生初入职场切忌一本正经讲显而易见的道理，这会给大家留下"摆谱"的印象，觉得你不靠谱、不踏实，真要讲道理就要多考虑当中的"为什么"和"怎么"，想清楚之后再谨慎说话。

8. 说理时摆明立场也很重要

工作中，跟人讲道理，是为了帮助对方。有时明明是显而易见的道理却遭到了抵触，那往往是因为没提前让对方明白"我跟你是同一条战线上的"。原本想帮助对方，可是不知不觉之间已经把自己变成了对方的敌人，而此时对方的唯一重要目标就是"战胜你"，这有点类似于"出师未捷身先死"。让对方明白彼此之间应该是"合作关系"，是"一伙"的，这是最重要的前提，没有这个前提，一切都是白费。说服工作伙伴的基础永远是信任。更多的时候，这件事也需要提前做大量的功课才行。大学生进入职场，就像一张白纸，一切从零开始，应该牢牢记住这句话——"信任不是想出来的或者抢来的，是慢慢赢来的"。想要获得信任，帮助自己在以后的职场沟通中营造良好基础，就应该在必要的要讲道理的时候表明立场，建立信任。

9. 给对方足够时间接受道理

知易行难，大多数人在犯错的时候确实"真的不是故意的"。知书达理并不见得总是可以成功地转换为恰当的行为。讲的道理就算正确，对方也很可能需要一定的时间去消化，需要更多的经历才能产生进一步认同，就算对方已经接受这一道理，也还需要花费相当长的时间，并且动用足够的意志才可能把接受来的想法以恰当的方式转换为恰当的行为，这些都需要时间。大学生初入职场本来就是职场新人，讲的道理的信服度相对就没有那么高，更需要给人时间消化、接受和实行。如果因为对方没有实行，就产生负面情绪，那么势必会影响双方今后在工作中的其他沟通。

10. 养成不断反思的良好习惯

人类拥有强大的反思能力。尽管很多人的这种能力最终没有"用进"反而"废退"，但至少每个人原本都拥有这个潜质。没有任何道理是永远正确的，今天适用的，明天可能不再适用，现在看起来无懈可击的，将来可能被发现不值一驳。试错是人类进步的唯一方法，而反思是唯一使试错体现出价值的手段。反思不仅仅是一种应该养成的习惯，准确来讲，人无反思能力与蚁蜢无异。对于作为职场新人的大学生而言，因为毫无职场经验，所以对自己所说的、所做的更应该不断地反思，这样才有利于自己发现问题，从而去改变不足，促进今后工作中与人的良好沟通。

对于刚刚走出象牙塔，面临复杂社会和职场的大学生来说，良好的职场沟通是融洽人际关系、实现交际目的的重要因素，也是个体社会化程度的重要指标。把职场人际沟通的正面效应最大化，是大学生成就自我，实现自我的重要途径。所以，大学生要认清职场沟通中的心理障碍和误区，并且掌握职场沟通的原则和技巧，以此应对障碍和误区，将自己锻炼成为一个职场沟通达人。

三、大学生职场团队的沟通协作

沟通对团队的工作展开起着关键性的作用，研究表明，团队的成员 80% 的工作效率来自良好的沟通。团队是需要沟通的，在一个团队里，如果听不到一点异响，听不到一点反对意见，那是不正常的。好比水在污泥塘里，不动不响，那是死的；在清江河里，汹涌奔腾，那是活的。在团队中，有一点逆耳的话在耳边响着，警钟长鸣，不见得就是坏事，甚至可以说，是好事。大学生走上任何一个工作岗位，都会成为某一团队中的一员，都需要做好团队的沟通协作，做到上通下达，这样才能促进团队，同时也促进自身的发展。

（一）职场沟通协作的黄金法则

普通上下级之间或者一般同事之间的沟通跟处于一个团队中的沟通一定是有所不同的，团队本身就已经是一个特殊的存在了，必然有它独有的特点，也就有它适用的沟通法则。

1. 立场正确，目的明确

关于沟通协作，身为职场新人的大学生要掌握的首要原则就是立场正确，目的明确。不管对内对外，针对需要解决的问题，彼此要达成一致的、正确的且清晰的目标。在业务交往中要尽职守则，和衷共济。出现分歧时，要顾全大局，舍己为公，做出表率。在与合作者的沟通中，时刻将共同的利益点置于最核心位置，根据利益点展开讨论，交换观点，达成一致意见。这不仅比简单的奉承、迎合，能更有效地建立起相互尊重和认同，而且能最大程度地促进友好合作关系的建立。

2. 时机恰当，方法适宜

初入职场的大学生，在工作上与人沟通协作时，时刻要将自己放在一个初学者的位置，谦恭有礼：对待团队同事，温和友善、微笑致意；对待团队领导，主动交流，尊重权威，态度诚恳，接纳批评；对待客户，热情细致，不失礼节；对待竞争对手，大方得体、进退得宜、不失风度。要把平时无意识的沟通行为转化成有意识的、科学的沟通行为。并应对不同的协作对象使用不同的沟通方法，把握恰当的时机进行良好的沟通。

3. 正视冲突，正面解决

大学生初入职场，难免遭遇沟通矛盾，尤其在团队协作中面对着多向沟通，更会一不小心就出现沟通障碍，这时便需要运用正面思维，因势利导，找到症结所在。倘若是自己有失误，不回避问题，不文过饰非，不推卸责任。在这方面，中国古代前人也有许多经验值得借鉴。反映在汉语成语里的，就有管鲍之交、负荆请罪、闻过则喜、从善如流等，这些都是在处理团队协作沟通问题中的好例子。

（二）职场沟通协作的三个方向

职场团队沟通协作不管对内对外，主要分为三个沟通方向，一是向上和上级领导的沟通，二是平行和同级同事的沟通，三是向下和下级人员的沟通。大学生作为职场新人，在协作中更多遇到的是向上和平行两种沟通，随着工作年限和经历的增长，慢慢也会碰到向下的沟通。下面是三个方向沟通协作的要点：

1. 向上沟通，要有胆

胆，是胆量。下级对于上级来说扮演了两个角色，一个是执行者，一个是辅助者。向上沟通在团队中非常重要，但它往往是团队中最容易缺乏的。因为有时觉得上级主管高高在上，难以接近，或者是主管过于忙碌没有时间和耐心听取谏言，也或者对于自己的疑义耿耿于怀，于是下级不能和上级达成良好的沟通。但是团队成功运作的秘诀在于主动，向上沟通也是一样的。具体来说，向上沟通"要有胆"体现在几个方面：首先，要主动大胆地和上级架起沟通的桥梁，跟上级沟通自己对工作的判断和想法，而非坐等上级的判断和决定，及时主动汇报关键进展和核心的信息。帮助上级掌控全局做决策。要时刻围绕客户价值，不唯上、不盲从，对上级下达的指令需要理解和思辨地去执行，需要主动大胆地站在上级的高度，永远多想一层。其次，要以上级的心态来工作。需要有"主人翁"的意识，说到"主人翁"可以举一个简单的例子：如果一个人有家庭有孩子，请家教来管孩子学习。孩子不是老师的，学好了是老师的功劳，学不好是孩子不乖。老师可以说自己已经尽力了，但是父母自己管孩子就不一样，不管学得好不好都要更加地劳心劳力。所以工作也一样要有"主人翁"的意识。再者，上级主管的站位比下级高，视野也更加开阔，获得的咨询和渠道也更多，所以上级也是下级的资源，作为下级要大胆合理地利用这个资源，这也是向上沟通的胆量之一。

2. 平行沟通，要有肺

肺，指的是肺腑和肺活量。普通员工对于平行部门来说体现的是两个角色，一个是合作者，一个是协调者。"肺腑"具体体现在，平行沟通的时候要放下私心，真诚合作，互助双赢，与兄弟团队合作当中，要做到"直言有讳"，发自肺腑吐真言，还需要有合作协同的意识。"肺活量"指的是气量，说的是在跟兄弟团队合作的过程当中需要有气量，宽以待人。当别人比自己优秀的时候需要向别人学习，取长补短；当自己比别人优秀的时候，要相互提携，共同进步。

3. 向下沟通，要有心

心，指的是心肝。当一个人在一个团队里成为管理者，就有了下属，对于下属来说上级领导扮演了两个角色，一是引领者，二是教练。所以，向下沟通的时候作为上级需要放下架子，做下属的良师益友和心灵导航员，跟下属沟通的时候需要从心出发。上级需要尊重下属，既关注事的进展，又要关注员工个人的想法、感受和状态，在沟通当中要尽可能地实事求是，就事论事，对事不对人。要解决事，先解决人的问题。人事无小事，既要关注事又要关注人，做上级管理者就是要学会做人和做事，永远是先人后事。作为上级的一切出发点都要从能帮助员工的角度出发，永远不能把下属当作实现个人目标的工具。

（三）职场沟通协作的三个了解

如前所述，作为初入职场的新人，大学生主要的沟通协作对象是上级和同级。调查发现，由于年龄、层级、立场等各种原因，与上级的沟通难度远远大于同级，为此，下面就以向上与上级沟通为重点，讲述职场沟通协作三个需要了解的方面。

1. 深入了解上级

在工作中，很多人总把上级放在敌对的位置，也错误地认为上级总爱和自己过不去，动不动就找碴。尤其是职场新人，没有职场经验，也不了解上级，很容易因为上级的严格要求而误会上级，而事实并非如此，大家拥有一个共同的目标，那就是把工作做好。把工作做好的前提之一就是必须了解自己的上级，上级的工作风格、态度、习惯，以及上级本身的优缺点，这些都将直接影响下属的工作方式甚至是进展。所以了解上级有助于看到上级的锋芒而从容地避开，以便顺畅地完成沟通。

2. 充分了解自己

在了解了上级后，更应该详细地分析自己，找出自己的优缺点及个人的工作风格和态度。看看和上司之间有哪些共性与差异，为的是避免日后因本身性格原因产生可能发生的冲突。要及时地了解自己、调整自己，学会扬长避短，使自己的工作方式和上级的工作方式相契合。尤其是刚毕业的大学生，初入职场，有很多的不足之处，也有很多需要锻炼的地方。不要期望上级因自己而改变，存在即是合理，既然别人都可以和上级进行良好的沟通，那么自己也同样可以，应该努力去适应全新的工作环境，做好与上司的沟通。

3. 让上级了解你

在充分了解了上级，也了解了自己的同时，也要让上级真正全面地了解自己。必须要让上级知道，哪些是自己的强项，哪些又是自己所不擅长的，哪些目标和任务是自己力所能及的，当上级充分地了解了自己，才能授权给自己，而自己也能完成上级的期望而不是让其失望或者给团队造成损失。让上级了解自己，并借此保持沟通顺畅，需要注重三个方面的打造：第一是保持非常开放的、融合的思想；第二是加强多角度、多场合的沟通；第三是谦虚地、多方面地体现自己的实力。另外，和上级沟通的时候，要关注三个问题：对方听得进去吗？时机合适吗？场所、气氛合适吗？更要注意沟通方式，如怎样说对方才喜欢听、如何使对方情绪放松、哪部分比较容易接受等。

其实，总的来说，不管是上级、平级或者是下属，身在职场，必须要做好与人沟通的工作，而一旦真正处理好了与同事的关系，你就会觉得彼此更像是伙伴而不像是上下级。作为伙伴，彼此会托付更多的责任，这会让事业有进步，工作更满意。但同时你也不应过分天真，相信可以和任何一位同事都能沟通愉快。事实上在有些情况下，如果发现某片职场丛林的气候的确不适合自己，这时就应该考虑寻觅另一片藏有能与自己共舞的同事的丛林。

（四）职场沟通协作的六个案例

鉴于职场沟通协作是大学生很少接触，甚至是没有接触的，相对缺少经验，在此，我们通过实际沟通案例解读职场中沟通问题的解决法宝。

1. 尊重融化沟通冰河

案例1：罗刚是深圳某纸业公司的销售主管，他能力出众、性格热情，刚到公司半年就成了公司里的销售明星，颇得大老板赏识，大老板总在会议上夸赞他，并号召大家向他学习。这种情况下，直接上司的态度越来越古怪了，在公司里对罗刚爱理不理；但罗刚只要出了公司，不管是在拜访客户还是在去拜访客户的路上，甚至在晚上10点请客户吃饭的时候都会接到他的

"关心"电话："这个客户联系到哪一步了？觉得我们公司怎样？对合同还有什么不满意的？对价格还有异议吗……"没有谁喜欢上司如此细致地追问销售过程，可上司偏偏就这样乐此不疲。

法宝1：最初的抱怨过后，罗刚开始想办法。鉴于上司是怕自己弄权，所以他的第一招就是主动接近上司，把自己的每一个计划告诉上司，并故意留下破绽装成很笨的样子请教上司；老板再夸他的时候，罗刚就谦虚地归功上司，说强将手下无弱兵，自己的业绩都是上司教出来的等客套话。种瓜得瓜，慢慢地罗刚发现上司的态度多云转晴，似乎放了心的上司，开始告诉罗刚，不要这么婆婆妈妈的，大部分事他自己可以做决定。当然，罗刚也懂得做完决定要去上司那里备个案，一直遵循着多汇报工作进展，不擅作主张等明哲保身的职场潜规则，再后来罗刚成了上司最倚重的下属。

从罗刚的经历可以发现：要做好与上司的沟通，首先在心态上不能够轻视，应尊重上司，这对自己没有任何损失；反之如果轻率地去轻视上司，认为其水平不够，反而会被上司认为是没有教养，或因此产生厌恶，从而导致自己出师未捷身先死。上司能成为上司肯定有其理由，就算在某一方面上司确实不如自己，但是综合素质必然不在自己之下，譬如案例中罗刚的上司在长年累月中所积累的资源、关系、渠道、信息等通常会更加完善和充分。

2. 兼并立场跨越断桥

案例2：李辉是北京一家知名软件公司的销售总监，他的顶头上司王总是搞学术、技术出身的，工作重点长期落在研究和开发领域，从而对销售一知半解，但王总作为销售总监在其位谋其事，尽管不那么懂，也总是对销售的事情指手画脚，碍着面子的李辉哪怕王总指挥错了，也顺从地去做。不久，销售部的体系被倒腾得乱七八糟，销售业绩也一跌再跌。一时间，高层批判（包括王总），属下埋怨，让圈子里曾经赫赫有名的销售大王李辉头晕眼花，有苦诉不出。

法宝2：李辉经过思考，决定采用兼并策略，就是用自己的销售智慧兼并不懂销售的王总，让王总在销售方面跟着自己的思路走。为了照顾王总的面子，李辉首先把过去的失败写成总结，并检讨自己过于懒散，不够努力，然后提出挽救和解决的捷径，为了得到王总的支持，他还特意列举了现在的市场背景及同行业公司的成功案例。同时他主动出击，在王总还没有开始指挥的时候，他就把事情的处理，以及处理事情的几种方式、路径，每一种方式和路径的利弊等都详细列出后再去虚心地请教王总。王总再不懂销售，也知道采用成本最少赚钱最多的那套销售方案。成功"兼并"了王总的李辉，在销售方面因为业绩的持续攀升，得到了董事会的认可与赞赏。王总也渐渐地退后，把更多的时间用在自己的专业及人事、财务的管理上，企业的不稳定因素完全得到了控制，公司运营进入了高速发展状态，李辉的各项工作顺风顺水，渐入佳境。

李辉的经历给了我们很好的启发：兼并上司的立场，的确不失为向对行业知识一知半解的上司沟通的上等策略。首先，作为下属没有排斥上司的观点，而是站在上司的立场上，最终是为了维护上司的权威，出发点是善意和良性的；其次，为了更有效地说服，针对实际具体问题，多陈述事实材料和数据，让事实出来说话，然后对其进行"顺水推舟"地提醒和说服，进而达到说服效果，这既是对工作尽职尽责、兢兢业业的表现，又是对上司的爱护。这种策略是一种温和的方式，能够充分照顾到上司的面子和自尊，易于被上司接受，效率较高。

3. 轻松场合东风化雨

案例3：小路是某饮料公司的业务经理，在与合作方的合作过程中"受制于人"的因素迟迟无法解决，致使业务发展很不顺利。年终会议上，小路总结了过去业务发展中遇到的大量实际困难，由于对该业务的过分投入，总结时小路讲话的情绪一度有一些激动。岂料不久，老总下达的年度业务量高得出奇，小路度日如年，心里想着去年都不怎样，今年怎么可能完成目标？小路一边郁闷至极，老揣摩着是不是因为态度不好而得罪了老总；一边又尽力地适应老总的工作风格，寻找可能实现目标的方案。可是他提出的解决方案，总是在与老总沟通的过程中被否定。

法宝3：经过观察，小路发现老总由于业务压力，心情一直很差，直接导致了连锁反应。于是就采取了柔性策略，加强工作外的沟通。例如利用一些轻松的场合同他聊天，表示对他的理解；会餐、联谊活动上再三地给他敬酒，表示尊重；另外，他也适当地组织一些朋友聚会，尽量邀请一些层次高、职位高的朋友，并请上司参与其中。在小路坚持不懈的努力下，老总与小路的谈话日渐轻松起来。老总逐渐相信和理解了小路的压力，同时也指出了小路以往工作中的弊端，并同小路一起商量出了解决办法。最后由于公司上下同心，某些在以往工作中克制业绩发展的因素得以解决，使得业绩有了很大的飞跃。

从上面的案例可以总结出：在提意见的时候，还要照顾到上司的心情，当公务缠身、诸事繁杂时，上司未必有很好的耐心随时倾听自己的建议。特别是在上司同时对自己还有隔阂的时候，更应该采取两条腿走路的策略：首先上班沟通的时候，注意说话的态度和敬语的运用，恰到好处地表达出自己的意思，由于坦率和诚意，即使对方不完全赞同自己的观点，也不会影响对自己个人的看法；而下班的时候，多了解上司的爱好，一起打个保龄球，或者参加一个朋友的聚会等，利用轻松的场合潜移默化地消除障碍，在两面结合的沟通中最能产生效应。

4. 多种选择破冰而行

案例4：某纸制品公司由于业务的飞速发展，总部要从石家庄搬到北京，刘强负责与业主谈判，订合同，与家具商、装修商们招投标，商讨平面设计等。根据以往的经验，完成搬家至少需要5个月的时间。但是，新上司是急性子，每天都电话催促，并且根本不听刘强解释客观原因，还下了2个月进新办公楼的命令。刘强明白搬迁工作的确需要加快速度，但无论如何也不可能在2个月内完成，于是刘强陷入如何与上司沟通的漩涡。

法宝4：面对这样的情况，刘强制做了一个完成工作的时间进度表，修整之后交给上司，并提出了6个解决方案，其中包括局部进驻、简单装修等不同的选择，并列出不同方案的时间及利弊，最后还提出了一个能够尽快解决问题的时间方案进度表，最终上司只好钦定其中的一个方案，并且不再整天电话追问了。

从这个案例中我们学到，要使自己与上司的沟通顺畅，往往需要给上司提供可靠的多种选择，而不是问题和单一的方案。如果只是强硬地倾诉问题和售卖自己的唯一解决策略，上司就会觉得你并未把其放在眼里。因此，千万不要说："你都看见了，我已经尽了全力，做不完我也没办法。"或者说：

"这是唯一的，也是最好的解决方法。"而应该说："我很高兴做这件事。但在做之前，希望您了解我正在做的工作，以及我为这项新工作而对工作日程准备做的一些调整。这些调整大约有这几个解决方案，您对这些调整有什么建议呢？"另外，不要只给上司坏消息，也要给其好消息。如果只是不断地带来坏消息，久而久之，自己本身也就成了坏消息的象征。不要因为自己要集中处理问题，而轻视好消息。这样做，只会创造不良的氛围。好的上司痛恨那种有了问题并将问题放在他们自己的肩上，而不是带来解决方案或者至少给出某些选择的下属。

5. 帮他人就是帮己

案例5：在某食品公司里面，销售部经理刘强与宣传部的张港经理是冤家对头，每逢刘强找张港，就被"皮球"砸得"鼻青脸肿"，张港为人热情，表面看很支持刘强的工作，却总在不经意间把自己的任务踢给刘强："你是掌握财权的领导，这事还是你负责吧！"或"如果这件事由你而不是我去联系，对方可能会更重视。"甚至说："明天吧，今天我还有紧急的私事处理！"刘强刚进入这个公司，正急于出成绩，但是最近两周总遭遇这个瓶颈，这让他苦恼甚至愤恨不已。长此下去，无功的自己只有走人了。

法宝5：对此，刘强突然想起一句话——"把脚放进别人的鞋子里"。于是他自己仔细观察后，发现张港不是有意地折磨他，而是确实有私事烦心——家里的孩子高考后分数低找不到好的学校，于是他托大学的一个同学，顺利地解决了张港的后顾之忧，结果两个人很快地成了一对好的搭档。

由此，可以得到的启示是，在同事之间出现沟通不顺畅的时候，首先，要多替他人着想，要学会从他人的角度来考虑问题，善于做出适当的自我牺牲。替他人着想还表现在当他人遇到困难、挫折时，伸出援助之手，给予帮助。良好的人际关系往往是双向互利的，给别人种种关心和帮助，当需要帮助的时候自己也会得到回报。另外，在表达自己思想时，如果能含蓄、幽默、简洁、生动，也会起到避免分歧、说明观点、不伤关系的作用。

6. 夸奖打破沉闷僵局

案例6：中关村某科技公司的业务总监许林有一个下属小郭，总不能按照他的要求完成工作，于是他气急之下就骂了小郭，当时小郭很委屈的样子，也低声地辩解过，但许林是一句话也听不进去。这位下属从此不再表达自己的观点，总是默默无声努力地工作着，甚至许林再骂他的时候，他竟一言不发，满眼茫然，但小郭从心底认为他的主管很挑剔，许林也认为这个员工太笨，两人有些心照不宣，合作很不愉快。别扭了 2 个月，许林发现其他下属也逐渐地疏远他了，能不与他说话就一派躲闪举动。许林预感到与小郭的事情已经如感冒一样传染了别人，这样下去，自己必然与部门所有人都无法顺利沟通了。

法宝6：许林经过自己的检讨，发现自己太苛刻了，无法平易近人就自然无法深入沟通。2 个月后，在一次单位组织的郊游活动中，许林找到了好机会，于是很随意地对坐在旁边的小郭说："你前天做的一个方案挺棒的。"小郭很吃惊，随即便跟他谈起了更多工作计划，两人关系渐缓，而许林也突然发现，小郭原来不是很笨，他的某些想法，还真不错。许林从此开始关注员工的情绪，并在一定的时候夸赞下属。不久后，许林吃惊地发现，业务部的氛围不再死气沉沉了，业绩一改过去的徘徊不定，开始平稳上升。

通过这个案例可以发现，员工的心情好坏影响着工作质量，而上司的夸奖也是员工工作的一种动力，对员工来说是上司对其工作的肯定。要多夸员工，即便是批评也要先肯定其某些能力后再去评说其不足，这样能最有效地消除下属由于地位不同而对自己产生的敌意。当上司满足了下属的一些心理需求时，反过来下属会满足上司对其的工作要求，但须注意的是要掌握分寸，不要一味夸张，从而使人产生一种虚伪的感觉，失去别人的信任。

🔍 实验实训

一、纸牌宝塔

目的：让学生领会在合作中沟通协调的重要性。

材料：新纸牌 4 副。

步骤：

1. 将全体学生分为 4 组，每组 1 副纸牌；

2. 各小组有 10 分钟的时间进行准备；

3. 小组成员可用纸牌的边将纸塔搭起来；

4. 搭得最高的小组胜出；

5. 讨论胜出组制胜的关键。

二、同舟共济

目的：帮助学生学会在团体合作中如何有效沟通。

材料：报纸若干张。

步骤：

1. 将全体学生分为若干组，6人一组；

2. 给每个小组1张报纸，作为海上扁舟；

3. 小组成员要想办法让每位成员都能站在船内，不能掉下去，可以以不同的方法让所有成员站到船内；

4. 不断缩小报纸的大小，每次小组都能坚持5秒左右，直到报纸大小不能站立容纳所有人为止，报纸越小越成功；

5. 小组间进行分享讨论：如何才能做到在很小的船上容纳所有小组成员呢？能否牺牲某个成员让其他成员获得生存机会呢？

体验感悟

一、职场沟通的"潜规则"

两点之间最短的距离是线段，但在人和人之间，最短的距离是曲线，有些话就是不能直接说，这就是职场沟通的"潜规则"。牛根生说过一句话：企业80%的矛盾和误会都来自沟通不畅。一家企业的发展20%靠战略，80%靠执行，执行的80%在于充分地沟通。

请思考职场沟通的"潜规则"有哪些？

二、必不可少的团队沟通

学习可以一个人默默努力提高，而工作往往不是一个人努力就可以做好的，在工作中团队沟通协作是必不可少的，很多工作都需要大家一起协作完成，因此彼此之间的顺畅沟通就显得尤为重要。

请说说你认为在初入职场时如何做好团队沟通？

推荐书籍

[英] 尼基·斯坦顿. 沟通圣经：听说读写全方位沟通技巧（修订第 5 版）. 北京：北京联合出版公司，2015.

推荐理由：《沟通圣经：听说读写全方位沟通技巧》旨在帮助读者增进"沟通技巧"或"商务沟通能力"，内容详细解说"听说读写"所有可能的沟通情境所需要的技巧，如电话、谈话、会议、演讲、简报、写信、报道、问卷、电子邮件等，并说明非语言沟通、聆听、阅读、视觉沟通的重要，以及如何利用各种视觉辅助工具等，时时刻刻帮助你克服所有沟通的挑战，进行良好的"自我发展"与"职业生涯发展"。

第八章　沟通指向未来　赢取精彩人生

世事洞明皆学问，人情练达即文章。

——曹雪芹（清朝著名小说家）

 **心路历程**

一、人生故事

王信毕业以后选择了销售工作，因为他觉得销售更有挑战性和收获感。在销售这一份工作过程中，最困难的就是开发新客户，因为新客户往往对公司产品存在质疑，如何证明和说服新客户，获取对方的信任是取得订单的关键。在一次争取新客户的时候，面对语言和距离障碍，再加上强劲的对手，王信险些失去订单。但是，从一开始面对竞争劣势，王信就没有气馁，坚信通过沟通，真正了解客户的需求，就一定能赢得客户的青睐。当经过多次电话沟通，王信发现客户还是不能充分相信自己公司产品的时候，他跟公司经理沟通，说服经理一起去当面拜访未曾谋面的客户。客户见其诚意给了王信和经理一次当面谈话的机会。在谈话过程中，王信尽量地向客户介绍公司的背景和产品的品质、优势，同时也注意倾听客户的意见。通过两个小时的谈话沟通，客户最终被王信的诚意打动了，最后说："明天订合同吧。"王信的真诚和专业彻底打动了这位新客户，最终赢得了订单，而与此同时，公司也看到了王信的沟通能力和业务能力，为他升职加薪。

二、沟通影响人生

案例中王信的有效沟通帮助他取得了新客户并升职加薪，为自己的职业生涯添上了彩色的一笔，可见沟通能力对人生的重要影响。"具有良好的沟通能力"——这是很多企业招聘员工时都会提出的要求。原中国驻法国大使、外交学院院长吴建民在其《交流学十四讲》中也曾说过："沟通不是一般性需要，而是时代紧缺的需要，现实呼唤的需要，是中国走向世界的需要。"在社会高度发达的今天，无论国家还是个人，成功始于合作，合作始于信任，信任始于理解，而理解始于沟通，这已经成为公认的真理。沟通是一门艺术，更是一名优秀的大学生不可或缺的能力。对于大多数大学生来说，沟通能力往往是适应大学生活的第一个阶段必须掌握的技能，也是日后走向工作岗位的关键。所谓沟通能力，无非是两方面：一是提高理解别人的能力，二是增加别人理解自己的可能性。前者是后者实现的前提。有的同学人缘很好，大家都愿意与其交往，一旦有什么事情他们也往往能够获得很多人的帮助；有的同学总是能够获得更多的机会，在学生干部竞选的面试中脱颖而出；有的同学则有一种气质，优雅、真诚、恬静，在其周围会自然而然地形成一个磁场，让人赏心悦目……这些都是具有良好的沟通能力的体现。

 心理视点

一、人生处处需要沟通

英国文豪萧伯纳说过："假如你有一个苹果，我也有一个苹果，我们彼此交换这些苹果，那么你我仍然是各有一个苹果；如果你有一种思想，我也有一种思想，我们彼此交换这些思想，那么我们每个人将各有两种思想。"这段话生动地说明了沟通的意义。美国普林斯顿大学曾对一万份人事档案进行分析，除了"专业技术"和"经验"，良好的人际沟通对于成功也具有重要意义。哈佛大学就业指导小组 1995 年的调查结果显示，在 500 名被解雇的男女员工中，因人际沟通不良而导致工作不称职者不在少数。由此可见，良好的沟通能力对个人的发展会产生不小的影响。人生处处需要沟通，但是当下大学生的沟通现状似乎并不令人乐观，急需沟通能力训练和提升。

（一）媒介化时代大学生人际沟通的特点

良好的沟通能力是大学生成就未来事业的一项基础能力，是有效传递信息、建立和谐人际关系的重要手段。一方面，大学生渴求社会交往，期望主动融入集体，与同学、朋友、老师、家人建立良好的人际关系。另一方面，随着网络新媒体的快速发展，全媒体时代俨然已是大趋势，越来越多的大学生热衷于通过微博、微信、QQ等网络方式进行"机与机"的虚拟沟通，缺乏"面对面"的真实沟通，结果是弱化了自身的人际沟通能力，这就很容易导致人际关系的缺失。据《中国青年报》的一份调查表明：关于网络等信息沟通方式的使用，56.7%的受访者觉得会导致"现实中待人接物能力较差"，50.3%的人认为会导致"真实沟通中不知所措或漠不关心"，47.8%的人认为会"存在交流障碍，无法全面表达观点"，44.7%的人认为会"内心更为封闭，无法融入社会"，还有36.6%的人觉得"浅层沟通使人们无法真正相互理解"。长此以往，会导致大学生实际沟通能力的下降，也使得部分同学疏远现实人际沟通，冷淡处理现实中的各种人际关系，从而疏离了亲情，冷漠了友情。在当前网络盛行的媒介化时代，大学生的沟通呈现出相应的时代特点。

1. 沟通状态的媒介心理依赖和自我情绪泛化

过度依赖网络交流使得大学生整体人际沟通和交往能力不容乐观，个别同学还存在着比较严重的沟通障碍。实践证明，大量的"媒介化"生活使得大学生对网络和电脑、手机等产生心理依赖，进而导致其人际沟通和交往能力下降、作息不规律、生活一团糟等。实际生活中的真实沟通和社会实践活动是大学生拥有健康的心理状态、完善的个性特征和较强的社交能力的重要途径，但部分大学生长期沉迷于网络的虚拟世界，容易脱离现实生活，甚至会因对网络过分依赖引发抑郁症等心理疾病，严重的还会产生社交恐惧和交流障碍。

2. 沟通空间的网络开放性与现实封闭性共存

根据马斯洛的需要理论，每个个体都有社交的需要，青年大学生渴望交流和相互理解，由此产生良好的沟通。互联网和新媒体为大学生提供了一个虚拟空间，大学生可以在自己构建的虚拟空间里满足各种交往和沟通的要求。同时，由于自我意识的发展，大学生往往不愿与老师、家长进行面对面的交流，与同龄人也容易产生隔阂，这种封闭性是青年早期最显著的心理特征之一。因此，伴随着网络交流平台的出现，部分大学生习惯躲在自己的虚拟世界中，极少参与现实沟通和校园文化活动，逐渐形成一种封闭的心态，缩小了自己的交际圈。

3. 沟通过程中网络主动性与现实被动性共存

过多的时间用于虚拟网络，使得部分大学生缺乏真实沟通的机会。一方面，这部分大学生可以在游戏、QQ、微信、微博等虚拟世界中自得其乐，并在网络中主动沟通和交往，找到兴趣相投的人，表现出与现实生活中的本人差异巨大的积极和活跃。另一方面，虚拟世界中的"我"不断得到了沟通和交往的满足，使得这部分大学生缺乏在现实生活中主动的人际交往，习惯用投身虚拟网络来逃避现实生活，不去主动培养自己的人际沟通交往能力和团队合作意识。

4. 沟通心理的信息隐秘性与自我炫耀性共存

网络主要是运用文字进行人际沟通的方式，无法通过表情、肢体等正确表达出非语言沟通方面的很多其他信息。由于网络交往中个体的性格、道德、品质的参差不齐，并且这种隐蔽的特征可以人为地隐秘和伪装，所以这种"网络交往"无论持续多长的时间，网友之间也很难明白对方的"真情实意"。大学生寻求自我肯定的心理使其在网上喜爱炫耀，曾经的网络红人郭美美就是典型的炫耀心理代表人物。炫耀的目的是获得一种满足感，其行为背后则是自卑和从众心理。

（二）媒介化时代大学生人际沟通的转变

大学生正处于社会快速变化发展的关键时期，同时处于日新月异的复杂的新媒体时代中，时代和社会特征直接影响其人际沟通方式，有积极的一面，也有消极的一面。因此，重要的是如何利用积极的一面，转变消极的一面，养成良好的沟通方式。

1. 实现由被动等待到主动出击的转变

成长于信息时代的"00后"大学生，比起现实沟通，更习惯也更善于网络沟通，有时候同处一个空间，"00后"大学生也会用微信等即时回复信息，不愿意开口表达，比如在房间里用微信告诉父母晚一点再吃饭，在寝室里用微信告诉室友我不陪你一起去图书馆了。这样的沟通习惯使得一部分同学慢慢地在日常沟通中变得被动，不太愿意主动在公开场合发言，有一些心事也不愿意主动与家长、老师当面沟通，甚至也不告诉同学、朋友，而是通过微博状态、微信朋友圈等网络方式用文字、图片、视频等去表达。这样的表达方式是不足以及时得到他人关注的，也阻断了他人更好地了解自己内心所思、所想、所感的机会。如果有事情、有情绪，内心也有沟通的意愿，就一定不要被动等待家长、老师、同学和朋友来发现和询问，应自己主动去倾诉，去寻求帮助。平时在家多主动跟家长聊天，多主动参加集体活动，让家长、老师、同学和朋友有更多了解自己的机会，同时也锻炼、提高自身的人际沟通能力，以此实现个人社会化和个性化的双向互动，促进人格的完善和独立，并逐渐形成正确的世界观、人生观和价值观。

2. 实现由线下交谈到线上互动的转变

网络沟通作为"00后"大学生的主要沟通方式当然也有其优势，一些不好意思开口的话、一些相对敏感的话题，不敢面对面直接跟家长、老师、同学和朋友说，这种时候就不妨利用网络沟通，转线下为线上，用自己熟悉的、不被束缚的表达方式，来一次彻底的、深入的沟通。有沟通一定是胜于零沟通的，而当沟通开始，就要争取有效沟通。跟同学、朋友的沟通问题往往是有开始就会有突破，因为彼此是同龄人，即使是网络沟通也基本不存在因语义不理解而造成的沟通障碍，很多时候跟同学、朋友的沟通问题是碍于面子不好意思表达，比如道歉、邀请、拒绝等，通过文字进行网络沟通可以避免一些不必要的尴尬；而跟家长、老师的沟通问题除了要解决不敢面对面沟通的问题，转为网络沟通后常常还存在语义障碍问题，因为生长于网络信息时代的"00后"大学生惯于使用网络词汇，而这些带有新时代印记的新词汇往往是家长、老师不甚了解的，所以大学生平时可以多跟家长、老师科普，带领其跟上时代的脚步，这样有助于彼此的网络沟通，同时也会促进当面交谈。

3. 实现由整齐划一到激发个性的转变

21世纪的经济水平整体提高，生活更加富裕则是"00后"大学生享受的时代红利，在这样的背景下，"00后"大学生所拥有的教育资源也是更为丰富的。进入大学，大学生面对的是"百家争鸣"的多元化环境，不再是中学式的标准化教学，这正是抓住机会利用大学中提供的各类条件、设施和平台来锻炼和激发自我个性的最佳时机。尤其是在当前信息高速发展的网络时代，大学能提供的不仅是校内丰富且优质的教师资源，而且还有各类线上教育教学资源，比如线上名师课堂、各类学术资源平台等。"00后"大学生一方面可以选择自己喜爱教师的课程，跟老师学习和探讨知识，另一方面还可以通过网络资源跟各类名师互动交流。在各种领域中对问题的讨论可以很好地提升"00后"大学生的表达沟通能力。此外，当前高校提供的社会实践、创新创业等实践类资源和平台也特别丰富，"00后"大学生能够根据自己的兴趣特长进行自由选择，充分发挥自身的优势，实现个性发展，在实践中锻炼和提高自身的人际沟通能力。

二、沟通能力团体训练

众所周知，人际沟通能力是大学期间学习及日常生活过程中的一个重要组成部分，也是大学生未来职业发展必备的重要基本素质之一。所以，有针对性地进行沟通训练还是很有必要，也是很有帮助的。

（一）变形虫

1. 活动流程

目的：通过活动，让学生体验沟通的必要性，以及沟通过程中理解、合作、认同的重要性。

材料：13米的长绳2~3根、5个眼罩为一套，需要若干套。

步骤：

（1）教师先把13米长的绳子两头相结，结成一个大绳圈，这样的大绳圈准备2~3个；

（2）学生分成若干个组，每组5人，几个组同时进行比赛；

（3）5名同学分别戴上眼罩，教师把事先准备好的大绳圈分别交给他们；

（4）根据"变形虫"发出的变形指令，做出正三角形、正四边形、正五边形……，5个同学通过合作完成，用时最少的组为胜；

（5）在合作变形的过程中，不允许用语言交流。

（6）注意事项：

① 长绳的长度以比5个人伸直双臂的总长度多5米为宜，不要太短，也不能太长，否则都会影响游戏的难度。

② 一般以2~3个小组同时开展竞赛为宜，这样可以节省时间。

③ 在"变形"过程中，要求绳子充分展开，不可以收缩部分绳子，减短边长，降低难度。

2. 感悟分享

（1）要求不能进行语言交流，那么同学们是如何完成任务的？

（2）你认为最终变形成功的关键是什么？

3. 启发引导

良好的沟通能力是处理好人际关系的关键。具有良好的沟通能力可以使自己很好地表达自己的思想和情感，获得别人的理解和支持，从而和同学、朋友等保持良好的关系。因为借助沟通可以交换思想、信息和情感，在交换过程中，沟通双方建立了联系，并通过沟通不断地维持这种联系，所以沟通是相当重要的。生活中没有沟通，就会增添很多误解，误解会引发负面情绪，那么也就没有了快乐人生。事业中没有沟通，就会降低工作效率，甚至出现工作失误，导致工作任务失败，那么也会影响人的发展。学习中没有沟通，就会导致闭门造车，不能开拓思路，见识更广阔的知识世界，那么也就没有了人生乐趣。通过与人交流，人们发出信息及获取信息，得以熟知周围琐事，信息的重要性是众所周知的。正是因为有了沟通，才使得信息得以传递，思想得以交流，人际关系也才得以建立。此外，沟通能消除误会，化解彼此之间的矛盾，从而增进感情。沟通活动之所以能实现，是因为沟通双方之间有误解甚至是矛盾，从而产生了解决这一问题的需要或要求。因此，通过沟通活动能消除误解，实现彼此之间的相互理解。人与人产生误解或矛盾时，及时沟通也是解决问题唯一行之有效的办法，所以，想要拥有精彩人生势必得学会有效沟通。

（二）自画像

1. 活动流程

目的：让每个学生展示"内心的我"，促进对自我在沟通上的进一步认识，做好人际沟通的自我准备。

材料：白纸，中性笔。

步骤：

（1）教师给每位同学发一张白纸，一支中性笔；

（2）在8~10分钟内，每个人以"沟通"为关键词在白纸上画一幅自画像（教师暗示大家，"自画像"可以是形象的肖像画，也可以是抽象的比喻画，例如动物，或者自己生活中的场景，但是需强调、声明这个自画像是能代表自己的）；

（3）要求同学画自画像期间不要看他人的画像，提醒同学这个活动不是绘画比赛，不用因为自己的画技不好而感到为难，只要求大家的画像从内容、形式上反映大家对自我在沟通上的认识；

（4）自画像画好之后，同样以"沟通"为关键词，请同学在白纸的另一面写下自己心中的"我"，即用一些形容词描述自己，例如外向、耐心、开朗、乐观、安静、随性等能表现个人性格的形容词（描述中不能透露个人的姓名、班级等信息）；

（5）教师收取学生的自画像，选取几份有代表性的画像，请画像者谈谈自己画这幅画像的含义，为什么这么画，以及觉得这幅自画像在哪些方面能代表自己在人际沟通中的特点、表现自己是个怎么样的人。

2. 感悟分享

（1）你为什么要这么画自己的自画像？

（2）你认为自己是否有"自我沟通"？都有哪些表现？

3. 启发引导

人从呱呱坠地就开始了自我沟通的旅程，学习认识自己的父母双亲，在家族谱系中寻找自我的人生定位。祖先是自我沟通的时间轴的开端，家乡则是自我沟通的空间坐标的开始。随着成长的步伐，人们从更大的时间和空间中确认自己的位置和角色，从与同辈的比较中寻找自己的位置，从工作分工中寻找自我的价值所在。可以说人时时都在与自我沟通，但如何让自我沟通更有效、更为自己所用呢？有人说，生命的长度是上帝给予的，生命的宽度却掌握在自己的手中。在生活、学习和工作中重视自我沟通的价值，更好地学会和自我相处，能拓宽自己生命的宽度，让自己的认识更有品质。"知人者智，自知者明。胜人者有力，自胜者强"，世间万事万物相辅相成，只有和自我沟通顺畅，才会真正做到人生的豁达，也才能真正和他人沟通顺利，和谐相处。所以，学会独处自省是有必要的，要学会花时间和自己对话，由此和自己进行深入沟通，去真正了解自我及自己的沟通特点，而后应在交往中主动制造机会，引起对方注意，自然地与对方进行初步接触，进而保持进一步接触的机会。其间，可以尽量找一些轻松愉快，大家都感兴趣的热门话题切入，沟通时善于用真诚的心去理解和了解他人，加上适当肢体语言，包括神情、语调、语气等，这样更容易达到良好的效果。自我沟通是自我认识、自我提升的重要途径，也是表达感情、增进友谊的前提和基础。

（三）单双向沟通

1. 活动流程

目的：体会单方面交流和被迫接受信息的困难，从而促进采用互动的沟通方式进行交流。

步骤：

（1）请一位同学背向大家，口头描述一张事先准备好的图，不能有任何手势或动作；

（2）其他同学按照描述画图，其间不能提问，一切听从上面同学的指挥；

（3）画图完毕后将图展示给大家看，让大家校对所画的图是否准确；

（4）再请另一位同学上台做这个活动，但这次允许大家双向交流，看结果怎样。

2. 感悟分享

（1）当只能被迫单向交流时，大家是否感到不顺畅、焦虑和困难？为什么?

（2）即使是双向交流也会有人出错，分析一下这是为什么?

（3）读图者有哪些有效的表达? 有哪些待改进之处?

3. 启发引导

单向交流常常使人得不到及时、准确的信息。有问题不能问，出了错也不能及时知道，就会让人无所适从，从而错误丛生。单向交流可以说是无效的沟通，有点像父母训孩子、老师满堂灌的味道，因为没有反馈，听者对说者表达的内容必有或多或少的误解。因此，在人际沟通时注意双方的互动与反馈很重要。双向沟通能够使信息准确性较高，接收者有反馈意见的机会，会产生平等感和参与感，增加自信心和责任心，有助于建立双方的感情。当然，在双向沟通中也有注意事项，只有做到这些才能使双向沟通有效。首先，表达者要正面表达自己的意思，减少扭曲、伪装、防卫等，体会对方的感受；其次，倾听者要切实做到"听到""听懂""听完"，同时，在互动过程中，要澄清自己所听到、所了解的与对方所表达的是否一致，及时、恰当地给对方回应。只有彼此之间随时保持有效的双向交流，才能使大家的意见都得到重视，才算是成功的双向沟通，达到沟通的目的。

（四）倾听解密

1. 活动流程

目的：帮助学生领悟到不良的肢体语言习惯会直接影响与他人的亲密关系，并通过角色扮演，改变自己不良的听人讲话的习惯。

材料：倾听时存在的种种不良行为的录像。

步骤：

（1）播放录像，展示倾听时存在的种种不良行为：

第一种：双手交叉抱在胸前，脚无节奏地敲着地面。（传递信息：我不想听你再说下去了。）

第二种：整个人都坐在椅子里，身体后仰，头靠在椅背上。（传递信息：听你说话好累啊!）

第三种：两脚交叉或腿跷起来，并不时地来回晃动。（传递信息：抖动的腿会分散说话者的注意力，让对方觉得你没有专心听其讲话。）

第四种：不停地看表或开始收拾桌子上的东西。（传递信息：明显的逐客令——你是不是该走了？）

第五种：手里一直在转笔。（传递信息：你的说话内容真无聊。）

第六种：打哈欠，皱眉，叹气，伸懒腰。（传递信息：我对你所说的内容没什么兴趣。）

（2）分组讨论：说话者面对这样的倾听行为时会有什么感受？这样的倾听行为在向说话者传递什么样的信息？

（3）两人一组进行角色扮演：一人扮演说话者，一人扮演倾听者。两分钟后互换角色。说话内容：谈谈你最近的一件开心事或烦恼事。（角色扮演前要注意营造良好的团体氛围，防止学生出现调侃现象。）

2. 感悟分享

（1）回顾一下过往，自己是否曾经出现过倾听时的不良行为，当时对方的反应是什么？

（2）思考一下，如何做一个良好的"倾听者"。

3. 启发引导

倾听是人与人沟通最重要的组成部分，在这一部分处理得不当，往往会失去真正的沟通，也会阻碍心与心之间的连接。有这样一则故事：曾经有一个学者参加一个学术研讨会，开始时研讨会的总体气氛还是比较融洽的，但这一切都被一名专家给搅乱了。这位专家在探讨到自己涉及的领域时显得十分激动，滔滔不绝，其他与会者发表意见时会遭到他的打断，整个会场只有他一人口若悬河地发表意见，引起了大家的不满，研讨会在很尴尬的气氛中草草结束。这则故事的启示是：做一个好的聆听者是成为一个成功的沟通者的重要特质之一。那位专家就是没有注意双方沟通时"注意倾听"这个细节才引起公众的不满。有位作家曾经这样写道："成名的捷径就是把你的耳朵而不是舌头借给所有的人。"这就是强调了倾听在有效沟通中的重要作用。项羽就因为刚愎自用，不倾听臣下的话，结果失去了大量重臣，范增一死，他也就战败给刘邦了。是西楚霸王又如何，有胸怀杰出的军事才能又如何，终究不如刘邦会倾听臣下的谏言，唯才是用，一步步靠近江山，而他最后也只能拿剑自刎以示雄心。由此可见，倾听是非常重要的沟通技巧。西方也有一句名言："雄辩是银，倾听是金。"同样道出了倾听的重要性。在现代社会快节奏的工作、生活中，很少有人愿意听别人说话。因此，要学会做别人的耳朵，用心去听，在别人的意见还没表达完之前，要耐下心来，用一种平静的心态去听，倾听别人的心事或故事时，多给别人耳朵，少给别人声音。要想营造和谐气氛，就必须要学会耐心地倾听。这样可以拉近人与人、心与心的距离，即使曾经有过隔阂，也会因为善于倾听而消除。倾听是一门沟通的艺术，学会了倾听，才能赢得他人的心。

（五）巧用婉语

1. 活动流程

目的：帮助学生初步懂得用词的重要性，学习委婉地表达自己的意见，提高沟通技巧。

材料：计时器。

步骤：

（1）按"1、2"报数的顺序分组，每 2 个人分成一组；

（2）第一轮练习：

甲先提出一个建议，例如："咱们周六去打游戏吧。"乙采用"好吧，但是……"的句式回答，例如："好吧，但是我还是想去打球。"甲也继续用"好吧，但是……"的语句回答，例如："好吧，但是咱们还是先把作业写完吧！"一直照这样的谈话方式进行下去，直到规定时间结束为止。

（3）第二轮练习：

甲用同样的建议开始这段谈话，如："咱们去吃饭吧。"这一次双方的回答都要使用"好吧，而且……"的句式，例如，乙的回答可以是："好吧，而且我们还可以去操场散散步。"2 分钟后游戏结束。

（4）讨论：

① 使用"好吧，但是……"的语句时，你的感受是怎样的？对方是否能考虑你的不同意见？

② 即使你不同意某人的观点，用"好吧，而且……"是否会让大家的心情好一些，并更容易达成共识？

③ 你在生活中是否会遇到一些难以拒绝的事情，你能否使用上述句式来尝试表达自己不同的意见？

④ 还有什么其他好的句式可以用来表达自己不同的意见或拒绝？

2. 感悟分享

（1）通过练习和讨论，你认为用什么样的句式来表达自己不同的意见或拒绝比较好？为什么？

（2）对沟通中说话的技巧你有什么看法？

3. 启发引导

沟通是人生中很重要的一课，说话谁都会，但如何把话说得有水平、有艺术，如何跟他人进行很好的沟通，建立良好的人际关系，就不是每个人都能做好的了。想更好地与人沟通，就得学习一点沟通中说话的技巧。沟通的语言不同，效果是不一样的。曾经有这样两个人，其不一样的语言沟通方式，让其有了不一样的境遇。小张和小赵是大学同学，两个人同时去一家大公司应聘，同时被该公司的市场部录取，并在同一个领导手下工作。两个人的工作能力及在公司的表现都很好，几年以后，两人都成了该公司的骨干员工。但是，这两个人的处事风格却完全不同。当领导的决策出现问题的时候，小张总是立刻就做出反应，直言不讳地将领导的错误指出来；而当遇到领导安排的事情有明显的错误的情况下，小张依旧按照自己的风格做事，不去接受领导交代给自己的工作任务。小赵就和小张的办事态度完全不同，小赵在知道领导的决策有问题的情况下，不会像小张一样，将领导的错误直接指出来，而是私下找机会和领导单独委婉地说。如果将自己的观点说给领导听了之后，领导还是坚持自己的观点，那他也会认真地去完成自己的任务，即使这个任务真的有问题，他也会帮助领导承担另一份属于自己的责任。于是，在几年之后，领导即将升职，在给自己挑选接班人的时候，毫不犹豫地选择了小赵。小张将自己的看法毫无保留地、直接地说给了领导听，但是，没有注意到应保留领导的面子，而且有些话也不适合说得那样直接，而小赵采取的沟通方式和小张完全不一样，其做法既让领导知道了自己的意思，又保留了领导的面子，自然会受到领导的重用。一般而言，委婉的方式常常用于规劝他人或者向他人提出意见，这样可以避免直接叙述给对方造成伤害而产生抵触情绪，也能让对方在愉快的气氛中接受提出的建议，最终达成共识。所以，当在沟通中有自己想要表达的不同想法或者意见时，应尽量地委婉一点，尽量从侧面去说，这样效果肯定会好一点，也会给自己建立更好的人际关系。

（六）目标搜索

1. 活动流程

目的：让学生澄清并明确自己近期的"沟通目标"，树立目标意识。

步骤：

（1）请同学们在纸上写出你近期内要完成的 5 件关于"沟通"的重要事情，可以是改变沟通方式，扩大沟通范围，解决沟通障碍，阅读沟通书籍，分析沟通心理，等等。

（2）假如你现在有特殊的事情，必须在 5 件事中抹掉 2 项，体验一下你现在的心情如何？你会抹掉哪 2 项？

（3）现在又有特殊情况发生，你必须再抹掉 1 项，你的心情又如何呢？你又会抹掉哪 1 项呢？如果还要再抹掉 1 项，你又会做出怎样的决定呢？

（4）最后只剩下一件事了，这就是近期内你在"沟通"方面最想做的、对你来说最重要的一件大事，这就是你当前的"沟通目标"；

（5）和大家谈一谈你的"沟通目标"是什么？为什么？

（6）最后大家静坐在座位上，思考下面 3 个问题：

① 我是不是想要实现那个"沟通目标"？我是不是一定要实现那个"沟通目标"？

② 我有没有实现这个"沟通目标"的条件呢？我该怎样发挥这些条件呢？

③ 实现"沟通目标"的困难障碍难以克服吗？我要不要克服？我一定要克服吗？

2. 感悟分享

（1）通过上述活动，你对于自己当前的沟通状态有什么感受？

（2）实现了这个"沟通目标"，你觉得你将获得什么？

3. 启发引导

沟通能力是现代人的基本素质和综合能力之一，现代沟通学认为，沟通是人们为了满足人生发展的需要，借助于共享的语言与肢体语言系统，通过各种交流平台和环境，将在大脑意识和思维活动中的知识、观点、感情、愿望、态度、观念等方面的信息进行传递、交换的社会行为活动过程。沟通能力是可以通过学习、实践进行不断深入开发的个人潜能，它涉及大学生在校学习与生活的各个方面，对大学生的身心健康、人格健全、人际关系及综合能力的提升都起着至关重要的作用。良好的沟通能力不仅是学生在校学习生活的重要技能，而且是将来进入职场后的必备职业能力，所以沟通不仅仅是处理好人与人之间关系最好的工具，它更是走向成功的基石。沟通，可以让整个世界连接在一起，当然，沟通并不是那么容易的，它是一门艺术，所以需要学习。每一个怀揣着梦想成长的大学生，都希望自己生活在良好的人际关系氛围中。大学是个以大学生为主体的小社会，如何提高个人的人际魅力，加强与他人的合作能力，塑造较强的沟通能力，是每个大学生都需要思考的问题。

三、善于沟通赢取人生

人生处处是沟通，沟通像空气一样存在于我们的日常生活中，是人类生存的一种方式，无论是学习也好，工作也好，讲规则也好，讲感情也好……它对人类生活的方方面面都产生影响，因此，只有善于沟通的人才有更大的机会赢取人生。

（一）沟通礼仪

中国是四大文明古国之一，素有"礼仪之邦"的美称，讲"礼"懂"仪"是民族的优良传统美德。事事讲礼仪，处处遵礼仪，作为日常交往必不可少的沟通，自然也有它的"礼仪"之道。

1. 换位思考，有效沟通

所有的误会，都来自不理解；所有的矛盾，都来自不沟通；所有的错过，都来自不信任。换位思考，是最有效的沟通，是最能贴近对方心灵的方式。简单来说，换位思考就是在沟通中能否充分理解对方，能否从对方的角度去思考问题。比如，两个人建立起沟通关系后，如果一方对另一方的沟通内容没有充分地理解，就不能站在对方的角度思考问题，那么沟通就可能戛然而止，这样的沟通自然是无效的；如果双方在沟通过程中能运用换位思考的方式，那么沟通效果可能会大不一样。在沟通的过程中，适当地换位思考，可以使沟通更有说服力，更容易达到沟通的目的。在现实沟通中，如何运用换位思考的方式来加强沟通效果？关键需要从以下三个方面做起：

（1）充分理解对方。在与别人进行沟通时需要换位思考，其前提是充分理解对方，因为只有让对方感觉到被理解，对方才能敞开心扉，更愿意将沟通进行下去。在沟通过程中，如果一个人能感受到对方对自己的理解，那么就会使其心存感激，与此同时也能增进彼此间的沟通，因为在人内心深处还是希望与理解自己的人进行沟通的。所以，在沟通中，"理解能产生良性作用"，它是换位思考的第一步。

（2）设身处地思考。沟通能否有效地持续下去的很重要的一个因素就是沟通主体能否设身处地从对方的角度去思考问题，这是沟通中换位思考的核心。每当与别人的沟通出现问题时，应该立即从对方的角度去思考问题："如果这件事换成是我，我会怎么做？"当思考完这个问题后，便会清楚地了解到对方的心理特征，同时也理解了对方说话的含义，而当看到对方能设身处地从自己的角度来思考问题时，人们在深受感动的同时也愿意与之进行更深入的沟通。

（3）专注沟通过程。在沟通过程中换位思考的最集中体现是专注，在专注的基础上才能掌握沟通的内容，也才能充分地去理解对方，去设身处地地思考对方的问题。专注是影响沟通效果的关键因素，因为专注能提高对方的沟通热情并使沟通热情持续下去。具体来说，就是在与别人沟通时不要想其他的事情，要全神贯注地听对方说话，更不要随意打断别人的谈话。如果沟通中表现得左顾右盼、心不在焉，这种情况下沟通往往会是糟糕的、无效的。

（4）客观评价对方。当对方与你沟通时，要在适当的时机对其沟通进行客观、公正的评价，这是双向沟通中换位思考的重要特征。在双方沟通过程中，沟通主体所表达的信息有时候可能是不准确的，并没有将自身真正想要表达的信息传递出来，在这种情况下，沟通的另一方不要妄自揣摩，更不能断章取义，而是要通过客观的分析表达出自己的想法和感受，让沟通主体得到反馈，以此判断是否达到了自己的沟通目的，当其发现对方并没有理解自己的意思的时候会自行调整再沟通。这样就建立了双方良性的互动沟通，才能够使沟通持续下去。

2. 优雅谈吐，舒适沟通

语言是心灵的裸露，谈吐是艺术，优雅是艺术的产物，沟通中做到谈吐优雅，能够给人一种舒适感，以此建立良好的印象，促进沟通的进行。在沟通过程中，做到谈吐优雅，除了注意语音运气外，还需要做到恰当地用词造句，要点主要如下：

（1）**语句完整**。完整的语句能让听者感受到说话者的真诚和尊重，因此，与人沟通时说完整的词句，不要吞吞吐吐或欲言又止，那样会让人觉得不爽快，严重些还会让对方对自身的人格产生怀疑。

（2）**避免粗话**。无论哪个阶层的人，在遇到不顺心的事的时候，往往容易说一些粗话，如"我去""去死吧""狗屁""他×的"等，自认为偶尔一句无伤大雅，但其实在公众场合说粗话对个人形象的损害是很大的，而这些粗话对听者而言则是一种听觉污染，让人内心不快。

（3）**真情实感**。说话讲究态度自然、措辞文雅，同时还需使言辞富于同情，处处显示善意。唯有充满温暖的同情的话语，才能够引起他人的注意。假如话是冷淡而寡情的，那是不能引起别人注意的，甚至会给人不好的感觉。

3. 善用体语，助益沟通

除了言语，身体的每一个部分都可以传达信息和表达情感。肢体语言在沟通中的作用是巨大的，人们生活在同一个世界，但并不使用同一种语言，而身体的动作和神态，可以传达很多很多信息，辅助言语沟通。肢体语言通过有形可视的、具有丰富表现力的各种动作和表情，协助有声语言将所要表达的内容形象地展示出来，使听者在视觉、听觉两种感官的双重作用下，对说者的陈述有一个完整、确切的印象，也会为其非凡的谈吐和优雅的仪表所折服。要巧妙地运用肢体语言，首先就要知道表达肢体语言的一些要领。

（1）**眼睛要传神**。眼睛是心灵的窗户。芬兰的心理学家曾做过一个实验，把由演员表演各种情绪的照片横裁成细条，只挑出双眼部位让人们辨认，结果回答出眼睛和表现的情绪的正确率很高。还有研究者让被试凝视一张人头像照片，用追视仪记录其目光，结果发现被试的视线集中于人像的眼睛和嘴巴上。这些实验都说明，大多数人都能通过目光解读领会人的各种心灵语言。为此，在沟通时，要学会巧妙地运用眼神来传情达意。一项研究表明，在沟通交流时，目光接触对方脸部的时间占全部谈话时间的最佳比例范围是30%~60%，倘若超过了这一界限，就会让对方觉得你对其本人的兴趣要高于彼此谈话的内容；反之，又会让对方觉得你只关注谈话内容而忽略其感受。一般情况下，这两种行为都被看作是失礼行为。因此，在与他人沟通交流时，要敢于并善于同别人进行目光接触，这不仅仅是一种礼貌，更是一种纽带，帮助交谈的双方维持一种联系，也使沟通在频频的目光交流中持续不断。倘若在沟通过程中眼神闪烁不定，就会让对方感觉到情绪不稳定或为人不诚实；倘若在交谈过程中不愿与对方进行目光交流，就会让对方感觉是否在企图掩饰什么，或者是过于怯懦和缺乏自信，这些都会妨碍彼此的沟通交流。

（2）表情要适时。面部表情，主要是指脸部各部位对情感体验的反应动作，它丰富多彩，可以说是另一种深刻、直观的表达方式，甚至比语言、手势等更能使人印象深刻。有句话叫"只可意会不可言传"，这或许就是在说面部表情的力量。法国著名作家、社会活动家罗曼·罗兰曾经说："面部表情是多少世纪培养成功的语言，是比嘴里讲的更复杂到千百倍的语言。"面部表情与说话内容的配合最直观，在各种交谈场合使用频率极高。适时的表情可以准确地传情达意，让对方一目了然。许多表情与面部整体的肌肉活动有关，但嘴有其特殊性，有时嘴角肌肉的微小活动就可以反映出一个人的心理活动内容，如微笑、轻视、思索、下定决心等。在与人沟通时既要注意自己表情的表达，也要读懂对方表情的流露，这样才能促进彼此的沟通。在日常生活中有一些常用的表情含义：点头表赞同，摇头表否定；昂首表骄傲，低头表屈服；垂头表沮丧，侧首表不服；咬唇表坚决，撇嘴表藐视；嘴角向上表愉快，嘴角向下表敌意；张嘴露齿表高兴，咬牙切齿表愤怒；鼻孔张大表愤怒，鼻孔朝天表轻蔑；目瞪口呆表惊讶，神色飞扬表得意；等等。这些表情时常会配合使用，以达到更加形象直观的表达意图。

（3）姿势要恰当。身体姿势在沟通中也很重要，它跟面部表情一样会在无形中传情达意，尤其是对于初次见面的双方而言，身体一定要保持自然端正，并且最好面对听者，这样可以让其清清楚楚地看见自己的面部表情，也可以及时捕捉到自己的面部表情和肢体语言所反馈的信息，从而给人一种视觉上的舒服感和心理上的尊重感，取得更好的沟通交流效果。在身体姿势中，腿部和手部姿势是两大关键，它会传递出你的态度。首先，无论是坐着还是站着，腿部往往会呈现出这样三种姿势：两腿分开、两腿并拢和两腿交叉。两腿分开属开放型姿势，显示稳定、自信，并有接受对方的倾向；两腿并拢的姿势则显得过于正经、严肃；而两腿交叉属防御型姿势，往往是一个人害羞、忸怩、胆怯，或者随便散漫的表现。还有一种姿势是架腿，也就是通常说的跷二郎腿。架腿姿势通常是控制消极情绪的人体信号，专家称其"颇有不拘礼节的意味"，这样往往会让人误以为你轻视对方，所以这种姿势在沟通中不可取，尤其对女性而言，要回避这一禁忌。其次，与人沟通时，一定要特别留心如何安放双手，最好的办法是将其忘掉，让它们自然垂直在身体两侧。如果认为它们是累赘的话，不妨把它们揣在衣袋里或是放在背后。总之，自然的才是真实的，不必过多地注意它们是否有碍，更不必顾虑听众会留意你手的位置，越是在意就会越不自然，就越会妨碍你保持平和的情绪和进行流利的表达。若说话时将注意力集中于真情的流露，双手就会成为表情达意的工具，它们会帮助说话。在需要的时候，它们会很自然地举起或放下。不过要注意的是，千万不要故意把双手在胸前交叉，更不要勉强扶在讲桌上，这样会妨碍身体自由行动，而如果总是用手玩弄自己的衣服，会转移听者的注意力，自己也会因此显得漫不经心。

（二）沟通话术

沟通是否顺畅，是否成功，很重要的一点就是会不会表达，简单来说就是会不会说话，怎么说话。正面的、肯定的表达相对容易，负面的、否定的表达就不是那么简单。对沟通中比较难以把握的如何批评、如何拒绝给出如下一些建议：

1. 沟通批评术

在沟通过程中，人们往往会发现别人身上的缺点或过错，所谓"当局者迷，旁观者清"，自己的反思再深刻，也可能不如"旁观者"看得透彻。所以，当发现别人的缺点或过错时，应及时给予指正和批评，这是很有必要的。但是，任何人都是有自尊的，如果批评时摆出一副严肃的面孔，用指责和强硬的口气说话，就会造成紧张的气氛，使对方产生逆反心理。正确的做法是，在批评时态度要诚恳，语气要委婉，要站在对方的立场上，以关怀、爱护、真诚的态度与之沟通，让对方心悦诚服地接受批评。在实际使用时，可以根据情况采用不同的方式。

（1）激励式批评。用激励代替批评，是心理学家斯金纳关于行为塑造的基本观点。他通过动物和人的实验证明：当减少批评，多多激励对方时，人所做的好事会因受注意而增加，而比较不好的事会因受到忽视而逐渐减少。生活中，少一分指责，多一点嘉许，不仅令事情做起来得心应手，也会给予对方愉悦的心情。不应该因怀着自己的私心或者对事物不感兴趣，就对他人的行为采取贬低或者批判的态度。没有爱迪生（Thomas Alva Edison）母亲对儿子孵鸡蛋行为的肯定和赞许，也许就没有他后来辉煌的成就。也许就是那一句微不足道的激励，给了那些需要动力的人无穷的力量，给那些身处逆境的人奋斗的信心，他们将获得前进的动力。

（2）赞美式批评。批评总是一件令人难堪的事，指出别人的缺点，可能因与对方意思相违而伤害到对方，又可能因对方态度蛮横伤及自己。用赞美的话做中和剂是让对方心悦诚服接受批评很好的一个方式。当然，虽然赞美式批评让对方容易接受，但是也要有一个限度，否则忠告也许会适得其反。所以，为了避免引起对方的逆反心理，必须要事先准备些赞美的话，在批评对方之前，先给予赞美，然后再转入正题。当对方因你指出的缺点而感到难过和难以接受时，赞美就起了很大的中和作用，就像一种很苦的药丸，外面裹上糖衣，先让人感到甜味，容易一下子吞到肚子里，待药物进入肠胃后，药性再发作，这样病人既不会感到药苦又能把病治好。如果直截了当地指出对方的缺点或错误，对方可能产生不良的情绪，难以接受，这样批评就会失去效果，还可能令双方不悦。所以，应该学会和风细雨地指出别人的错误和缺点。

2. 沟通拒绝术

拒绝总是令人不悦的，但是拒绝还是必要的。在日常人际沟通和交往过程中，要有在适当时机拒绝别人的意识和勇气，一味地逢迎、妥协、逆来顺受并不会得到别人的尊重，反而会让人看轻。如果适当且有理地拒绝对方，不但不会得罪对方，还会获得对方的尊重及刮目相看。

（1）拒绝的技巧。在实际生活和工作中，其实很难做到也没必要做到"有求必应"，必须学会"拒绝"。但是，拒绝别人毕竟是一件伤人感情的事，所以一定要掌握技巧、把握分寸，给对方一个台阶下，也给自己一个退路。第一，认真地听取诉求。在决定拒绝之前，首先要注意倾听对方的诉求。比较好的办法是：请对方把处境与需求讲得更清楚一些，以便自己知道该如何帮对方。"倾听"可以让对方先有被尊重的感觉，然后再婉转地表明拒绝的立场，比较能避免伤害对方，或避免让人觉得是在应付。第二，温和坚定地说"不"。如果无法答应别人，就应该温和坚定地说"不"，语气要诚恳，并说明苦衷。还是跟裹上糖衣的药丸一个道理，这种药就比较容易入口，同样地，温和地表达拒绝，也比直接说"不"让人容易接受。对方被拒绝后，肯定想知道理由，那就该坦诚地告诉他，一句话也不说势必会引起误会，对方可能会怀疑你根本就没有想要给予帮助。第三，事后要表示关心。不要以为拒绝了就完事了，要在事后多关心对方。拒绝后还可以给对方一些建议，并且每过一段时间主动关心对方的情况。这样会让对方觉得你真的是没有办法才拒绝的，并且很关心他/她的状况，就不会让其对你的拒绝失望，或许还会增加其对你的好感。

（2）拒绝的禁忌。拒绝是一种艺术，既有技巧和方法，也有一些禁忌。欲了解说"不"的注意事项，不妨参考以下几点：一是不要马上拒绝。马上拒绝会让人觉得你是一个冷漠无情的人，甚至觉得你对其有成见。二是不要轻易拒绝，轻易拒绝会让你失去许多帮助别人、获得友谊的机会。三是不要随便拒绝。太随便地拒绝，别人会觉得你不重视，容易造成反感。四是不要在盛怒之下拒绝。这样容易在语言上伤害别人，让人觉得你一点同情心都没有。五是不要无情地拒绝。无情地拒绝就是表情冷漠、语气严峻，毫无通融的余地，这会令人很难堪，甚至反目成仇。六是不要傲慢地拒绝，一个盛气凌人、态度傲慢不恭的人谁也不会喜欢亲近，更不能接受。七是不要生硬地拒绝。真正有不得已的苦衷时，如能以婉转的态度拒绝，别人是会感动于你的诚恳的。拒绝时要面带微笑、态度庄重，让别人感受到你的尊重、礼貌，就算被拒绝了也能欣然接受。

🔍 **实验实训**

一、他像我的好朋友吗？

目的：帮助学生感知倾听的正确方式，了解倾听在人际沟通和交往中的重要作用。

材料：提前制作的校园心理剧《他像我的好朋友吗？》录像片。

步骤：

1. 教师引言：先看一出校园心理剧《他像我的好朋友吗？》的录像。请大家在观看短剧时，仔细观察剧中主人公的两个好朋友在倾听主人公讲述遭遇时所表现出的不同的倾听态度和倾听行为，特别要注意他们的眼神、表情、动作、身体姿势及他们给予的相应的回应。

2. 播放校园心理剧的录像《他像我的好朋友吗？》，短剧内容如下：

一天下午，小石在课外活动中与同学打篮球，扭伤了脚，心里很懊恼。他一瘸一拐地回到班级后，看到了他的好朋友小焦，小石就对他说起关于自己受伤的事情，想让好朋友安慰一下自己，而小焦却一会儿转笔、抖脚，一会儿低头看书，一会儿与别的同学打招呼，总是心不在焉似的。小石对小焦的这种态度很失望。在放学回家的路上，小石遇到了小韩，小韩赶紧过来扶着他，于是小石就对小韩说起关于自己受伤的话题，说起打球时对方前卫是如何把自己撞倒在地的，自己心里又如何感到窝火，等等。小韩始终认真地倾听小石的讲述，并不时地拍拍他的肩膀，说着安慰的话语。

3. 播放录像之后，请学生根据表格内容进行分组讨论：如果你是剧中的主人公，你更喜欢与哪个同学成为好朋友？为什么？

朋友倾听表现	小焦	小韩
态度		
语气		
眼神		
动作		
身体姿势		

4. 教师引导：通过短剧，不难看出倾听的重要性。善于倾听，才是成熟的人最基本的素质，也是为你赢得好人缘的重要技能。

二、哑口无言

目的：帮助学生学会通过非语言的形式理解他人的感受。

步骤：

1. 全体学生围成一个圆形，然后闭上眼睛回忆一下这一周内生活的感受，是疲乏、兴奋，还是焦虑、烦闷；

2. 每人依次用手势和表情等身体语言表达出自己内心的感受，让其他同学猜猜动作及表情所反映的感受是什么；

3. 被猜者说明他人的猜测是否准确，以及为什么这么判断；

4. 两个人为一组，通过练习，学会从他人的手势、表情、眼神、动作等非语言的沟通方式理解他人，训练自己敏锐地观察他人的感受。

体验感悟

一、寝室沟通风波

案例一：室友甲晚上和早晨都喜欢打开窗换换新鲜空气，其他室友却觉得室友甲存心让他们生病，一起指责他；室友甲却认为，室友们不注意时间的把握，很晚才归宿，严重影响自己的休息和生活习惯。

案例二：学生小乙跟宿舍的人大吵了一架，就是因为自己桌上的书被舍友翻了。小乙找朋友诉苦：我就是不喜欢别人碰我东西，不喜欢别人看到什么……舍友们也很委屈：只是想看看你平时看的东西，怎么就不行了呢？哪有那么小气的人啊，何况咱们的关系那么铁！

很多类似案例中的寝室问题影响了室友情谊、人际关系，甚至人的情感……，思考该如何避免这样的问题？

二、沟通交往恐惧症

惠佳是某大学大一的学生，从小性格孤僻，没有伙伴，甚至不和弟弟接触，当时她父母并不觉得这是什么缺陷。上大学以后，他们发现女儿仍不敢与同学交往，不敢住集体宿舍，不敢去食堂打饭，不敢抬头听老师讲课，即使在自己的家里也不敢去阳台晒衣服，但又经常偷偷地在家里照镜子，反复表演，直至自己认为有最佳的表情和风度，其父母才意识到问题的严重性。可是实际上，每当惠佳看到其他男女同学有说有笑、非常开心的样子时，她既羡慕又妒忌。她虽然个性孤僻，内心却渴望与人交际，也想成为同学们重视的人，但自己又做不到，同学们也很少与她交往，因此内心矛盾重重。到了大学阶段，这种内心的矛盾冲突更加强烈，惠佳每天独来独往，十分痛苦。到大二时惠佳几乎不怎么上课，自己在家里看书还能看下去，一到学校就心烦意乱，难以投入学习。她时时感觉自己不如别人，怕同学耻笑，不敢面对别人的目光，几乎淡出了授课老师和同班同学的视线。

结合案例，谈谈为什么会产生沟通交往恐惧症？应该怎么解决？

📖 推荐书籍

[美] 科里·帕特森，约瑟夫·格雷尼，罗恩·麦克米兰，等. 关键对话：如何高效能沟通（原书第 2 版）（珍藏版）. 北京：机械工业出版社，2017.

推荐理由：每个人生命中都不可避免地会遇到"关键时刻"，它们可能是：向上司提出精心设计的方案，却被泼了一头冷水；和孩子谈认真学习，却被当作耳边风；提醒朋友还钱，他却总找各种借口推脱。是隐忍不发，任由情况向对你不利的方向发展？还是冲冠一怒，说一些事后让自己后悔的话，把事情推向恶性循环？大多数人在面对难以解决却将对生活产生重大影响的"关键时刻"时，都不知如何应对。其实，在隐忍和暴怒之间，还有一种方法，既能圆满地解决问题，又不会伤害或冒犯对方，那就是沟通。

参考文献

［1］安航涛. 微沟通：细节决定沟通成效［M］. 北京：机械工业出版社，2013.

［2］董方侠. 大学同学沟通方式与效用的实证分析：以湖南大众传媒职业技术学院为例［J］. 文教资料，2015（33）：111-112.

［3］邓如涛. 当代大学生人际沟通的有效性问题研究［J］. 科教导刊，2017（4）：171-172.

［4］黄柏华. 管理者有效沟通高效执行的艺术［M］. 北京：海潮出版社，2013.

［5］黄川卉，王芳. 关于培养大学生沟通能力的研究［J］. 中国科教创新导刊，2014（5）：239-240.

［6］胡佳. 大学生沟通能力培养的教学模式初探［J］. 科技资讯，2014，12（21）：168-169.

［7］韩晶. 00后大学生人际关系中的心理障碍及其消除［J］. 科教导刊，2018（14）：178.

［8］刘晓琴，陈晓鹏. 职场沟通中常见的倾听障碍及其应对策略［J］. 科技创业（月刊），2010，23（6）：123-125.

［9］刘艳华. 沟通心理学［M］. 天津：天津科学技术出版社，2017.

［10］马歇尔·卢森堡. 非暴力沟通［M］. 修订版. 刘轶，译. 北京：华夏出版社，2021.

［11］马银文，汪建民. 沟通正能量：沟通力决定竞争力［M］. 沈阳：万卷出版公司，2015.

［12］牧之. 所谓情商高，就是会沟通［M］. 北京：中国工人出版社，2017.

［13］钱智贤. 最受欢迎的哈佛沟通课［M］. 上海：立信会计出版社，2016.

[14] 邵春明. 大学生人际交往障碍心理辅导策略研究［J］. 高校辅导员，2014（4）：65-67.

[15] 孙科柳，朱丽娜. 沟通的奥秘：专业沟通力成就卓越自我［M］. 北京：电子工业出版社，2014.

[16] 陶莉. 大学生人际沟通障碍与协调机制初探［J］. 管理观察，2011（21）：138-139.

[17] 文军. 学校社会工作案例评析［M］. 上海：华东理工大学出版社，2010.

[18] 吴婷，李鸿浩. "90 后"大学生的沟通特征及对策分析［J］. 现代营销（学苑版），2012（6）：270-271.

[19] 王宇航. 开启心灵的窗户：论思想政治教育中的师生沟通［M］. 杭州：浙江人民出版社，2005.

[20] 荀伟平. 人际沟通的 10 条白金法则［M］. 北京：中国纺织出版社，2011.

[21] 邹春霞，杨桂. 大学生职业发展导航［M］. 重庆：重庆大学出版社，2015.

[22] 周金声，王丽坤. 加强大学生沟通能力培养刻不容缓：大学生沟通能力现状调查研究与分析［J］. 湖北工业大学学报，2013，28（3）：113-118.

[23] 张薇. 沟通的素养［M］. 北京：经济管理出版社，2017.